# 物业管理统计

主　编　王　艳　刘　霖

副主编　李书芳　李佳南　刘　冰

参　编　李　林　涂巧英

北京理工大学出版社

BEIJING INSTITUTE OF TECHNOLOGY PRESS

## 内 容 提 要

本书除绪论外共分为10个模块，主要内容包括物业管理统计职能、机构与范围，物业管理统计设计和调查，物业管理统计整理，物业管理统计分析，物业服务企业基础工作统计，物业管理前期工作统计，电梯的运行、保养和维修统计，物业空调和供电系统管理统计，物业供暖、给水排水设备管理统计及物业环境管理工作统计。通过本书内容的学习，学生可以了解物业管理统计的特点及掌握物业统计工作过程的基础知识、基本理论和基本运算技能。

本书可作为高等院校物业管理、房地产经营与管理等相关专业的教材，也可供物业管理企业相关管理及工作人员阅读参考。

图书在版编目（CIP）数据

物业管理统计 / 王艳, 刘霖主编. -- 北京：北京
理工大学出版社, 2021.11
ISBN 978-7-5763-0652-1

Ⅰ. ①物… Ⅱ. ①王… ②刘… Ⅲ. ①物业管理—统计 Ⅳ. ①F293.33

中国版本图书馆CIP数据核字(2021)第252057号

出版发行 / 北京理工大学出版社有限责任公司
社　　址 / 北京市海淀区中关村南大街5号
邮　　编 / 100081
电　　话 / （010）68914775（总编室）
　　　　　　（010）82562903（教材售后服务热线）
　　　　　　（010）68944723（其他图书服务热线）
网　　址 / http://www.bitpress.com.cn
经　　销 / 全国各地新华书店
印　　刷 / 河北鑫彩博图印刷有限公司
开　　本 / 787毫米×1092毫米　1/16
印　　张 / 15.5
字　　数 / 395千字
版　　次 / 2021年11月第1版　2021年11月第1次印刷
定　　价 / 69.00元

责任编辑 / 江　立
文案编辑 / 江　立
责任校对 / 周瑞红
责任印制 / 边心超

# 出版说明

**Publisher's Note**

物业管理是我国实施住房制度改革过程中，随着房地产市场不断发展及人们生活水平不断提高而产生的一种住房管理模式。物业管理在小区公共设施保养维护、社区服务、小区建设，以及提升城市住宅的整体管理水平方面都有千丝万缕的关联。物业管理行业，作为极具增长潜力的新兴服务产业，被称作"房地产的第二次开发"。同时，物业管理又是一个劳动密集型行业，可以吸纳大量的劳动力就业，而物业管理的优劣关键在于物业管理服务的品质，服务品质提升的关键又在于企业是否拥有先进的管理体制和优秀的人才。

随着我国经济的不断发展，人民生活水平进一步提高，物业管理行业的发展更加规范化、市场化，市场竞争也日趋激烈。高等职业教育以培养生产、建设、管理、服务第一线的高素质技术技能人才为根本任务，加强物业管理专业高等职业教育，对于提高物业管理人员的水平、提升物业管理服务的品质、促进整个物业管理行业的发展都会起到很大的作用。

为此，北京理工大学出版社搭建平台，组织国内多所建设类高职院校，包括甘肃建筑职业技术学院、山东商务职业学院、黑龙江建筑职业技术学院、山东城市建设职业学院、广州番禺职业技术学院、广东建设职业技术学院、四川建筑职业技术学院、内蒙古建筑职业技术学院、重庆建筑科技职业学院等，共同组织编写了本套"高等职业教育房地产类专业精品教材（现代物业管理专业系列）"。该系列教材由参与院校院系领导、专业带头人组织编写团队，参照教育部《高等职业学校专业教学标准》要求，以创新、合作、融合、共赢、整合跨院校优质资源的工作方式，结合高职院校教学实际以及当前物业管理行业形势和发展编写完成。

本系列教材共包括以下分册：

1.《物业管理法规》

2.《物业管理概论（第 3 版）》

3.《物业管理实务（第 3 版）》

4.《物业设备设施管理（第3版）》

5.《房屋维修与预算》

6.《物业财务管理》

7.《物业管理统计》

8.《物业环境管理》

9.《智慧社区管理》

10.《物业管理招投标实务》

11.《物业管理应用文写作》

本系列教材的编写，基本打破了传统的学科体系，教材采用案例引入，以工作任务为载体进行项目化设计，教学方法融"教、学、做"于一体、突出以学生自主学习为中心、以问题为导向的理念，教材内容以"必需、够用"为度，专业知识强调针对性与实用性，较好地处理了基础课与专业课、理论教学与实践教学、统一要求与体现特色以及传授知识、培养能力与加强素质教育之间的关系。同时，本系列教材的编写过程中，我们得到了国内同行专家、学者的指导和知名物业管理企业的大力支持，在此表示诚挚的谢意！

高等职业教育紧密结合经济发展需求，不断向行业输送应用型专业人才，任重道远。随着我国房地产与物业管理相关政策的不断完善、城市信息化的推进、装配式建筑和全装修住宅推广等，房地产及物业管理专业的人才培养目标、知识结构、能力架构等都需要更新和补充。同时，教材建设是高等职业院校教育改革的一项基础性工程，也是一个不断推陈出新的过程。我们深切希望本系列教材的出版，能够推动我国高等职业院校物业管理专业教学事业的发展，在优化物业管理及相关专业培养方案、完善课程体系、丰富课程内容、传播交流有效教学方法方面尽一份绵薄之力，为培养现代物业管理行业合格人才做出贡献！

北京理工大学出版社

# 前言

## PREFACE

　　近年来，房地产业作为国民经济的增长点，为我国经济的快速增长做出了贡献。随着房地产业的蓬勃发展，物业管理行业也得到了迅速发展。为对物业管理的发展动向进行分析和研究，及时了解物业管理过程中出现的问题，这就需要对物业管理工作进行必要地统计和分析，需要有一定的统计专业知识的人员予以配合。

　　"物业管理统计"课程作为高等院校房地产与物业管理相关专业的一门重要专业基础课，其目的就是要通过各个教学环节逐步培养学生具有比较熟练的物业统计调查能力、物业统计资料整理能力、物业管理统计能力、物业统计信息化能力和自学能力，同时担负着培养学生严谨的思维、求实的作风、创新的意识等任务。"物业管理统计"课程不仅可以为学生学好其他学科打下良好的基础，也能为将来更好地从事经济和管理工作打下基础。

　　本书紧密结合当前物业管理行业的发展趋势和要求编写而成，将统计学原理和物业管理专业统计合二为一，强调统计理论基础在物业管理统计方法中的运用和具体操作，用统计实例来说明物业管理统计的理论和方法，并进行分析和评价，注重实际操作能力和应用能力的培养，使学生具备抽象概括问题的能力和综合运用知识来分析解决实际问题的能力。本书尽量避免枯燥的理论阐述和公式推导，力求通俗易懂，在内容安排上，结合高等教育的特点和培养目标，突出技能培养，提高学习者对统计工作的认识和理解。为方便教学，各模块前设置了"教学要求"，为学生学习和教师教学作了引导；各模块后设置了模块总结和巩固与提高，从更深层次给学生以思考、复习的切入点，由此构建了"引导—学习—总结—练习"的教学模式。

　　本书由四川建筑职业技术学院王艳、吉林交通职业技术学院刘霖担任主编，由四川建筑职业技术学院李书芳、四川建筑职业技术学院李佳南、吉林交通职业技术学院刘冰担任副主编，重庆航天职业技术学院李林、中国化学工程第七建设有限公司涂巧英参与编写。本书可作为物业管理、房地产经营与管理及与物业管理相关专业的教学用书，也可作为物业管理服务企业统计人员的自学参考书。本书编写过程中，参阅了国内同行多部著作，部分高等院校教师也提出了很多宝贵意见，在此对他们表示衷心的感谢！

由于编写时间仓促，编者的经验和水平有限，书中难免有不妥和错误之处，恳请广大读者批评指正。


编　者

# 目 录

## CONTENTS

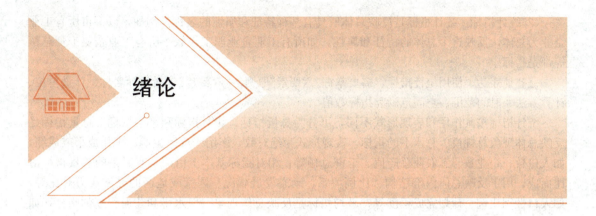

# 绪论

## 一、统计学中的几个基本概念

### 1. 统计

统计是一门关于数量资料的调查、整理、分析和解释的科学。

(1)数量资料调查就是对数量进行观测或计数的过程，是取得统计数据的关键步骤。正确的结论只能来自适当收集的、具有代表性的资料。在整个统计程序中，数量资料的调查是重要步骤之一。

(2)整理资料就是以适当形式展示收集的统计数据，以便导出合乎逻辑的结论的过程。

(3)分析资料就是从收集的资料中抽取有关信息的过程，从而得到一个概括的、全面的数量描述。分析资料常用的统计量有平均数、中位数、极差和标准差等。

(4)解释资料就是从收集的"小批量"对象的资料中导出结论，并以此对同类的大量对象作出推断的过程。

统计所讨论的问题是能用数量信息(即由计数或观测得来的信息)加以回答的问题。

### 2. 统计学

统计学是一门关于大量数据资料的收集、整理、描述和分析的理论与方法的科学。其目的是通过对大量数据资料的处理，实现对客观现象的数量特征及内在数量规律性的认识。

一般来说，统计学研究的对象是大量的社会经济现象总体的数量特征和数量关系，以及通过这些数量方面反映出来的客观现象发展变化的规律性，即通过对这些社会经济现象的数量表现、数量界限、数量变化及数量与数量之间的相互关系的研究，总结出社会经济现象数量方面的规律性。

### 3. 统计标志和统计指标

(1)统计标志。统计标志简称标志，是总体中各单位所共同具有的属性和特征。或者说标志是说明总体单位属性和特征的名称。如物业企业作为总体单位具有房屋产权、职工人数、房屋建筑结构、租金标准等属性和特征。职工作为总体单位又具有性别、年龄、文化程度、工资、民族等特征。这些属性和特征在统计中称为标志。标志的具体表现为标志表现。

标志按其性质的不同可分为品质标志和数量标志；品质标志，即表明总体单位属性和特征的名称，其标志表现只能用文字表示；数量标志，即表明总体单位数量方面的特征，其标志表现可以用数字表示。

标志按其表现的异同可分为不变标志和可变标志。不变标志，即在一个总体中各单位表现都相同的标志；可变标志，即在一个总体中各单位表现都不相同的标志。

（2）统计指标。统计指标是反映总体所具有某种特征和属性的名称。例如，以某市所有工业企业为总体，反映这个总体的特征和属性，如所有工业企业职工人数、所有工业企业工资总额等都是指标。

完整地表达、使用统计指标，需要掌握"六要素"原则。"六要素"包括指标名称、计量单位、计算方法、时间范围、空间范围和指标数值。

统计指标按其作用和表现形式不同，可分为总量指标、相对指标和平均指标。总量指标是反映总体现象总规模、总水平的指标，表现形式为绝对数，多用于反映生产、工作成果或成绩，如人口数、企业数、工农业总产值、工资总额等；相对指标基本上由两个有联系的总量指标对比而成，用于反映总体内部结构、比例关系、动态发展状况、国家或地区的经济实力对比等，如人口性别比例、计划完成程度等；平均指标是反映总体现象一般水平和普遍程度的指标，如平均工资、平均成本等。

统计指标按其反映社会经济内容不同，可分为数量指标和质量指标。数量指标是上述总量指标的另一称谓，是指反映总体现象绝对量的指标，是用绝对数来表示的，并有实物或货币的计量单位；质量指标是反映总体内部数量关系或总体之间数量关系的指标，是上述相对指标和平均指标的合称。

### 4. 总体和总体单位

（1）总体。总体是指客观存在的、具有某种共同性质的许多个别事物组成的整体。在统计研究过程中，统计研究的目的和任务居于支配与主导的地位，有什么样的研究目的就应该有什么样的统计总体与之相适应。总体根据总体单位是否可以计量分为有限总体和无限总体。有限总体是指所包含的单位数目是有限的总体；无限总体是指所包含的单位数目是无限的，或准确度量它的单位数目是不经济或没有必要的总体。

（2）总体单位是构成总体的每个个体。在统计研究中，确定统计总体和总体单位是十分重要的，它决定与统计研究目的和认识对象的性质。在一次特定范围、目的的统计研究中，统计总体与统计单位是不容混淆的，二者的含义是确切的，是包含与被包含的关系，但是随着统计研究任务、目的及范围的变化，统计总体和总体单位可以相互转化。

### 5. 变异和变量

（1）变异。变异是指可变标志的属性和特征由一种状态转变为另一种状态的过程。指标之间的差异也称变异。

（2）变量。不变的数量标志称为常量；可变的数量标志称为变量。可变的数量标志所构成的各种指标也称为变量。变量的具体取值称为变量值。

## 二、物业管理统计的研究对象

物业管理统计包括物业管理统计工作、物业管理统计资料和物业管理统计学。物业管理统计工作是物业管理统计的实践活动，是对物业管理企业的经营、管理、服务等数量方面进行收集、整理和分析的工作过程；物业管理统计资料是物业管理统计实践活动过程所取得的各项数字资料和与之相关的其他资料的总称，是物业统计工作的直接成果；物业管理统计学是物业管理的科学，是物业统计工作实践经验的总结。

对于社会经济统计学来说，其研究对象是社会经济现象总体的数量特征和数量关系，通过这些数量方面反映社会经济现象规律性的表现。物业管理统计学是社会经济统计学的一个组成部分，是一门新兴的社会科学。其研究对象是物业管理企业在经营、管理、服务等方面经济活动的数量特征和数量关系，就是通过对物业经济现象数量方面的研究，揭示物业管理经济活动的本质及其规律性。物业管理经济活动过程是指从物业接管、验收开始，或者说是从前期介入即开始参与物业的选项(选址)、可行性研究、设计、建筑施工及运营中的各项业务与相应的管理。随着改革开放以来物业管理实践的迅速发展，物业管理需求的迫切性及多样性，使得物业管理统计越来越显示出它的重要性。

## 三、物业管理统计的任务

物业管理统计工作的基本任务就是准确、及时、全面地收集、整理和分析物业企业经营、管理、服务等方面的统计资料，掌握物业经济活动的现状及其发展变化规律，以便制订出正确的物业管理政策和物业经济发展计划；为加强物业经营研究和物业管理提供依据；并对计划执行情况进行检查和监督。

## 四、物业管理统计的研究方法

物业管理统计是一门新兴的学科，物业统计的方法是在统计调查、整理和分析的各个阶段所使用的研究方法，包括大量观察法、统计分组法、综合指标法等。

(1)大量观察法。大量观察法是指统计研究社会经济现象和过程，要从总体上进行考察，要对总体中的全部或足够多的单位进行观察并加以综合研究。由于物业管理统计学的研究对象具有大量性和变异性的特点，这就决定了物业管理统计的研究方法必须采用大量观察法，就是对大量性质相同物业的经营、管理、服务等进行观察、登记并综合分析，以反映物业经济现象的数量特征。

(2)统计分组法。统计分组法是指根据现象总体内在的性质和统计研究任务的要求，将总体各单位按照某种标志划分为若干组成部分的一种研究方法。由于物业管理对象的特点，即物业的复杂性和多样性，决定了物业管理统计研究要采用分组的方法，如可将物业按用途的不同分为居住物业、工业物业、商业物业和其他用途物业等组进行数量汇总或分析。统计分组法是研究总体内部差异的重要方法，通过分组可以研究总体中不同类型的性质及它们的分布情况。科学的统计分组能保证所研究资料的内容在组内具有同质性，组间具有差异性。

(3)综合指标法。综合指标法是指运用各种统计综合指标来反映和研究社会经济现象总体的一般数量特征与数量关系的研究方法。通过对物业经营、管理、服务中大量的原始数据的整理汇总，计算出各种综合指标，以显示物业管理过程的工作水平和工作质量。

# 模块一

# 物业管理统计职能、机构与范围

| 教学内容 | 教学目标 | 教学重难点 | 权重 |
|---|---|---|---|
| 物业管理统计职能 | 德育目标：培养学生的钻研精神、责任担当和社会责任感和使命感。<br>能力目标：能够正确理解物理管理统计的信息、咨询和监督职能 | 物业管理统计咨询职能和监督职能的具体表现 | 20% |
| 物业管理统计机构 | 德育目标：培养学生的社会主义核心价值观，爱国精神的情怀。<br>能力目标：能够正确认识物业管理统计机构及其不同部门的统计职责 | 物业管理统计机构各综合部门和专业部门的具体职责 | 35% |
| 物业管理统计范围 | 德育目标：培养学生不怕苦、能吃苦的精神，做事认真、踏实、严谨。<br>能力目标：能够明确物业管理外部环境条件统计、内部条件统计及投入与产出统计的范围 | 物业管理外部环境条件统计、内部条件统计及投入与产出统计的范围 | 45% |

## 单元一　物业管理统计职能

　　物业管理统计的职能取决于其服务对象。在社会主义市场经济条件下，物业管理统计的职能具体化为信息、咨询和监督。

### 一、物业管理统计的信息职能

　　信息是反映物质和非物质状态或运动特征的表现形式，它普遍存在于自然界、人类社会和人的思维之中。在物业管理活动中，物流、商流、资金流都是以信息流为先导的。所谓物业管理统计的信息职能，就是要及时地、系统地采集、整理、筛选、输入、处理、编辑、传递、存储、输出与物业管理活动相关的统计数据，形成完备的统计信息数据库，发挥经济信息的主体作用。

　　信息是人类生存的要素之一，人类以感觉、语言、文字、数据将信息通过各种介质记录和保存下来，并予以传输和重视。统计记录了自然界、人类社会和人思维活动的数量特征。统计数据无疑是信息的重要组成部分，尤其是现代社会中。而物业信息就是有关物业（包括物业管理）的知识，是人们在物业的生产、交易、维护、处理过程中人与人、人与物、物与物关系处理的各种记录、文件合同、技术说明、图纸等资料的总称。例如，承包合同、委托管理合同、土地使用权证、设备使用说明、施工图、契证、租赁合同、纳税记录、抵押贷款合同等都是有关物业的信息。正如信息对于人类社会活动的重要性一样，物业信息对于物业管理的高效优质，具有极其重要的意义。不利用或不会利用物业的信息，都将给物业本身、物业的业主及物业管理组织带来不同程度的损害。

　　统计信息的特点决定了其作为信息主体的地位。它除具备客观性、记载性、有用性、可处理性、共享性、传递性、变换性、时效性等信息所共有的一般特征外，还具备总体性和数量性两大独特的性质。总体性限定了物业统计信息所反映的是物业的总体特征。数量性限定了物业统计信息的表现形式，无论是数据、图表，还是以数据为依托的文字阐述等，其实质仍然是数量及数量关系。另外，统计核算涉及的领域要比会计核算和业务核算所涉及的领域更为广泛。

　　物业管理统计的信息职能必须以统计信息系统予以保障。在社会主义市场经济条件下，物业管理企业对信息的需求越来越大，而且对信息的时效性要求越来越高，因此，必须借助于计算机获得统计信息，以满足企业日益增长的需求。根据物业管理统计在信息社会中的双重角色地位，可以设计如图 1-1 所示的统计信息系统。

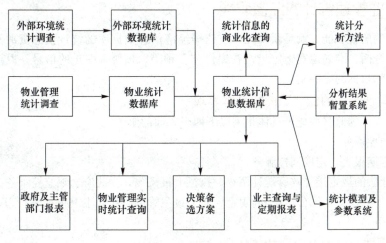

图 1-1　统计信息系统

## 🏠 二、物业管理统计的咨询职能

　　所谓物业管理统计的咨询职能，就是要求统计时，能充分使用物业统计信息数据库的信息资源，进行统计分析和专题研究。在广泛研究政策、市场、物业管理企业自身的基础上，就所存在的众多问题作出预测和评估，为各种决策提供备选方案。

**1. 物业管理统计的咨询职能的具体表现**

物业管理统计的咨询职能可具体化为以下六个层次的服务：

(1)能满足决策管理层的随机查询；

(2)能有机组合相关数据、汇编简报，主动提供领导参阅；

(3)能及时圆满完成领导交办的研究课题；

(4)能通过数据加工使信息量得以倍增，并从中发现问题。经分析后拟定对策，提请领导重视；

(5)能从对数据的内外纵横全盘了解的优势中，预测出前景的危机或机遇，为领导的重大决策提供有分量的参考文件；

(6)能与计算机工程技术人员合作，编制企业决策支持系统，使决策更为科学、迅速，大幅度提高准确概率。

**2. 物业管理统计的咨询职能的分类**

物业管理统计的咨询职能是按统计信息的来源不同予以体现的。

(1)在信息来源的时间顺序上，物业管理统计的咨询职能表现为：统计在规划阶段、建造阶段、验收阶段、招商阶段、人户阶段、日常管理阶段等不同阶段所履行的咨询；

物业管理统计信息

(2)对不同的物业管理参与者来说，物业管理统计的咨询职能又体现为：统计针对业主、物业管理组织、政府部门、承租户和其他相关企业所履行的咨询。

## 三、物业管理统计的监督职能

所谓统计的监督职能，就是要求统计应依据经济信息数据库的统计信息资源和其他的信息资源，及时、全面、准确地实施定量检查提供监督预测、预警、中止的信号，以期决策管理层及时调控，保障目标的顺利实现。

**1. 物业管理统计的监督职能的具体表现**

物业管理统计的监督职能可具体化为以下四个方面的服务：

(1)实施调控服务；

(2)编制定期报表，定期调控服务；

(3)按统计法的规定接受政府统计调查，执行上报义务，为政府宏观监控服务；

(4)按《中华人民共和国公司法》的规定，向上报主管部门和业主上报报表，为上报主管部门和业主调控服务。

**2. 物业管理统计的监督职能的作用**

(1)对信息的认识。人类知识的积累是信息收集与加工的结果。而人的经验实质上就是大量信息的积累、整理，并将其规律化。物业管理统计所涉及的事物繁杂，要进行有效统计监督，就要具备一定的经验。这些经验的获得，离不开对所收集的信息的统计分析、提炼。如对物业设备的检验、保养、维修情况的控制，当某种设备损坏、故障时，凭借经验并运用统计手段，使得统计监督的职能得以履行，以保证用最低的成本获得最佳的运营状态。

(2)对信息的理解。物业管理统计的监督职能能控制人们对信息的理解。例如，在租赁活动中，可以通过各种渠道，以各种不同方式，向社会公众宣传该物业的独特优势，以激起客户的租赁欲望。也可以定期发布物业管理信息资料，向用户传达物业公司的近期和远期的工作目标与实施计划等。使全体用户理解、体会到做主人翁的感觉，在心理上以至行动上对物业管理工作积极支持和配合；对物业管理中遇到的各种困难，也实事求是地争得用户理解、同情。另外，物业管理统计的监督职能能够严格控制一些不应扩散的信息，避免带来消极的影响。

（3）用信息做预测。信息不仅可以警示过去，而且可以预测未来。物业管理统计的监督职能还体现在能用信息进行监督预测。这是在对已有信息深入分析之后所进行的监督预测。预测的方法有多种，有外推法、模拟法等。例如，利用市场分析的资料预测物业的租金，利用同街区其他同类物业的经营费用信息、本物业历史上经营费用信息、本物业的实际状况，预测今后的经营费用和维修费用。

（4）对信息的控制。物业管理统计的监督职能是信息发挥控制作用的保证。具体体现在以下几个方面：

1）对系统状态的感知及收集有关自身状态的信息；

2）把目前状态与期望状态进行比较；

3）依据测得的偏差与事先设定的原则和标准，作出采取何种行动的决策；

4）把决策及决定采取什么行动的命令下达给执行部门；

5）将执行过程中自身状况的变化信息反馈到有关部门，进行新一轮的再循环，以保证目标的实现。

在物业管理统计中，无论是物业管理企业目标的实现，业主管理目标的实现，还是具体某个设备设施的正常运行，某个维修项目的成本、进度、质量的统计，都离不开统计的监督控制职能。

### 小提示

统计最基本的职能即信息职能。统计的咨询职能和监督职能是在信息职能基础上的拓展与深化。

## 单元二　物业管理统计机构

物业管理是一个极具发展潜力的行业，物业管理行业的发展离不开一个既有秩序，又有竞争，同时，又日趋成熟的物业管理市场。物业管理统计机构必须以物业经营管理服务为第一宗旨，是物业管理统计职能得以实现的必要条件。

### 一、物业管理统计机构设置

物业管理统计机构的设置既要与组织机构相匹配，又要为切实履行统计职能构筑良好的氛围与运作机制，一般设置4～5级统计机构或岗位，它们分别是综合统计、专业统计、事业部统计、车间或营业部统计、班组统计等。

物业管理统计机构的组织形式包括直线职能式统计机构和事业部式统计机构两种。

#### 1. 直线职能式统计机构

直线职能式是常见的组织形式，与其他职能部门相并列的统计职能部门是综合统计部门。一般命名为信息统计中心或综合统计部，由于统计职能的特殊性，在其他职能部门和机构组织中都应设置若干统计岗位或科室。直线职能式统计机构具体形式如图 1-2 所示。

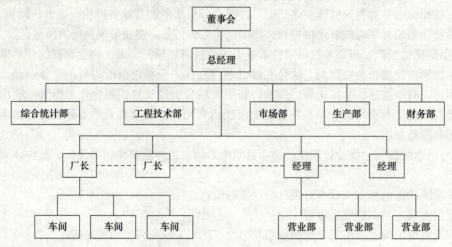

图 1-2　直线职能式统计机构

### 2. 事业部式统计机构

事业部式统计机构是为适应多角化经营采取的组织形式，因为事业部皆为独立法人，且生产经营范围广泛，所以在事业部内也应设置综合统计机构，以下均须设置统计岗位。事业部式统计机构具体形式如图 1-3 所示。

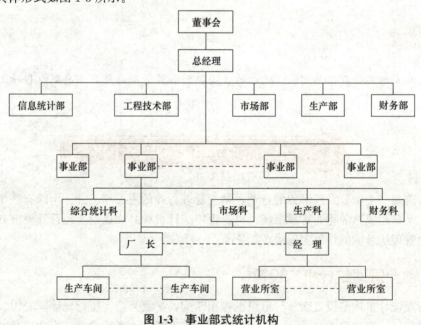

图 1-3　事业部式统计机构

## 二、物业管理统计机构的职责

### 1. 综合统计部门的职责

综合统计部门是统计的核心机构，是统计业务活动的最高组织者和管理者，它必须配备熟悉业务范围、精通管理技能的统计高级专门人才出任统计负责人，还要配备若干名统计专业人才和计算机专业人才。具体职能有以下几项：

（1）设置统计工作网络。统计工作网络是由统计工作的所有结点和统计数据上溯、反馈的分支路径构成的。综合统计部门须根据活动范围和管理的需要设置各个主营、附营分支和各个专业领域的不同层次的统计工作机构或岗位，并制定相应的工作规程和职责范围。

（2）设计统计工作整体方案。一是健全原始记录、统计台账、物业管理企业内部报表制度等基础工作，包括建立、完善统计指标体系，确定基本统计调查方法、分类整理格式和内部报表体系的审核、颁发，以及日常工作规程，确保统计质量；二是设计科学、合理、经济的市场调查、市场预测、投资决策、经营控制、综合评价的统计方法。

（3）履行对最高决策领导层直接负责的职责。主要包括以下几项：

1）按时向领导提供简要日报、周报、月报、季报、半年报和年报，并附上分析说明；

2）随时满足领导的随机查询与检索；

3）把握重点问题，及时提交专题分析报告，拟订可行备选方案，供领导采纳；

4）严格统计数据管理，切实执行"数出一门"制度，由综合统计部门单一对外。

（4）遵守统计法规，履行上报义务。认真填制完成政府统计机构、上级主管部门及其他合法的统计报表，如实、按时上报。

（5）提高统计人员素质，输送统计人才。向各层统计工作人员和管理人员传授现代统计知识，提高统计工作人员的业务水平和管理人员的认知水平，以增强竞争能力和延伸统计的业务领域。

（6）建立完善经济信息中心。主要包括以下几项：

1）为统计配备计算机，建立统计实时数据库和历史数据库，利用统计软件分析数据，实现计算机联网，使统计工作现代化；

2）以现代化手段开发信息，对物业管理统计的初级产品——描述统计资料进行深加工，使现有统计资料信息量倍增；

3）与供销、会计、情报、档案、计算机管理等职能部门合作，协调建立、完善信息中心，依托统计领域最为广泛的优势发挥主导作用。

**2. 专业统计部门或岗位的职责**

专业统计部门或岗位是设置在职能部门内、专事职能部门管理领域统计的机构，是职能领域统计业务活动的组织者和实施者。它必须挑选熟悉本职能领域业务范围、精通专业技能和具备计算机操作能力的统计专门人才担任。专业统计一般分为经营、质量、劳动人事、物资、能源、设备、供销、财务成本、技改措施、安全环保、技术开发及其他等方面。其职责主要包括以下几项：

（1）收集、积累本专业领域数据资料，并进行加工处理，登录台账；

（2）执行本部门领导和综合统计部门下达的内部报表制度和统计任务；

（3）填制各种专业报表，报送综合统计部门报出或经综合统计部门审核后自报上级对口专业职能部门；

（4）开展专业领域统计分析，配合相关专题分析；

（5）指导、监督下级对口专业统计。

## 🏠 三、基本活动单位统计职责

基本活动单位是指隶属于物业管理企业，并直接从事经营管理服务的非独立法人机构及其以下的各种组合，如分公司、管理处、专业队、营业所、业务部等。这些单位的经营管理服务活动，是物业管理企业生存的基本经济活动，职能管理部门履行的仅仅是保障和优化物业管理企业基本经济活动的职责，因此，基本活动单位必须根据需要设置统计部门或统计岗位。它应由熟悉本单位经营管理服务业务的专业人员负责。其职责主要包括以下几项：

(1)收集、积累本单位业务范围的数据资料，并进行加工整理，登录台账，编制本单位内部报表，交本单位领导掌握；

(2)开展本单位统计分析，配合本单位领导实施管理；

(3)指导、监督下级单位的统计工作；

(4)填制上一层次下达的各种内部报表，并按统计工作网络分别逐级上报。

### 课外阅读

2000 年 6 月 15 日国家统计局发布的《中华人民共和国统计法实施细则》。各地方据此几乎都制定了适用各地的《统计管理条例》。这些法律、法规的颁布实施，对保证宏观统计资料的准确性、及时性起到了重要作用。作为统计工作人员必须掌握。

按《中华人民共和国统计法》的规定，物业管理企业应当根据统计任务的需要设立统计机构，或者在有关机构中设置统计人员，并指定统计负责人。

在实行二级管理的物业管理公司中，统计机构一般分为公司和项目部二级。公司设综合统计员和服务统计员，项目部设统计员。项目部的统计员一般由项目经理兼任较适宜；公司一般应设专职统计员。

公司统计机构或统计负责人的职责是：

(一)组织、协调本单位的统计工作，完成国家统计调查、部门统计调查和地方统计调查任务，收集、整理和提供统计资料；

(二)对本单位的计划执行情况进行分析，实行统计监督；

(三)管理本单位的统计调查表，建立健全统计台帐制度，并会同有关机构或人员建立健全原始记录制度。

## 单元三　物业管理统计范围

物业管理统计的范畴取决于企业所处的环境、企业制度及业务范围。显然，处于社会主义市场经济环境中的物业管理统计范畴远比计划经济环境中物业管理企业统计的范畴更为广泛。

### 一、物业管理外部环境条件统计

外部环境是指外界条件，可以细分为自然环境和社会经济环境、国内环境和国际环境等。由于整个国际社会只能以自由竞争、平等互利的市场原则进行经济交往，而国内实行的是社会主义市场经济体制，因此所面对的外部环境是囊括上述细分环境的市场环境、政府宏观政策环境和有关的国际条约、约定环境。因为后两者所起的作用是调控国内外市场环境，所以外部环境包括物质资源与服务市场、劳动力市场、技术市场、资金市场、信息市场等。

外部环境统计的资料来源如下。

### 1. 间接统计资料的采集

间接统计资料是指公开出版或不公开出版的各种年鉴和资料汇编，即经前人收集、整理、加工过的现有统计资料，故又称之为次级统计资料。间接统计资料来源浩瀚丰富、采集方便、费用低廉、可信度高，尤其是政府部门出版的统计资料具备权威性、系统性、连续性、准确性等特点，能满足对非时效性统计资料的需要，特别是对宏观统计资料的需要，但是间接统计资料的编集意图、分类体系不可能完全适用于对统计资料的日益增长的需求。因此，必须对间接统计资料进行再加工，如统计口径、统计分类的调整，使之成为符合特定需求的统计资料。

间接统计资料的采集源包括政府部门的统计机构、图书馆、档案馆、行业协会、学术团体、高等院校、研究机构、国际财团、专业咨询机构等。在当今信息时代，国际、国内的信息网络为之提供了相当便捷的间接统计资料的采集手段，通过联网可以随时检索国内外的权威数据库。例如，美国 DIOLOG 信息系统中的世界经济统计数据库、世界经济预测文摘、美国经济预测文摘、世界近 3 900 家公司和研究机构的经营活动及财务信息、世界市场及技术年报、美国信息 ORBIT 系统中的世界商品价格；我国国家统计局的商业综合统计数据库、国家经济信息中心的国家宏观经济数据库等。

### 2. 直接统计资料的采集

直接统计资料是指物业管理企业派员或委托专业调查机构，采集来自调查对象的原始记录，经整理汇总所得的统计资料，故又称之为初级统计资料。直接统计资料主要来源于市场调查，由于市场瞬息万变，故其是取之不竭的资料源泉。因为直接统计资料是根据特定需要直接从业主市场和用户市场采集的，无论是采集的目的、方法，还是采集的项目、时间等均由物业管理企业自主决定，所以直接统计资料的针对性、适用性、实效性优于间接统计资料。但是必须投入较多的人力和时间，故费用相对较高。另外，在市场调查技术力量不足的情况下，宜委托专业调查机构调查采集，以保证直接统计资料的质量。

直接统计资料的调查采集对象包括以下几项：

（1）房地产市场的主体、客体和中间商；

（2）物业市场的最终消费者、现实消费者和潜在消费者等；

（3）参与保障物业市场正常运转的管理者和维修者等。

## 二、物业管理内部条件统计

内部条件统计是指拥有的要素水平和产出水平，包括人、财、物的各个方面。虽然这一统计范畴早已存在于计划经济体制下的统计之中，但对处于社会主义市场经济体制下的现代物业管理企业，必须予以扩充，如物业管理企业的凝聚力统计、设备科技水准统计、服务质量统计等。

内部条件统计的资料来源如下。

### 1. 内部间接统计资料的采集

内部间接统计资料是指物业管理企业报告期的会计核算和业务核算资料、报告期以前各期的会计核算、业务核算和统计核算的历史资料。

（1）会计核算。会计核算是以货币为最终计量单位，连续系统记录企业经济活动全过程与成果，并据以计算、报告的一种核算方式。其主要任务是填制和审核会计凭证、设置账户和记账、计算成本和费用、编制会计报表等，它侧重于报告期资金运动的核算，用以反映和监督物业管理企业的经济活动。

（2）业务核算。业务核算是对经济业务和技术业务分别进行记录与计算，从而取得核算资料的一种核算方式。经济业务核算一般包括与外界往来的业务结算、内部经济活动的业务结算等。技术业务核算是指物业经营管理服务过程中有关专业技术方面的各种记录及其计算。业务核算的主要任务是填制各种原始凭证、登录经济业务和技术业务台账、提供经济分析和技术分析基础数据、编制技术经济报表等，它侧重于报告期内的专项服务、电梯维护、水泵维护、消防情况、特殊服务、发电房情况、维修保养、代管房屋、上门服务、代购机票车票、照看病人、代请保姆、代办商务等情况的核算，用以反映监督物业管理企业的经济与业务活动。

## 小提示

间接统计资料中的会计核算资料由财务会计部门提供，业务核算资料由其他各相关部门提供，统计核算的历史资料由统计信息中心或综合统计部门提供。因此，包括统计职能部门在内的所有职能部门既是间接统计资料的生产者，又是间接统计资料的消费者。

（3）统计核算。统计核算是指以实物量、价值量、劳动量等为计量单位，反应物流活动经济动态的一种核算形式。其属于数量核算，特点是适应性强，通过对物流经济活动的数量分析，找出物流活动的规律，及时反映各项物流经济指标完成情况，为其进行决策提供准确的依据。

### 2. 内部直接统计资料的采集

内部直接统计资料是由企业统计部门、各职能部门，直接派员或由记录核算岗位的工作人员，在物业管理企业经营管理服务现场直接记录、计算的数据信息。如规划许可证、预售许可证、质量检查记录、技术核定单、验收记录、物业委托管理合同、招租物业的平面图纸、租金及管理费测算书、租赁合同、入户通知书、入户须知、管理公约、业主委员会章程、进户验收表、用户进户交费单、业主、租户变动、更换情况、保安、清洁、绿化等项目的承包合同、用户来往信件、投诉及处理资料等，即按一定格式对生产经营管理活动所做的最初记录。这些记录再经分门别类、按时间顺序记录登录、整理在专门的账册或表卡中，形成不同层次的各种统计台账，据之编制不同层次、不同种类的统计报表。内部直接统计资料的采集路径如图 1-4 所示。

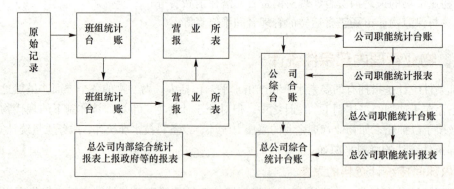

图 1-4 内部直接统计资料的采集路径

## 三、物业管理投入与产出统计

### 1. 投入统计

投入统计自上而下有三个层次，一是管理或服务的投入统计；二是主营业务或附营业务的投入统计，它们由第一层次汇总而得；三是总的投入统计，它是由第二层次汇总而得。其中，第二层次的附营部分和第三层次，是为适应企业多元化经营需要，新扩展的投入统计领域。

投入统计虽也可分为劳动力统计、劳动对象统计和劳动资料统计三个方面及其货币表现——资金的占用与补偿统计，但是其内涵已发生了广泛的延伸，如劳动力培训与流动统计、劳动投入的科技含量统计、劳动投入的经济配置统计、劳动占用的经济数量统计、劳动投入考核的工作抽样统计等。

### 2. 产出统计

多元化经营赋予物业管理产出统计以日益广阔的领域，促使统计由计划体制下的一元化统计，变为物业市场范围内的多元化统计，从而使统计工作量成倍增加。

以物业管理为主营业务的企业产出统计，包括"六大管理、三类服务"，即房屋及设施设备管理、环境卫生管理、治安消防管理、绿化管理、车辆交通管理和其他公共管理六大管理统计；常规性公共服务(合同服务)、委托性特约服务(非合同零星服务)和经营性多种服务(全方位、多层次的综合服务)三类服务统计。尤其是对服务的种类、服务的次数、服务的质量三大方面及其货币表现——租金及服务费的统计。上述每个方面，都要对其所涉及的数量、结构、计划完成、合同履行、实物量、价值量、服务质量、工作质量、均衡性、过程控制等情况进行统计。但各自的覆盖面已充分扩展，如服务项目结构优化统计、服务质量统计、服务水平统计等。

一是附营物业管理业务统计，虽然其产出统计可参照主营业务产出统计，但其所归属行业的管理方式及其特征差异会引起具体指标的不同；二是主附营业务产出统计汇总，相当于宏观国民经济统计相应部分的统计汇总，如房地产业增加值、净增加值等；另外，还须对主营和附营的结构、贡献等进行统计。

### 3. 投入产出率统计

物业管理的投入产出率统计包括经营效率统计、经营效益统计和综合经济效益统计三个方面内容。经营效率统计是指物业管理企业投入与产出的物量或工作量比率，包括活劳动生产率和物化劳动生产率，主要表现为与科学技术水平有关的技术经营指标；经营效益统计是指物业管理企业投入与产出的货币量比率，主要表现为销售或经营收入、利润、税金等与成本、资金等的比率指标；综合经济效益统计是对若干个投入、产出率指标，用恰当的权数予以加权而得到指数，以综合评价经济效益。

除上述常规指标外，资本经营效益是投入产出率统计的新领域，如积累统计、兼并效益统计、主附营规模效益统计等。

## 模块总结

在社会主义市场经济条件下，根据服务对象不同，物业管理职能可分为信息职能、咨询职能和监督职能。物业管理统计机构是物业管理统计职能得以实现的必要条件，物业管理统计机构的组织形式包括直线职能式统计机构和事业部式统计机构两种，不同的职能部门需配备相应的人员，履行不同的职责。物业管理统计的范畴取决于企业所处的环境、企业制度及业务范围，具体包括物业管理外部环境条件、内部环境条件和物业管理投入与产出统计。

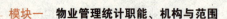 巩固与提高

**一、填空题**

1. 物业管理统计的信息职能必须以_____予以保障。

2. 统计的_____和_____是在信息职能基础上的拓展和深化。

3. 物业管理统计机构的组织形式包括_____和_____两种。

4. 物业管理统计外部环境资料时，间接统计资料也称为_____。

**二、选择题**

1. 统计信息的(　　)决定了其作为信息主体的地位。

　　A. 实质　　　　　　B. 来源　　　　　　C. 表现形式　　　　　D. 特点

2. 物业管理统计的咨询职能是按统计信息的(　　)不同予以体现的。

　　A. 实质　　　　　　B. 来源　　　　　　C. 表现形式　　　　　D. 特点

3. 统计最基本的职能是(　　)。

　　A. 信息职能　　　　B. 咨询职能　　　　C. 监督职能　　　　　D. 统计职能

4. 下列各项中，不属于基本活动单位的是(　　)。

　　A. 物业管理企业　　B. 管理处　　　　　C. 专业队　　　　　　D. 营业所

**三、问答题**

1. 如何理解物业管理统计的咨询职能，其具体表现是什么？

2. 如何理解物业管理统计的监督职能，其具体表现是什么？

3. 简述物业管理机构中综合统计部门的职责。

4. 物业管理产出统计的"六大管理、三类服务"包括哪几个方面？

# 模块二　物业管理统计设计和调查

## 教学要求

| 教学内容 | 教学目标 | 教学重难点 | 权重 |
|---|---|---|---|
| 物业管理统计设计 | 德育目标：培养学生实事求是、严谨求真的工匠精神。<br>能力目标：能够了解根据不同标准划分的物业管理统计设计类型，并明确物业统计设计的主要内容 | 物业管理统计设计的具体内容 | 15% |
| 物业管理统计调查 | 德育目标：培养学生耐心细致的工作作风和严肃认真的科学精神。<br>能力目标：能够了解物业管理统计调查的类型，掌握物业管理统计调查的要求、方法及组织形式，并能够编写物业管理统计调查方案和调查问卷 | 物业管理统计调查要求、方法、组织形式及物业管理统计调查方案和调查问卷的编写 | 85% |

## 单元一　物业管理统计设计

统计设计师统计工作的第一个阶段，是进行一项统计工作之前的准备工作阶段。统计设计师根据统计研究对象的性质和研究目的，对统计工作的各个方面（包括物业管理量统计、物业服务企业劳动力统计、物业服务企业经营状况统计等）和各个环节（包括统计资料的收集、整理、分析和运用，统计资料的保管、提供和发布等）所做的通盘考虑与安排。

在物业统计中，由于物业统计研究的项目不同，对统计设计的内容和要求也不同，例如，物业管理基本统计调查研究就应设计物业管理现象的各个方面，全面反映物业管理现象的数量特征、数量关系和现象发展变化过程与规律，而物业管理专题统计调查研究就应设计物业管理现象的某个方面，如物业管理项目、物业服务企业从业人员等，对该现象进行深入细致的调查，反映该现象的数量特征和数量关系，并研究其发展变化过程和规律。

### 一、物业管理统计设计的种类

#### 1. 按统计设计的工作范围分类

将研究对象作为整体进行考虑的设计称为整体设计；对某一组成部分进行的统计设计称为

单项设计(专项设计)。例如，以物业管理统计为研究对象进行的设计为整体设计，其中物业管理项目、物业管理房屋建筑面积、物业维修等方面的设计为单项设计。整体设计和单项设计是相对而言的，随着研究目的的变化而变化，如对于全国经济发展情况的研究，物业管理行业发展情况的统计设计为单项设计；但在专门研究物业管理行业情况时，则物业管理行业发展情况的统计设计为整体设计。

**2. 按统计设计的工作阶段分类**

对统计工作全部阶段进行的设计称为全阶段设计；对某一阶段的设计称为单阶段设计。全阶段设计从研究现象的定性设计开始，经过资料的调查、整理、汇总等定量计算，到统计资料的运用；单阶段设计只是对其中某一阶段设计的具体化。

无论是整体设计还是单项设计，都要考虑设计工作的各个工作阶段，即整体设计可以进行全阶段设计，也可以进行单阶段设计；同样单项设计可以进行全阶段设计，也可以进行单阶段设计。

## 二、物业统计设计的主要内容

**1. 统计指标和统计指标体系的设计**

统计指标是说明总体特征的，要从数量方面反映物业管理现象总体特征；统计指标体系是相互联系、相互制约的一系列统计指标构成的有机整体，因此，可用统计指标和统计指标体系来表示。如反映物业服务企业职工工作积极性影响该企业经济效益，分别可用不同的指标体系来反映，物业服务企业职工工作积极性的指标体系有：职工迟到、早退人数及比重，职工劳动生产率、职工受业主表扬人次及比重，职工提出合理化建议的人次及比重等指标；该企业经济效益指标体系有：管理项目总量、管理房屋建筑面积数量、营业收入、营业利润、营业利润率等指标。

**2. 收集统计资料方法的设计**

收集统计资料的方法有多种多样，可以是全部收集，也可以是部分收集，可以采用直接收集，也可以采用调查单位填报，还可以把一系列指标编制成调查提纲或调查表格，以问卷、访问、观察等方法获取有关指标。具体采用何种方法，要根据研究对象的特点和统计指标重要程度，进行通盘考虑后，再作出设计的决定。

统计设计的作用

**3. 统计组织工作的设计**

各个管理部门和各级统计工作机构，由于对统计工作的具体要求不同，在考虑问题时会有不同的侧重点，所以在统计设计时就要考虑处理这些问题，尽量满足各方面要求。为了搞好统计工作的各个环节，必须事先做好组织工作，使统计工作的各个阶段相互衔接。

## 单元二　物业管理统计调查

物业管理统计调查就是根据已经拟订的调查研究方案，采取一系列科学的方法，有计划、有步骤地向调查单位收集有关分析单位的原始资料的工作过程。这些原始资料包括物业管理项目、房屋建筑物的数据、物业企业劳动力数量、物业维修量、营业收入，以及有关物业管理经济活动、经济关系的数据资料等。

统计职业道德规范的基本内容包括：忠诚统计，乐于奉献；实事求是，不出假数；依法统计，严守秘密；公正透明，服务社会。其中，实事求是、不出假数是统计职业道德的核心内容。

## 一、物业管理统计调查分类

物业管理现象多种多样，错综复杂。在组织统计调查时，应根据不同的调查对象和调查目的，灵活地选择不同的调查方式和方法，以取得良好的效果。统计调查方法可以从不同的角度分类。

（1）按一定组织形式来分，可分为统计报表和专门调查。统计报表是以原始记录为依据，按照国家统一规定的表格形式，统一的指标内容，统一的报送时间和程序，自下而上定期向国家报告基本统计资料的一种调查制度。这种制度称为统计报表制度。如物业服务企业统计年报、物业项目情况一览表都属于统计报表制度；专门调查是为了一定的目的，研究某些专门问题所组织的一种调查方式。这种调查方式大多数属于一次性调查。专门调查包括普查、重点调查、典型调查、抽样调查。

（2）按调查范围来分，可分为全面调查和非全面调查。全面调查是对构成研究对象总体的每个单位进行调查，包括定期统计报表和普查。全面调查可以反映事物的全貌，有利于对事物的发展状况和发展趋势作出正确的判断，但是需要花费大量的人力、物力、财力，并且花费大量的时间进行组织工作。非全面调查是对构成对象总体的部分单位进行调查，包括重点调查、典型调查、抽样调查。非全面调查可以节约大量的时间、人力、物力和财力，具有灵活简便的特点，能及时取得统计资料。

（3）按调查登记时间是否连续来分，可分为经常性调查和一次性调查。经常性调查是随调查研究现象的变化而进行连续不断地登记，以取得反映物业管理现象在一段时期内发展变化过程的资料。如物业项目情况一览表就属于经常性调查。一次性调查是一种不连续的调查方式，一般间隔一定时间进行定期或不定期的调查，以取得反映某种现象在一定时间内的发展水平或规模的资料。如人口普查、有色金属的普查、科技人员的普查等都属于一次性调查。

统计调查的意义

## 二、物业管理统计调查要求

物业管理统计调查以收集各种原始资料作为统计研究的起点。其统计对象包括物业管理量、物业维修量、物业服务企业劳动力及与物业有关的经济活动和经济关系。其统计调查要求一般包括以下几个方面：

（1）准确性。准确性是指收集的各种原始资料与实际情况相符，原始资料力求准确，反映情况清楚。只有原始资料真实可靠，才能对问题作出判断，得出科学的结论。

（2）及时性。及时性是指及时完成调查任务，及时上报统计资料，及时完成各种统计报表，不得拖延时间，因为有些数据资料具有一定的时效性，如果拖延就会影响到统计工作的质量。

（3）全面性。全面性是指各种原始资料全面、系统，尽可能反映事物的全貌和全过程。如果调查项目残缺不全，会给统计整理工作带来困难，影响统计分析工作的正常进行。

（4）保密性。保密性是指收集的各种原始资料应替被调查者保密，做到不遗失、不泄露。因为有些调查资料涉及被调查者的个人隐私，一旦泄露会影响到被调查者的利益，甚至关系到社会的安定。

（5）一致性。一致性是指对于土地和房屋建筑物的利用现状及其权属关系的调查，应做到图表和实地相一致。

## 三、物业管理统计调查方法

物业管理统计调查按取得资料的方法不同可分为直接观察法、报告法、采访法、通信法、文献法、实地测量法及问卷法。

### 1. 直接观察法

直接观察法是由调查人员亲自到现场对调查对象进行观察和计量，以取得所需要的调查资料。如某物业修缮情况调查、某物业服务企业服务质量调查等都可用直接观察法。直接观察法由调查人员亲自参加观察和计量，所调查的资料准确性较高，简单易行，亲身感受，但是采用这种方法需要消耗大量的人力、物力、财力和时间。因此，这种方法一般只适用于范围较小的调查，而范围较大的调查通常采用报告法和采访法。

### 2. 报告法

报告法是利用各种原始记录和核算资料作为报告资料的来源，向有关单位提供统计资料的一种方法。目前，我国物业服务企业统计年报就是采用这种形式。这种调查方法是由被调查单位根据企业实际情况按表中的项目自己填写后逐级上报，可以节约时间和费用，但是，采用这种方法需要严格的统计调查制度，才能保证调查资料的准确性。

### 3. 采访法

采访法是按调查目的，由调查人员对被调查人员进行采访，并根据被调查人员的答复来收集资料的一种调查方法。其又可分为个别询问法、开调查会法、被调查者自填法等。

（1）个别询问法。个别询问法是由调查人员对被调查者逐一采访，并根据调查目的，提出问题，来收集资料的一种方法。这种调查方法便于探讨某些敏感性的社会问题和了解私人生活方面的情况，如调查个人年收入和个人收入安排情况等。这种调查方法由于资料来源较少，要多来源地收集资料，必须增加调查人员或增加采访次数，所以，采访工作量较大。

（2）开调查会法。开调查会法是由调查人员根据调查目的，邀请有关人员进行座谈，按照座谈的会议记录，来收集调查资料的一种方法。这种调查方法便于在较短的时间内了解大量的情况，以较少的人力获得较多的调查资料，但是，这种调查方法由于出席座谈的人员较多，可能有些被调查者没有说出真实的想法，影响调查资料的质量。

（3）被调查者自填法。被调查者自填法是由调查人员把表格发给被调查者，然后由被调查者填好后交还给调查人员。采用这种调查方法可以节省时间和费用，但是，调查表格回收率不高。这种方法适用于调查范围较广的调查。

### 4. 通信法

通信法是通过邮寄或其他电信方法来收集资料。网上调查是现代科学调查的一种手段，如通过上网聊天、制作专题调查网页等来收集资料。采用这种方法可以节省时间和费用，但是，通过邮寄或上网方式，以自愿提供资料为前提，并且调查面有限，只是对部分人员和网民进行调查。随着科学的发展和教育水平的提高，这种方法会成为非全面调查的主要方法之一。

### 5. 文献法

文献法是通过对大量文献资料的收集与分析，引出对研究对象的看法。文献法按形式可分为以下几项：

(1)书面文献，包括档案资料、报刊、个人文献；

(2)统计资料，包括事先统计调查的成果；

(3)图像文献，包括艺术作品、电影、电视、幻灯片、相片等；

(4)有声文献，包括磁带、唱片、碟片等。这种方法可作为统计调查的一种辅助方法，具有省钱、省力、省时的特点。

### 6. 实地测量法

实地测量法是利用地籍测量和建筑物测量的专业技术手段，实地测量出土地位置、形状、地界等及建筑物的有关数据并绘制成图表。在物业统计调查中，如果现有的土地或建筑物的统计资料和档案资料不能满足所需的数据资料时，调查人员只能通过实地测量法来获得有关土地或建筑物的数据资料，才能保证调查任务顺利完成。采用这种调查方法，要求调查人员必须掌握地籍测量和建筑物测量的专业技术方法，才能保证统计数据的质量。

### 7. 问卷法

问卷法是调查者利用问卷向被调查者了解情况、收集资料。这种调查方法近年来尤其盛行，广泛应用于民意测验、市场调查等活动领域。问卷可分为开放式问卷、封闭式问卷和混合式问卷三种类型。开放式问卷中的问题没有固定答案，填写人可自由回答；封闭式问卷中的差别题有固定答案，填写人只能从中选择答案；混合式问卷介于前两者之间，既有固定选择的内容又有自由回答的内容。

## 四、物业管理统计调查的组织形式

### 1. 统计报表

统计报表是以原始记录为依据，按照国家统一规定的表格形式，统一的指标内容，统一的报送时间和程序，自下而上定期向国家和上级主管部门或企业领导报告基本统计资料的一种调查制度，这种制度称为统计报表制度，如物业服务企业统计年报、物业项目情况一览表等报表，都属于统计报表制度。其基本内容包括报表目录、表式、填表说明。报表目录包括报表名称、报送日期、编报单位、编报范围等；表式可分为基本表式、专业表式、年报表式、定期表式、综合表式、基层表式；填表说明包括统计范围、统计目录、指标解释及分组等。

统计报表的资料来源为企业的原始记录和统计台账。统计报表具有统一性、全面性、可靠性、连续性等优点。其中，统一性指的是统计报表需要规定统一的内容、统一的时间、统一的组织形式；全面性指的是统计报表资料来源具有广泛性、代表性、权威性；可靠性指的是统计报表资料的取得具有真实性和准确性；连续性指的是统计报表不是属于一次性调查表，而是属于经常性调查表的特点。

(1)统计报表的种类。统计报表的种类见表2-1。

(2)统计报表的制发。全国性的统计报表，是由国家统计局会同国务院有关部门制定，发往全国。对于地方统计部门或行业统计部门为了工作需要，增补统计指标，可由地方统计部门或行业统计部门制定，并报国家统计局备案。对于企业内部报表，是为了满足企业管理的需要自制的报表，由企业负责签发。

表 2-1　统计报表的种类

| 分类标准 | 项目 | 释义 |
|---|---|---|
| 按内容和实施范围分 | 基本统计报表 | 基本统计报表是由国家统计局根据国家经济发展和宏观管理需要统一制发的，用来收集整个国民经济和社会发展的基本情况的统计资料，包括工业、农业、建筑业、运输业、商业、文教卫生等方面的基本统计资料 |
| | 专业统计报表 | 专业统计报表是由本系统主管部门制发的，为专业管理的需要在本系统内部实行的，用来收集本部门、本系统有关业务技术的统计资料，是对基本统计报表的补充，如物业管理统计基层表 |
| | 企业内部报表 | 企业内部报表是由企业根据实际需要而制发的，是各企业为指挥生产、管理企业，在企业内部实行的，收集企业内部的基本情况，如物业管理项目统计报表、物业维修情况表、某企业大修项目进度月报表等 |
| 按报送期长短分 | 周期短的报表 | 如日报、旬报，这种报表简单，要求报送及时，以便了解维修工程的施工进度和计划完成情况 |
| | 周期长的报表 | 如月报、季报、半年报、年报，这种报表填报项目较多，要求资料全面、完整。月报和季报主要反映经营情况，为检查月度、季度计划完成情况；半年报和年报是为检查年度计划完成情况，编制长远计划 |
| 按填报单位分 | 基层报表 | 基层报表是由基层企、事业单位填报，反映一个基层单位的情况，是国家统计报表的基础 |
| | 综合报表 | 综合报表是由上级主管部门或地方主管部门根据所属各单位提交的报表汇总的，反映一个部门、地区、国家的经济、社会基本情况 |
| 按报送方式分 | 电信报表 | 电信报表是用电报、电话、传真、E—mail 等形式报送 |
| | 邮寄报表 | 邮寄报表是从邮局寄送，可以是月报、季报、半年报、年报等 |

（3）统计报表的填报。填报统计报表要做到以下几点：

1）执行统一规定的指标计算方法，遵守报送程序、报送方式和报送时间；

2）要求做到统计资料真实、数字准确；

3）上报的统计报表，必须由单位负责人签字、主管部门负责人签字、填表人签字，加盖企业单位公章后，才能上报。

## 小提示

　　统计报表制度由于是经常性的全面调查，便于系统性的积累资料，可以进行动态对比，研究国民经济发展的规律性。同时，也决定了收集资料需要耗费大量的人力与财力，并且要求较高，缺乏灵活性和应急适应性，使用时要与其他调查方法配合使用。

### 2. 原始记录

　　原始记录是基层单位采用一定的表格形式，对经营管理活动具体发生时所做的最初记录。原始记录必须具备三要素，即时间、项目和数量。原始记录具有广泛性、群众性、经常性和具体性的特点。其中，广泛性指的是原始记录涉及经营管理活动各方面，包括人、财、物、产、供、销各个具体方面；群众性指的是原始记录是由经营管理人员直接填写的；经常性指的是原始记录需要连续不断登记经营管理过程中发生的情况；具体性指的是原始记录需要反映经营管理活动的具体情况。

建立和健全原始记录制度，必须坚持从企业实际出发，将需要和可能结合起来。建立和健全原始记录制度便于职工参加管理，对指标设置，填写方式，要做到通俗易懂，填写方便，易于为职工所掌握。建立和健全原始记录制度必须考虑企业经济核算的统一需要，既要满足统计核算的要求，也要满足会计核算和业务核算的要求。

原始记录的分类见表 2-2。

表 2-2　原始记录的分类

| 分类标准 | 项目 | 释义 |
|---|---|---|
| 按内容来分 | 经营方面的原始记录 | 经营方面的原始记录是反映各种经营活动情况的凭证或记录，如维修工程量记录、物业管理项目记录等 |
| | 管理方面的原始记录 | 管理方面的原始记录是反映各种经营管理成果情况的记录，如物业管理项目记录、材料库存量记录等 |
| 按形式来分 | 综合性的原始记录 | 综合性的原始记录是综合地记录经营过程中各种技术经济活动的过程和结果，如个人维修量记录等 |
| | 专门的原始记录 | 专门的原始记录是用来记录单项经营管理活动的情况，如材料入库单、材料领料单等 |

### 3. 统计台账

统计台账是根据统计报表核算的要求，结合物业服务企业经营管理需要，用一定的表格形式将分散的原始记录资料，按时间顺序集中登记在账册上。

通过登记台账，可以随时记录各项原始记录和统计资料，便于前后对比，检查资料的正确性；同时，可以将资料整理工作分散进行，提高统计报表的及时性；也可以系统地积累资料，便于反映经营管理活动，便于领导参考。

统计台账的资料来源主要是原始记录。统计台账是按时间顺序进行系统登记的，登记的间隔时间则根据研究目的的不同而各有差异。这两点也是统计台账的重要特点。

统计台账的种类很多，按所属范围的不同，可分为班组、项目管理部、分公司、总公司统计台账；按登记时期不同，可分为旬、月、季、年统计台账；按繁简程度不同，可分为综合台账和专用台账。综合台账是指在一个表册上，按照时间顺序登记若干有关指标；专用台账是指在一个表册上，按照时间顺序只登记某一项指标。

### 4. 专门调查

专门调查是统计调查组织形式中重要的方法。按其特点和作用可分为普查、重点调查、典型调查和抽样调查。

(1)普查。普查是专门组织的一次性的全面调查。其主要用于收集重要的国情国力的资料，为国家制订长远规划和方针政策提供依据。普查一般在全国范围内进行，所登记的社会现象是在某一时点上的具体数量和情况。普查一般具有一次性、大量性的特点，它的内容可以是人口普查，也可以是物资普查，普查的范围可以是全国性的，也可以是地区性的。

1)普查的组织方式。普查的组织方式有两种：一种是由专门组织的普查机构，配备大量的普查人员，对调查单位直接进行登记，如我国的多次人口普查就是这样；另一种是利用企、事业单位日常核算和报表，颁发调查表，由登记单位填报，如库存物资普查等。这种普查方式比前一种简便，适用于内容涉及范围较小的情况，由登记单位将填好的表格越过中间环节，直接报到最高一级统计机构集中汇总。

2)普查的组织原则。普查是一种专业技术性较强的工作，对调查资料准确性要求较高，所以，需要有一套较完整的组织原则。该组织原则如下：

①规定统一的调查时点，使所有普查资料都反映在这一时点上，避免重复和遗漏；

②在普查范围内，各调查单位应尽可能同时进行调查，保证资料的真实性和时效性；

③规定统一的项目和指标，以便在全国范围内统一汇总；

④制订实施计划。普查工作繁重而又复杂，要求在开展调查之前，通盘考虑普查工作实施计划；

⑤做好宣传动员工作。普查工作是一项广泛性的群众工作，必须广泛动员群众，做好宣传工作，只有让群众了解普查的目的、意义，取得群众的理解和支持，才能顺利完成普查任务。

(2)重点调查。重点调查是通过对重点样本的调查，大致掌握总体的基本数量情况的一种非全面性的调查。其中，重点样本是指总体中某些数量指标占有较大比重的总体单位。若要了解全国大城市房地产发展的基本情况，一般选择北京、上海、广州等大城市；若要了解全国钢铁生产情况，一般选择宝钢、鞍钢等几个重大的钢铁基地。重点调查的单位可以是一些企业、行业，也可以是一些地区、城市。运用重点调查可以使用较短的时间，较少的人力、物力、财力收集到满足有关部门所需要掌握的基本资料。

采用重点调查方法，主要为了掌握总体的基本情况，而部分单位能比较集中地反映所研究的项目和指标。另外，在那些直接影响国民经济发展关系重大的单位，国家需要专门掌握其生产情况，这时同样可采用重点调查。

重点调查主要采用专门调查的组织形式，有时也可颁发统计报表，由部分重点单位填报。

(3)典型调查。典型调查是从总体中选取一个或几个具有代表性的总体单位进行的一种专门组织的非全面调查。根据调查的目的要求，对所研究的对象进行初步全面的分析，有意识地从中选择出具有代表性的单位，进行周密的调查，借以认识事物的本质及其规律性。通过典型调查，能取得较为丰富的资料；能对事物进行具体细致的调查研究；能了解事物发展的过程和原因；能节省人力、物力，及时总结出调查报告。典型调查单位的选择有以下几点要求：

1)符合统计调查研究的目的要求。如了解某地区物业服务企业总体的综合情况，可按经济效益来选择，可以分别选择经济效益好的单位、经济效益一般的单位、经济效益差的单位进行调查。

2)在掌握调查对象资料的基础上，作出客观、公正的判断。由于典型单位选取不能太多，所以在典型单位选取过程中，应听取各方面意见，多深入基层了解情况，作出较为合理的判断。

3)应注意其针对性。任何典型都是具体的、有条件的，都处在不断地变化发展之中，随着条件的变化，典型也会变化，应根据具体的要求，有针对性地选择典型单位。

典型调查资料收集的方法有开调查会法、个别访问法、蹲点调查法、查阅资料法等。典型调查的特点是以定性调查、定性分析为主；一般作为其他统计调查的辅助形式。

典型调查和全面调查方法结合，既可以掌握全面情况，又具有典型材料，为分析问题、解决问题提供了丰富生动的资料。

典型调查和重点调查的区别在于典型调查的调查单位选择侧重于某一方面质的代表性；重点调查的调查单位选择侧重于总体数量方面的代表性。

## 知识链接

### 典型调查的特点

(1)调查单位是根据调查目的有意识地选择出来的少数有代表性的单位，调查单位少，调查方法灵活，省时省力。

(2)典型调查是一种深入细致的调查。通过调查既可以收集有关数字资料，又可以掌握具体、生动的情况；既可以从量的方面分析现象的数量表现和数量关系，又可以从质的方面分析现象的数量表现和数量关系形成的原因；既可以对某一问题进行历史的纵向的研究，又可以进行现时的横向的研究。

(4)抽样调查。抽样调查是按随机原则，在总体中抽取一部分单位调查，用来推断总体的一种非全面性的调查。抽样调查是物业服务企业统计调查中最主要的调查方法之一，在业主对物业管理满意程度的调查中，通常采用抽样调查形式。

1)抽样调查的主要特点。

①总体的各单位都有一个指定的概率被抽取。

②随机原则。在抽取样本单位时必须通过一个或几个随机的步骤进行，而不得采取主观、有意的选择方式。

③从数量上推断总体。即以样本的估计值来推断总体有关参数，并可以控制抽样误差的大小。

2)采用抽样调查的几种情况。

①有些现象不可能或不必要进行的全面调查，如城市居民居住水平调查、物业管理服务质量调查、食品质量状况调查等。

②运用抽样调查，检查全面调查资料的质量，如对人口普查工作质量进行检查等。

③运用抽样调查资料来判断生产过程是否处于正常状态，如生产流水线上产品质量检验等。

## 小提示

要实现统计研究的一般目的，除全面调查外，就是抽样调查。抽样调查相对于全面调查，节省人力与时间。因此，抽样调查是非常基础和重要的认识总体的方法。随着我国社会经济的不断发展和进步，各种经济现象类型日趋复杂，经济利益主体呈现多元化，社会经济信息瞬息万变，传统的以统计报表为主体的调查方法体系不能适应新形势的要求。抽样调查以经济性、时效性、准确性、灵活性等优点广泛适用于社会经济各领域，成为我国统计部门最常用的调查方法。

## 五、物业管理统计调查方案

物业管理统计调查是一项复杂的系统工程，在调查前应制订物业管理统计调查方案，以保证物业管理统计调查有计划、有组织地进行，从而保证可以为物业管理统计整理和分析提供准确完整的统计资料。物业管理统计调查方案一般包括以下几部分。

### 1. 调查目的

调查目的是物业管理统计工作首先应该考虑与解决的问题，只有明确了物业管理统计调查的目的，才能保证物业管理统计调查工作可以有的放矢地进行，才能明确调查对象和调查单位，也才能保证物业管理统计调查的顺利进行。

### 2. 调查对象和调查单位

调查对象就是统计研究的对象，即统计总体。其是根据调查目的确定的，所有可能被登记的总体单位的集合体。调查单位就是统计调查方案确定的需要登记的其情况的总体单位。如果是全面调查，则每个总体单位都是调查单位；如果是非全面调查，则应依据统计调查的具体组织方式确定哪些总体单位为调查单位。

调查单位与填报单位不完全相同，填报单位又称报告单位，是提交调查资料的单位。例如，调查某物业管理企业各项目管理物业的情况，则该企业所有项目为调查对象，每个项目都是调查单位，也是填报单位。如果研究物业管理企业设备利用情况，则企业的所有设备就是调查对象，若是全面调查，则每台设备就是调查单位，而每个项目是填报单位。

### 3. 调查项目

调查项目是对每个调查单位进行统计调查应登记的标志，可以登记调查单位的数量标志，也可以登记其品质标志。要实现统计研究的目的，可以通过对调查单位的认识来掌握总体情况，如果想要掌握总体的某些方面的情况，相应的就可以确定调查某些项目，因此，调查项目是依据统计研究的目的确定的。

调查项目的确定需要注意统计研究的目的性、准确性和方便性。其中，目的性是指统计调查项目的确定应最大限度地满足统计研究的目的；准确性是指调查人员、被调查者或填报单位应尽量准确地理解调查项目的含义；方便性是指收集统计资料的方便程度。

为了使统计调查准确，保证统计研究目的的实现，调查项目一般用统计调查表来反映。调查表是将调查项目用表格反映出来，便于收集与整理资料。调查表常见表式有单一表和一览表两种。单一表是调查单位填写一份对很多项目进行调查的表格，当项目很多时选择使用多张表，每个调查表单位填写一套表；一览表是指一张表登记多个调查单位的调查表，一般适用于项目较少的调查。调查表一般应附填表说明和项目解释。填表说明是指填表应注意的事项；项目解释是指对要调查的项目的解释，便于各填表人准确理解项目的含义。

### 4. 调查时间

统计调查时间一般有三层含义：第一，调查工作时间的起止时间，确定统计工作的起止时间是为了保证统计调查的及时性。第二，调查资料的所属时间，所属时间有时期和时点两种。时期应当统一规定登记调查单位从何时开始到何时停止的资料，具体指哪年、哪个季度、哪个月份的资料。时点应当明确规定统一的标准时点。确定调查资料的所属时间是为了保证收集的资料符合统计研究的目的。第三，调查登记时间是登记数据资料所需要的时间。

### 5. 调查的组织工作

统计调查是一项复杂、系统的工作，要保证统计调查的顺利进行，还应在组织上提供保证。统计调查的组织工作具体包括确定调查组织结构、调查经费的落实、调查方法的选择等。调查组织机构是全面负责统计调查工作的机关或单位。这些机关或单位包括国家统计局、各地统计局和行业主管部门及社会团体，也可以是基层各单位的统计部门、临时组织机构等。

调查组织机构确定后还需要确定调查经费。统计调查的组织工作需要大量的人力与财力作为保证，经费也成为影响统计调查的一个重要因素。调查方法是依据调查目的、调查对象的特点等确定。

另外，调查前还应考虑宣传工作的开展、调查人员的培训、文件印刷、资料的报送方法等。大型的统计调查一般应先试点，然后制订统计调查方案。

## 六、物业管理统计调查问卷编写

统计调查问卷是调查者依据调查的目的和要求，按照一定的理论假设设计出来的，由一系列调查项目、问题、备选答案及说明组成，向被调查者收集资料的一种调查表，在企业统计工作中常用于对员工或客户的调查。

### 小提示

统计调查问卷不同于一般调查表，它在争取被调查者理解的基础上充分尊重被调查者，由被调查者回答有关问题来登记调查表，一般适用于为保证资料的准确性而不能强制被调查者填报资料的统计调查。

#### 1. 统计调查问卷设计的原则

(1)统计调查问卷要有明确的主题。根据调查主题，从实际出发拟题，问题目的明确，重点突出，没有可有可无的问题。

(2)统计调查问卷结构合理、逻辑性强。问题的排列应有一定的逻辑顺序，符合应答者的思维程序，一般是先易后难、先简后繁、先具体后抽象。

(3)统计调查问卷通俗易懂。问卷应使应答者一目了然，并愿意如实回答。问卷中语气要亲切，符合应答者的理解能力和认识能力，避免使用专业术语。对敏感性问题采取一定的技巧调查，使问卷具有合理性和可答性，避免主观性和暗示性，以免答案失真。

(4)控制统计调查问卷的长度。回答问卷的时间应控制在 20 min 左右，问卷中既不浪费一个问句，也不遗漏一个问句。

(5)统计调查问卷需要便于资料的校验、整理和统计。

#### 2. 统计调查问卷设计的程序

(1)确定主题和资料范围。根据调查的目的和要求，研究调查内容，研究所需收集的资料及资料来源、调查范围等，酝酿问卷的整体构思，将所需要的资料一一列出，分析哪些是主要资料，哪些是次要资料，哪些是可要可不要的资料，淘汰不需要的资料，再分析哪些资料需要通过问卷取得、需要向谁调查等，并确定调查地点、时间及对象。

(2)分析样本特征。分析了解各类调查对象的社会阶层、社会环境、行为规范、观念习俗等社会特征，需求动机、潜在欲望等心理特征，理解能力、文化水平、知识水平等学识特征，以便针对其特征来拟题。

(3)拟定并编排问题。首先构思每项资料需要用什么样的句型来提问，尽量详尽地列出问题，然后对问题进行检查、筛选，看其有无多余的问题、有无遗漏的问题、有无不适当的问句，以便进行删除、补充或更换。

(4)进行试问试答。站在调查者的立场上试行提问，看看问题是否清楚明白，是否便于资料的记录、整理；站在应答者的立场上试行回答，看看是否能回答和愿意回答所有的问题，问题的顺序是否符合思维逻辑；估计回答时间是否合乎要求。有必要在小范围进行实地试答，以检查问卷的质量。

(5)修改、付印。根据试答情况，进行修改，再试答，再修改，直到完全合格以后才定稿付印，制成正式问卷。

### 3. 统计调查问卷问题的形式

（1）开放式问题。开放式问题又称无结构的问答题。在采用开放式问题时，应答者可以用自己的语言自由地发表意见，在问卷上没有已拟定的答案，应答者可以自由回答以上问题，并不需要按照问卷上已拟定的答案加以选择，因此，应答者可以充分地表达自己的看法和理由，并且回答得比较深入，有时还可以获得研究者始料未及的答案。例如，您怎样看待我国物业公司发展前景？通常，问卷上的第一个问题采用自由式问题，让应答者有机会尽量发表意见，这样可制造有利的调查气氛，缩短调查者与应答者之间的距离。

**小提示**

开放式问题存在一定的缺点，需要引起注意。具体如下：

（1）调查者的偏见。因为记录应答者答案是由调查者执笔，极可能失真，或并非应答者原来的意思。如果调查者按照他自己的理解来记录，就有出现偏见的可能，但这些不足可运用录音设备来弥补。

（2）资料整理与分析的困难。由于各种应答者的答案可能不同，所用字眼各异，因此在答案分类时难免出现困难，整个过程相当耗费时间，而且难免夹杂整理者个人的偏见。

因此，开放式问题在探索性调研中是很有帮助的，但在大规模的抽样调查中就弊大于利。

（2）封闭式问题。封闭式问题又称有结构的问答题。封闭式问题与开放式问题相反，它规定了一组可供选择的答案和固定的回答格式，封闭式问题的答案标准化，对答案进行编码和分析都比较容易；回答者易于作答，有利于提高问卷的回收率；问题的含义比较清楚，因为所提供的答案有助于理解题意，这样就可以避免回答者由于不理解题意而拒绝回答。

**小提示**

封闭式问题存在一些缺点，需要引起注意。具体如下：

（1）回答者对题目理解不正确，难以觉察出来；

（2）可能产生"顺序偏差"或"位置偏差"，即被调查者选择答案可能与该答案的排列位置有关。

### 4. 统计调查问卷调查设计技巧

（1）事实性问题。事实性问题主要是要求应答者回答一些有关事实的问题。事实性问题的主要目的是求取事实资料，因此，问题中的字眼定义必须清楚，让应答者了解后能正确回答。在市场调查中，许多问题均属事实性问题，如应答者个人的资料，即职业、收入、家庭状况、居住环境、教育程度等。这些问题又称为分类性问题，因为可根据所获得的资料将应答者分类。在问卷中，通常将事实性问题放在后边，以免应答者在回答有关个人问题时有所顾忌，因而影响以后的答案。如果抽样方法采用配额抽样，则分类性问题应置于问卷之首，至则不知道应答者是否符合样本所规定的条件。

（2）意见性问题。在问卷中，往往会询问应答者一些有关意见或态度的问题。意见性问题事实上即态度调查问题，固然要考虑应答者是否愿意表达其真正的态度，而态度强度也有所不同。如何从答案中衡量其强弱，显然也是一个需要克服的问题。通常，应答者会受到问题所用字眼和问题次序的影响，因而，答案也会有所不同。对于事实性问题，可将答案与已知资料加以比较；但在意见性问题方面则较难做比较工作，因为应答者对同样问题所持的反应各不相同。因此，意见性问题的设计远比事实性问题困难。这种问题通常有以下两种处理方法：

1)对意见性问题的答案只用百分比表示，如有的应答者同意某一看法；

2)旨在衡量应答者的态度，故可将答案化成分数。

(3)困窘性问题。困窘性问题是指应答者不愿在调查者面前作答的某些问题，如关于私人的问题，或不为一般社会道德所接纳的行为、态度，或有碍声誉的问题。如果一定要想获得困窘性问题的答案，又避免应答者做不真实回答，可采用以下方法：

1)间接问题法。不直接询问应答者对某事项的观点，而改问如何认为其他人的行为。例如，用间接问题法询问应答者回答认为是旁人的观点时，在他回答后，应立即再加上问题："你同他们的看法是否一样？"。

2)卡片整理法。将困窘性问题的答案分为"是"与"否"两类，调查者可暂时走开，让应答者自己取卡片投入箱中，以减低困窘气氛。应答者在无调查者看见的情况下，选取正确答案的可能性会提高很多。

3)随机反应法。根据随机反应法，可估计出回答困窘问题的人数。

(4)断定性问题。有些问题是先假定应答者已有该种态度或行为。例如，你每天抽多少支香烟？事实上，该应答者极可能根本不抽烟，这种问题即断定性问题。正确处理这种问题的方法是，在断定性问题之前加一条"过滤"问题。例如，您喜欢看有关理财方面的书籍吗？如果应答者回答"是"，用断定性问题继续问下去才有意义，否则在过滤问题后就应停止。

(5)假设性问题。有许多问题是先假定一种情况，然后询问应答者在该种情况下，他会采取什么行动。这种探测应答者未来行为的问题，应答者的答案事实上没有多大意义，因为多数人都愿意尝试一种新东西，或获得一些新经验。

### 5. 统计调查问卷的结构

统计调查问卷一般包括题目、说明书、被调查者基本情况、调查的问题及答案、填写说明与解释五个部分，见表2-3。

表 2-3 统计调查问卷的结构

| 项目 | 内容 |
|---|---|
| 题目 | 题目即是总标题，要能准确、概括地表达问卷的性质和内容，言简意赅，通常用某某统计调查问卷方式反映 |
| 说明书 | 说明书一般在题目的下面，它是写给被调查者的一封信，也是调查者与被调查者沟通的工具。其目的是让被调查者了解调查的意义，引起足够的重视和兴趣，争取他们的支持与合作。<br>说明信的语气应该温和，给人感觉真实，态度诚恳，同时一般要求应简短，但应说明调查的目的和意义，要打消被调查者的顾虑，要能激发被调查者的兴趣，只有这样才能取得被调查者的合作与支持，其合作与支持的程度越高，调查的结果就越准确 |
| 被调查者的基本情况 | 统计调查问卷一般应设置这个项目，这一资料是对调查资料进行分类研究的依据。被调查者回答同一问题是有差异的，很多情况是由于被调查者的基本情况存在差异所造成的。<br>被调查者一般有两种情况：一是个人，基本情况主要包括姓名、性别、年龄、民族、文化程度、职业、职务、职称、收入、家庭状况等；二是单位，基本情况是指单位名称、性质、资质、行业、职工人数、规模、资产、地点等。一般应依据统计调查研究的目的确定调查哪些基本情况，并不是所有的基本情况一定都要调查 |

续表

| 项目 | 内容 |
|---|---|
| 调查的问题及答案 | 调查的问题及答案是统计调查的目的存在。其是调查问卷最主要、最基本的组成部分。问题及答案的设计，直接关系到统计调查的目的是否得以实现。<br>问题的形式主要有封闭式问题和开放式问题两种。在统计调查问卷中，一般尽量用封闭式问题，少用开放式问题 |
| 填写说明与解释 | 填写说明与解释是指导被调查者填写问卷的有关说明，包括要求、调查项目的含义、应生意的事项等 |

### 6. 统计调查问卷设计应注意的问题

(1)问卷的开场白。问卷的开场白必须要慎重对待，要以亲切的口吻询问，措辞应精心琢磨，做到言简意赅，亲切诚恳，使被调查者自愿与之合作，认真填好问卷。

(2)问题的语言。由于不同的字眼会对被调查者产生不同的影响，因此往往看起来差不多相同的问题，会因所用字眼不同，而使应答者有不同的反应，作出不同的回答。故问题所用的语言必须小心，以免影响答案的准确性。

**小提示**

一般来说，在设计问题时应注意以下几个原则：

(1)避免一般性问题。如果问题的本来目的是在获得某种特定资料，但由于问题过于一般化，使应答者所提供的答案资料无多大意义。例如，某物业企业想了解顾客对该物业企业的服务是否满意。做了如下询问：你对本物业企业是否感到满意？这样的问题，显然有欠具体。由于所需资料牵涉服务问题，故应详细询问，以免混乱。

(2)问卷的语言要口语化，符合人们交谈的习惯，避免书面化和文人腔调。

(3)问题的选择及顺序。通常，问卷的前面几个问题可采用开放式问题，旨在让应答者多讲话，多发表意见，使应答者感到十分自在，不受拘束，能充分发挥自己的见解。当应答者话题较多时，其与调查者之间的陌生距离自然缩短。但是要留意，最初安排的开放式问题必须较易回答，不可具有高敏感性。否则，如果一开始就被拒绝回答，以后的问题就很难继续。因此，问题应是容易回答且具有趣味性，旨在提高应答者的兴趣。核心问题往往置于问卷中间部分，分类性问题(如收入、职业、年龄)通常置于问卷之末。问卷中问题的顺序一般按下列规则排列：

1)容易回答的问题放前面，较难回答的问题次之，困窘性问题放最后面，个人资料的事实性问题放卷尾；

2)封闭式问题放前面，自由式问题放后面。由于自由式问题往往需要时间来考虑答案和组织语言，放在前面可能会引起应答者的厌烦情绪；

3)要注意问题的逻辑顺序，按时间顺序、类别顺序等合理排列。

**统计调查问卷示例：**

××社区住宅小区物业管理调查问卷

尊敬的业主：

您好，我们是××社区的工作人员，希望通过问卷了解一下小区推行物业管理化经营模式，希望您能给予帮助，对此，我们深表感谢。

1. 你认为小区有必要推行物业管理吗？
   A. 需要　　　　　　　　B. 不需要　　　　　　　C. 无所谓
2. 你认为小区采取何种方式实行物业管理？
   A. 业主自治　　　　　　B. 社区管理　　　　　　C. 聘请物业公司
3. 你认为物业管理都包括以下哪几个方面(多选)？
   A. 保洁　　　　　　　　B. 安保　　　　　　　　C. 维修、设备维护　　D. 绿化
   E. 消防　　　　　　　　F. 车辆道路　　　　　　G. 公众代办性业务
4. 如果有物业管理公司能为您提供更优质、贴心的服务，您愿意支付可以承受的费用来享受更好的服务吗？
   A. 愿意　　　　　　　　B. 不愿意　　　　　　　C. 无所谓
5. 你认为缴纳_____元/月物业费合理？
6. 你们小区有业主委员会吗？
   A. 有　　　　　　　　　B. 没有
7. 如果小区成立业主委员会，你愿意成为其中的一员吗？
   A. 愿意　　　　　　　　B. 不愿意　　　　　　　C. 无所谓
8. 如果您与物业人员发生争执做何反应？
   A. 等别的业主反映　　　　　　　　　　B. 投诉无门
   C. 去物业管理公司投诉　　　　　　　　D. 到业主委员会投诉
   E. 去社区居委会投诉　　　　　　　　　F. 其他
9. 如果你是业主委员会成员，你会加强哪一方面的管理？


10. 您对小区推行物业管理有何好的建议和意见？


调查结束，非常感谢您的参与，谢谢！

## 📺 模块总结

　　物业统计设计包括统计指标和统计指标体系的设计、收集统计资料方法的设计及统计组织工作的设计。物业管理统计调查应符合准确性、及时性、全面性、保密性和一致性的要求，采用直接观察法、报告法、采访法、通信法、文献法、实地测量法等方法取得资料。物业管理统计调查的组织形式包括统计报表、原始记录、统计台账及专门调查。

## 📁 巩固与提高

### 一、填空题

1. 按调查范围不同，统计调查方法可分为_____和_____。

2. _____是调查者利用问卷向被调查者了解情况、收集资料。

3. 统计报表的资料来源为企业的_____和_____。

4. 全国性的统计报表，是由_____制定，发往全国。

5. _____是统计调查组织形式中重要的方法。

**二、选择题**

1. (    )是由调查人员亲自到现场对调查对象进行观察和计量，以取得所需要的调查资料。

　　A. 问卷法　　　　　　B. 实地测量法　　　　　C. 采访法　　　　　　　D. 直接观察法

2. 原始记录必须具备三要素，不包括(    )。

　　A. 时间　　　　　　　B. 人、财、物　　　　　C. 项目　　　　　　　　D. 数量

**三、问答题**

1. 统计调查应符合哪些要求？

2. 采访法包括哪些具体内容？

3. 统计报表的特点是什么？

4. 填报统计报表要注意哪些问题？

5. 统计台账有哪些类型？

6. 抽样调查的特点是什么？

7. 统计调查问卷的设计原则是什么？

**四、实践题**

1. 要调查某校学生费用开支情况，将全班同学分组，以小组为单位制定统计调查方案。

2. 要调查小区居民对物业管理公司的服务提供情况，以小组为单位设计统计调查问卷。

## 模块三

# 物业管理统计整理

| 教学内容 | 教学目标 | 教学重难点 | 权重 |
|---|---|---|---|
| 统计资料的预处理 | 德育目标：培养依法统计，严守秘密的职业道德<br>能力目标：能够对统计资料进行审核、筛选和排序 | 统计资料的审核 | 25% |
| 统计分组 | 德育目标：培养耐心细致的工作作风和严肃认真的工作态度。<br>能力目标：能够明确分组标志，能够按要求设定分组界限 | 选择分组标志的标准与方式，设定分组界限 | 20% |
| 统计汇总 | 德育目标：培养实事求是，不出假数的工作态度，严谨求真的务实态度<br>能力目标：能够掌握统计汇总的方法，并在统计汇总的基础上掌握分配数列及其应用 | 统计汇总的方法；分配数列及其应用 | 25% |
| 统计资料的显示 | 德育目标：培养精益求精、认真负责的工匠精神。<br>能力目标：掌握统计图和统计表运用 | 统计图、统计表的编制 | 30% |

统计整理是对调查来的大量统计资料加工整理、汇总、列表的过程。它是统计工作过程的第二阶段，处于统计工作的中间环节，起着承前启后的作用。

## 单元一　统计资料的预处理

在对原始资料进行分类之前，先要根据研究目的对原始资料进行审核、筛选和排序等预处理工作。

### 一、统计资料的审核

经调查，得到调查问卷、观测记录、统计报表、历史资料等原始资料后，首先要对其进行审核。经过审核的资料才能进入下一步的整理和分析，否则会影响统计研究的质量。

（1）一手统计资料的审核。一手统计资料一般是根据统计研究的目的，采用问卷、观察、报

表等方法进行了专门统计调查，从调查对象处直接得到的统计资料。这类资料取得成本较高但针对性强，主要审核其完整性和正确性。

1）完整性审核。统计资料完整性审核一般包括调查单位的完整性审核和调查项目的完整性审核。

①调查单位的完整性审核。调查单位的完整性审核主要是根据调查方案，检查收到的统计资料（如问卷）是否涵盖了全部应该调查的对象。如果发现缺少部分调查对象的统计资料，统计人员就需要根据研究目的和事先确定的原则判断统计资料是否能够满足研究的需要。如果不能满足需要就应进行补充调查；如果能够满足需要就可以开展下一步工作，但应加以记录，并在相关研究报告中披露。

## 小提示

所谓完整性，不只是调查对象的数量问题，更重要的是其对于整体代表性问题。所以，除检查统计资料的数量覆盖程度外，也要注意检查其对总体结构的覆盖程度。例如，某物业服务企业想了解业主有哪些专项服务需要时，就在网上社区论坛中发起一项调查，最终70%的业主进行了投票。但是当该企业按照调查结果开展服务时，仍然有很多人提出意见，认为其服务项目不能满足需求。经过分析发现，这些提出意见的业主主要是中老年人。他们大多数人对网络并不熟悉，没有能够参与投票。而且，他们的需求又与参与投票的人群不同，最终造成物业服务企业决策的偏差。

②调查项目的完整性审核。调查项目的完整性审核就是检查调查项目是否填写完整，实质就是检查所有需要了解的统计标志是否全部填写了标志表现。调查项目的缺项往往会造成个体难以归类，进而严重影响对于总体结构、比例、相关性的分析质量。一般当调查项目缺项时，必须进行补充调查，否则该统计资料就难以使用。特别要指出的是，调查对象的基本信息资料（如性别、年龄）往往是进一步整理分析的重要依据，虽然有时这些资料并不在调查问卷正式问题中。

2）正确性审核。统计资料正确性审核一般包括统计资料的逻辑审核和统计资料的计算审核。

①逻辑审核。统计资料的逻辑审核就是检查统计资料是否存在有悖常理、自相矛盾的问题。对于出现逻辑错误的统计资料，有时可以根据常识对统计资料加以修正；有时则必须进行补充调查或剔除该资料。

②计算审核。统计资料的计算审核主要是针对数量标志，检查其计算方法、计算口径、计算过程、计算结果和计量单位是否存在错误或不符合规则的问题。如果出现这类问题一般可以直接对其进行修正。

（2）二手统计资料的审核。二手统计资料是本次统计研究利用的以往为了其他统计研究而收集、整理的统计资料，一般是间接地从其他研究机构或人员处得到的。这类资料取得成本较低但针对性弱，在对其进行完整性和正确性审核的同时，还要审核其适用性和时效性。

1）适用性审核。二手统计资料的适用性审核就是检查其调查对象、调查项目等是否符合本次研究的目的，能否满足本次研究的需要。二手统计资料是否适用，首先要检查二手资料所属的总体是否和本次研究的总体一致；其次要检查二手统计资料记载的统计标志和统计指标等情况是否能满足本次研究的需要。

2）时效性审核。二手统计资料的时效性审核就是检查其所属的时间是否符合本次研究目的。在进行现状研究时应尽量采用最新的资料；在进行动态数列分析时，会采用相应的历史资料。当二手统计资料不能满足要求时就应该进行一手资料的调查收集。

## 二、统计资料的筛选

统计资料的筛选包括两项工作内容：一是对不符合以上审核要求而又无法弥补的统计资料加以剔除；二是对具备某种特定条件的统计资料单独选拔出来，以备专门研究。

（1）错误资料的剔除。统计工作的最终目标是通过分析为决策提供参考，决策往往都有其时效性。当人们得到的一些统计资料不能通过以上审核而又无法弥补时，就应该果断的剔除这些资料。当然，最好是能够在收集资料时就不出问题或能够及时弥补。由于统计学并不像会计学那样要求一分不差，在一定的准确程度下，牺牲掉一些资料并不会影响人们对于研究对象整体特征和规律的揭示。

（2）特定资料的选拔。根据研究目的，人们可能特别关注调查对象中某个或某类对象的情况。一般可以事先制定出一些标准，在调查后根据这些标准将特定的调查对象选拔出来。对于这些对象可能会进行一些专门的研究。例如，在进行物业服务满意度调查时，物业服务企业会特别关注满意度较低的业主的意见。因为通过解决这些业主的问题会使得整体满意度明显上升。那么就可以将综合满意度低于 80 分的业主问卷筛选择出来，认真分析其原因，甚至派专人登门了解具体情况。

## 三、统计资料的排序

统计资料的排序就是根据某项标志，按照个体标志表现的一定顺序将统计资料进行排列。经过排序之后的统计资料会变得条理清晰，便于发现特征和趋势。

统计资料排序的方式需要根据具体的研究对象和研究目的确定。排序时针对研究目的选择排序依据的标志，再结合标志表现的情况确定排列顺序。标志表现为序号（数字、字母等）的，排序有升序、降序之分，但一般采用升序。标志表现为汉字的，可按文字的汉语拼音字母排列，也可以按笔画排列。标志表现为数值的一般按照数值大小排列，可以按照升序排列，也可以按照降序排列。

### 课外阅读

党的十九大从健全党和国家监督体系角度，明确提出"完善统计体制"，将统计工作纳入了党和国家监督体系中。2016 年中共中央办公厅、国务院办公厅印发了《关于深化统计管理体制改革提高统计数据真实性的意见》（以下简称《意见》）、2017 年印发了《统计违纪违法责任人处分处理建议办法》（以下简称《办法》），2018 年印发了《防范和惩治统计造假、弄虚作假督察工作规定》（以下简称《规定》）。

《意见》《办法》《规定》的出台，是深入贯彻党的十八大和十九大精神、深入贯彻习近平新时代中国特色社会主义思想的重要体现，是防范和惩治统计造假、弄虚作假又一"利器"，是提高统计数据真实性的全面部署，是对统计督察职能的进一步拓展和深化，是推动防范和惩治统计造假弄虚作假的三把"利刃"，要求之高、尺度之严前所未有，体现了党中央、国务院坚持实事求是、反对弄虚作假的鲜明态度和坚定决心，对推动统计事业持续健康发展产生了重大而深远的影响。对于构建防范和惩治统计造假、弄虚作假督察机制、问责机制，确保党中央、国务院关于统计改革发展的决策部署得到有效贯彻落实，确保统计数据真实准确，具有十分重要的意义。

《意见》明确党政同责，《办法》界定问责档次，《规定》检验政策执行、制度贯彻、责任追究是否到位。违法责任追究涉及党政主要领导责任人，直接领导责任人，第一责任人、主体责任人、直接责任人，责任档次有党纪 4 档，政纪 5 档。

# 单元二　统计分组

通过统计分组，可以划分统计资料的类型，揭示资料所属现象的内部结构，分析它们之间的依存关系。

## 一、选择分组标志

### 1. 选择分组标志的标准

分组标志是用于分组的统计标志，选择分组标志是获得正确结论的前提，要选择最能反映被研究对象本质特征的标志作为分组标志。

(1)以统计研究的目的为导向。统计分组是为统计研究服务的，统计研究的目的不同，选择的分组标志也应有所不同。例如，同是以物业项目作为研究对象，当研究目的是分析某物业服务企业承接物业项目的经济效益时，一般就会选择各项目的人均利润或劳动生产率等作为分组标志；当研究目的是分析该企业承接物业项目覆盖的业态以备资质审查时，一般就会选择项目的物业类型作为分组标志。

(2)以反映现象的本质为目标。社会经济现象本身的特征及其运行规律都十分复杂，往往反映某一现象时需要多个标志。例如，在体检后，会得到一张体检表，这张表上有很多的标志综合反映了每个人的身体健康状况。在选择分组标志时，应该力求将与有关现象的性质或类型关系最密切的标志选择出来，以保证能够反映现象的本质，从而得出正确的结论。例如，研究城镇居民对于物业服务的消费能力时，可供选择的分组标志有城镇家庭总收入、城镇家庭可支配收入等。相对城镇家庭总收入而言，城镇家庭可支配收入更能反映城镇居民对于物业服务的消费能力，因此，应选择城镇家庭可支配收入作为分组标志。

(3)综合考虑其他条件的影响。各种现象的性质或类型关系可能由于其他条件的变化而不同。因此，在选择分组标志时，要综合考虑其他条件的影响，根据具体情况选择分组标志。例如，研究物业项目的规模时，不同的物业类型条件会造成反映其规模本质的标志有所不同。普通居住小区，一般会选择建筑面积作为分组标志；仓储设施等，一般会选择容积作为分组标志；医院、酒店等，一般会选择床位作为分组标志；停车场，一般会选择车位作为分组标志。

### 2. 选择分组标志的方式

分组标志选择的不同方式主要是根据选择的分组标志的类型和数量进行划分。

(1)分组标志的类型。分组标志的类型包括品质标志和数量标志。品质标志一般不能用数量标志表示，它表明是物质的属性。一般，将选择品质型标志的分组方式称为品质标志分组；将选择数量型标志作为分组标志的分组方式称为数量标志分组。

(2)分组标志的数量。统计在进行分组时，根据采用的分组标志的多少，可分为简单分组和复合分组。简单分组又称单一分组，是对被研究对象总体只按一个标志进行的分组；复合分组就是对同一总体选择两个或两个以上标志来进行分组。

统计分组的作用

## 二、分组界限的设定

分组界限也称为组限，是用来划分组的边界的标志表现。从对于总体（或样本）的分类的角度来看，分组界限是各组之间的边界，从各组来看，分组界限界定了归属各组的标志表现的范围，进而界定了归属各组的个体的特征。

一般情况下，设定分组界限时，按品质标志分组较为简单，数量标志分组较为复杂。二者分组界限设定的要求如下：

（1）品质标志分组的分组界限设定。品质标志分组的分组界限一般是反映现象属性、类型构文字，分组界限间没有数量关系。一般情况下，某一个属性或类型即一组的组限。为保证品质标志分组的合理性，一般应做到以下几点：

1）掌握分组标志的所有标志表现。一般情况下，品质标志分组汇总时，是按照个体的标志表现是否符合某一组的分组界限判断其归属的。所以，如果在设定分组界限时忽略了某种标志表现，就会直接造成具有该类标志表现的个体的汇总遗漏，违反了穷举原则。为了保证统计资料整理的完整性，首先需要通过深入全面的调查，充分掌握分组标志所有的标志表现。这一工作看似简单，但如果总体（或样本）单位的数量很大时，工作量就会变得很大。但是随着计算机技术广泛应用，在处理具体工作时可以使用 Excel 等软件，对全部资料按照分组标志进行排序，排序后分组标志的所有标志表现就一目了然了。当对总体（或样本）中所有个体在分组标志上的标志表现掌握不充分可能发生变化时，一般可以将"其他"设定为一个分组界限，由该组收容不符合一般分组界限的个体。

2）适当归并繁杂的标志表现。当分组标志的标志变化过于繁杂时，不仅会极大地增加研究的工作量，甚至会影响把握现象结构、相互关系的准确性，破坏研究总体（或样本）特征和规律的科学性，在此情形下，可以将繁杂的标志表现进行归并，发现归并的合理性及其重要影响。

3）界限准确含义明确。由于品质标志分组的分组界限使用文字表述，其本质是简要的描述某一概念，以限定组内涵盖的个体。如果概念表述不准确或概念本身容易产生歧义，就会使统计工作人员和统计资料使用者产生疑惑。所以，在设定分组界限时，应该注意了解相关专业的划分方法和称谓习惯，尽量将意思表述准确，做到组限清晰。另外，如果概念本身没有权威界定或容易产生歧义，可以在统计整理方案中专门加以约定。

（2）数量标志分组的分组界限设定。数量标志分组的分组界限之间存在数量关系，通过规定特定的数量或数量距离划分各组的界限。作为分组标志的数量标志一般都是可变标志，故也称变量。因此，数量标志分组也称变量分组。变量可分为离散变量和连续变量两种。离散变量是指标志表现为自然数或整数单位计算的变量，如设备数量、业主人数、电梯数量等，这种变量的标志表现一般采用计数的方法得到；连续变量是指标志表现在一定区间内可以任意取值的变量，如建筑面积、设备耗电量、室内温度等，这种变量的标志表现只能通过测量或计量的方法得到。根据变量值的具有情况可以采取不同的分组方式，包括单项式分组和组距式分组两种。

1）单项式分组。单项式分组就是选择一个变量值作为一组分组界限，以个体的变量值是否与该组的分组界限相等判断个体的归属的变量分组方式。一般如果总体（或样本）中个体的变量值变异范围不大，分布较集中，且类型划分对差异变化很敏感时，采用单项式分组比较合适。否则，除会出现组数过多、分组过细的问题外，还可能由于个体分布不均，在汇总时出现空组的问题，影响分组质量。

2）组距式分组。组距式分组就是将变量值依次划分为几段区间，以各区间的边界作为分组界限，以个体的变量值是否属于该区间判断个体的归属的变量分组方式。设定分组界限时，最小组的下限应小于最小变量值，最大组的上限应大于最大变量值。组距式分组的分组界限，可分为上限和下限。上限是各组的最大变量值；下限是各组的最小变量值。组距就是上限与下限的差值。组距宜在条件许可的情况下取 5 或 10 的倍数，以方便计算。全距是总体中最大的标志值与最小的标志值之差。组数是全部分组的个数，一般等于全距除以组距。有时为了包容离群点的个体，会将最大或最小组设定为开口组。开口组就是最小组不设下限，最大组不设上限的情况。

 知识链接

### 组距式分组的类型

按照分组界限是否重叠，组距式分组的类型见表 3-1。

表 3-1 组距式分组的类型

| 划分标准 | 项目 | 内容 |
| --- | --- | --- |
| 按照分组界限是否重叠 | 间断组距式分组 | (1)是指组限有间断的距离，而不相连的组距式分组，一般间断的距离为"1"。<br>(2)适用于分组标志为离散变量的情况 |
| | 连续组距式分组 | (1)是指相邻的组限相互重叠的组距式分组。<br>(2)既适用于离散变量的分组，也适用于连续变量的分组 |
| 按照分组间距是否相同 | 等距分组 | (1)是指各组组距都相等的组距式分组。这种分组，每组上、下限间的距离相同，各组变量值的变异范围相同。<br>(2)适用于总体（或样本）中个体的变量值变动比较均匀的情况。但需要注意的是，这种均匀既要考虑调查得到资料的客观分布情况是否均匀，也要结合研究目的，考虑理论上研究对象的特征差距是否均匀 |
| | 异距分组 | (1)是指各组组距不完全相等的组距式分组。这种分组，每组上、下限间的距离不完全相同，各组变量值的变异范围不完全相同。<br>(2)标志值分布不均匀。等距分组会使某些组的个体过于稠密，而某些组的个体又过于稀少。这时采取等距分组，无法显示出总体分布的规律性。而且，分组汇总后个体被融入了某个组中，其个体信息就会被掩盖。如果某组的个体过多，会使得这一分布密集的变量值段的信息损失过大。这时，恰当的分组方式是，在个体变量值分布比较密集的区间内设定较小的组距，在个体变量值分布比较稀少部分使用较大的组距。<br>(3)根据其他学科的知识，总体（或样本）的本质特征规律不均匀，其个体变量值的变化具有特殊意义。<br>(4)对于异距分组方法的运用，没有固定模式可供依据，需要统计人员在实践中不断探索，关键在于对所研究现象的内在联系必须十分熟悉，才能很好运用异距分组在揭示事物的本质 |

## 单元三 统计汇总

在完成统计分组工作后，就要依据分组规则将原始资料归入其所属的组内，然后根据调查得到的个体有关标志表现进行汇总，编制分配列数，进而得到对应的统计指标。

# 一、统计汇总的方法

在保证统计资料的完整性、及时性、准确性的前提下，将资料整理汇总。统计资料汇总方法从技术复杂程度看，有手工汇总、电子计算机汇总和卫星遥感技术应用汇总等。

## 1. 手工汇总

手工汇总就是汇总过程全部采用手工进行。常用方法有以下四种：

(1)划记法。划记法就是用划"正"或"册"等记号，计算各组和总体单位数的方法。此法简便易行，但容易出错，它只适用于总体单位不太多的情况。

(2)过录法。过录法是根据统计汇总表中分组的要求，先把各单位的实际统计资料过录到预先设计好的表格上，计算出结果，然后将计算结果过录到正式的统计汇总表上。过录法的优点是汇总的内容多，便于校对检查；缺点是工作量大，费时费力。

(3)折叠法。折叠法是将各个调查表中需要汇总的项目和数值折在边上，一张一张重叠起来，进行汇总计算。折叠法一般在报表汇总时用，因而避免了过录，省时省力。但在实际工作中要细致，并应随时检查。

(4)卡片法。在总体单位多、复合分组多时，卡片法是手工汇总中较好的方法。卡片法是利用特制的摘录卡片作为分组计数的工具。

## 知识链接

### 卡片法汇总的步骤

(1)将作为分组的部门、类别等标志按顺序编号，在调查的相应项内加注号码；

(2)将调查表上各项分组编号和标志值一一摘录在卡片上，每一张卡片代表一张调查表；

(3)将卡片按分组标志编号排队分组；

(4)计算和加总，即将各组卡片张数，记入汇总，记入调查表的相应组内，最后计算总计数。

## 2. 电子计算机汇总

电子计算机汇总是在 20 世纪中叶发展起来的进行资料汇总的方式。计算机给统计工作带来的好处是有目共睹的。高速度、大容量的计算机的使用，使得统计收集的数据量迅速扩大，一项全国性的调查经常能集中几十亿甚至几百亿字符的数据量。国家统计局处理的常规统计任务也有 10 亿字符以上，这么大的工作量用手工处理是难以想象的。所以，随着现代化的发展，电子计算机必将越来越广泛地应用到统计工作中。电子计算机进行统计汇总工作具有显著的优点：速度快、精度高，具有逻辑运算、自动工作和储存资料的功能。通过电子计算机汇总，能建立数据库储存。现在我国的宏观经济数据库及其应用系统，已经为党中央、国务院进行经济决策服务，以后逐步扩展到位全体社会提供服务，为改善经济信息状况做贡献。

## 3. 卫星遥感技术应用汇总

卫星遥感技术的应用，为资源、环境研究和国民经济建设提供了宝贵的空间图像数据，在我国国防建设中也起到了不可替代的作用。

# 二、分配数列及其应用

分配数列也称频数分布或分布数列，是在统计分组的基础上，将总体(或样本)中的全部个体按事先制定的分组规则进行归类、排列，形成每个个体在各组的分配。分布在各组内的个体个数称为频数或次数，各组频数与总频数的比值称为频率。分配数列一般用表格的形式表现出来，就是常见的分配数列表。

### 小提示

分配数列是在统计分组的基础上，通过统计汇总工作得到的条理化的统计资料。分配数列是根据统计分组的规则编制的，其形式和内容是由统计分组的方式决定的。统计汇总是根据分组规则操作的行为过程，分配数列是其资料结果。

#### 1. 分配数列的种类

总体(或样本)按照分组标志的类型不同，分配数列可分为品质数列和变量数列。

(1)品质数列。品质数列是总体(或样本)按照品质标志分组后，经过汇总形成的分配数列。品质数列的组名一般是文字形式，表示一些概念或类型。

(2)变量数列是总体(或样本)按照数量标志分组后，经过汇总形成的分配数列。变量数列的组名一般是数字或数字范围形式，表示一定的数值或数值区间。同变量分组保持一致，变量数列又可分为单项数列和组距数列。单项数列是以一个变量值为一组编制的变量数列，其编制基础是单项式分组；组距数列是以一定变量值区间构成各组所编制的变量数列，其编制基础是组距式分组。

### 知识链接

#### 变量数列中的几个相关概念

(1)组距与组中值。组距数列中每个组的最大变量值称为该组的上限，最小变量值称为该组的下限，统称组限。上限与下限之间的距离称为组距。在许多时候，需要确定组距分组中一个能代表本组下限到上限之间所有标志值的数值参与下一步的运算，这个能起代表作用的数值就是组中值。组距分组中，每组上限与下限之间的中点数值称为该组的组中值，即(上限＋下限)/2。

(2)"上组限不在内"分组原则。在组距分组中，划分连续变量的组限时，相邻两组的组限必须重叠。在实际工作中，为了保证变量的分组不发生混乱，习惯上规定各组一般只包括本组的下限，而不包括本组的上限，这被称为"上组限不在内"分组原则。

(3)开口组。为将个别极端大或极端小的值编入组内，有时候组距分组存在开口组的情况，分组中第一组用"多少以下"，最后一组用"多少以上"表示的组就是开口组。对开口组组中值确定的方法是假定开口组的组距与邻组组距相等。

#### 2. 分配数列的要素

分配数列由组名和频数(或频率)两个要素构成。编制分配数列主要就是确定这两个要素。

(1)组名。组名也称组别，就是按照规则划分的各组，一般用分组界限表示，有品质组名和变量组名。

(2)频数(次数)和频率。频数也称次数，是各组的个体单位数，也是绝对数。频率是各组的个体单位数与总体(或样本)的个体单位数的比值，是相对数。频率具备以下两个性质：

1)各组频率都介于 0 到 1 之间;

2)各组频率之和应该等于 1。

根据频率的特点可以检验分配数列编制是否正确。

### 3. 分配数列的应用

分配数列的形式和内容都很简单,分配数列反映的主要信息就是组名和频数(或频率)。对于分配数列的应用主要是利用分配数列中的频数(或频率)来揭示事物的一些规律,进行一些初步的判断和决策。

分配数列编制好后,观察分配数列表,主要是看各组的频数(或频率)大小。由于最终研究总体时,反映总体特征的指标值是由各组的标志表现汇总得到的。所以,频数(或频率)就具有了权重的意义。在各组中,频数(或频率)越大,则该组的标志表现对于总体指标的影响就越大;反之,频数(或频率)越小,则该组的标志表现对于总体指标的影响就越小。在分析问题、解决问题时,往往需要抓住关键因素,把握事物的主要方面。在统计分析中,对于总体指标的影响大小可以作为一个判断事物关键因素和主要方面的条件。例如,某物业服务公司在进行服务满意度调查后,又向不满意和非常不满意的业主调查了不满意的原因,问卷经整理后编制了分配数列,得到了表 3-2 中的数据。

表 3-2　某物业小区业主服务不满意原因统计表

| 不满意原因 | 人数/人 | 比重/% |
|---|---|---|
| 停车位管理混乱 | 69 | 54.76 |
| 工作人员形象 | 5 | 3.97 |
| 维修及时性 | 9 | 7.14 |
| 维修有效性 | 3 | 2.38 |
| 环境卫生 | 15 | 11.90 |
| 绿化园林 | 7 | 5.56 |
| 收费标准 | 18 | 14.29 |
| 合计 | 126 | 100 |

从表 3-2 中可以看出,业主对服务不满意的原因最多的是"停车位管理混乱",比重超过了 50%,说明这是造成业主不满意的主要问题。根据这样的情况,该公司如果希望有效地提升服务满意度,可以首先从加强停车位管理入手。

除观察频数与频率外,还可以对频数(或频率)进行累计。其方法是,从最边缘的组开始,逐个将相邻的组的频数(或频率)进行累加,得到某几个组的累计频数(或频率)。变量数列频数(或频率)的累计可以向上累计,也可以向下累计。

(1)向上累计。向上累计是由变量值低的组向变量值高的组依次累计频数(或频率)。某组向上累计频数表明该组上限以下的各组个体单位数之和是多少,某组向上累计频率表明该组上限以下的各组个体单位数之和占总体单位数的比重。

(2)向下累计。向下累计是由变量值高的组向变量值低的组累计的频数(或频率)。某组向下累计频数表明该组下限以上的各组个体单位数之和是多少,某组向上累计频率表明该组下限以上的各组个体单位数之和占总体单位数的比重。

例如，某物业小区服务满意评分情况见表3-3。

表 3-3 某物业小区服务满意评分情况

| 服务满意的评分/分 | 人数/人 | 比重/% | 向上累计 | | 向下累计 | | 备注 |
| --- | --- | --- | --- | --- | --- | --- | --- |
| | | | 人数/人 | 比重/% | 人数/人 | 比重/% | |
| 90 以上 | 358 | 29.79 | 1 202 | 100.00 | 358 | 29.80 | 非常满意 |
| 80～90 | 620 | 51.58 | 844 | 70.21 | 978 | 81.40 | 满意 |
| 70～80 | 98 | 8.15 | 224 | 18.63 | 1 076 | 89.50 | 一般 |
| 60～70 | 100 | 8.32 | 126 | 10.48 | 1 176 | 97.80 | 不满意 |
| 60 以下 | 26 | 2.16 | 26 | 2.16 | 1 202 | 100.00 | 非常不满意 |
| 合计 | 1 202 | 100.00 | — | — | — | — | |

从表 3-3 中可以看出，"60～70"这一组的向上累计频数为 126，向上累计频率为 10.48%，代表服务满意评分 70 分以下的人数和比重。如果要计算对服务不满意的人数，就是 126 人，要计算不满意率，就是 10.48%。而"80～90"这一组的向下累计频数为 978，向下累计频率为 81.4%，代表服务满意评分 80 分以上的人数和比重，如果要计算对服务满意的人数，就是 978 人，要计算满意率就是 81.4%。

## 单元四　统计资料的显示

完成统计资料预处理、统计分组及统计汇总后，就能够得到能够反应总体特征和规律的统计指标等资料。为了使包括决策者、研究人员等其他统计资料使用者能够便捷高效地理解和利用这些资料，需要将整理后的统计资料以简明、系统、有序的方式显示出来。较为有效的方式就是编制统计图、统计表。

### 一、统计图

统计图是统计资料的又一重要表现形式。它是利用几何图形、形象图等表明统计指标及其对比关系，从而显示出统计指标所反映社会经济现象的规模、结构、发展趋势和依存关系等。用统计图表现统计资料具有通俗易懂、具体、生动、形象的特点，所以它很受欢迎。

#### 1. 统计图的分类

常用的统计图有条形图、平面图、曲线图和象形图等。

(1)条形图。条形图是以相同宽度的纵条形或横条形的长短来比较统计指标数值大小的统计图。条形图又可分为横式条形图(带形图)和纵式条形图(柱形图)两类。条形图制作简单，便于比较，所以应用也最广泛。

(2)平面图。平面图是以圆形、正方形、长方形等几何图形面积的大小，来表示统计指标数值和总体内部结构情况的一种统计图。平面图绘制不如条形图简单，但平面图在表达总体内部结构及反映面积资料，显得对比鲜明而生动。

(3)曲线图。曲线图是利用曲线的升降来表明指标变化形态的统计图。它是表明生产计划进度、动态和发展趋势的主要图形，对于反映事物发展变化的规律性有着重要的作用。

(4)象形图。象形图是根据实物形象绘制几何图形的基本方法，选用实物形象，经过美术加工来表示统计资料的一种统计图。它生动活泼，引人入胜，使观者容易得到鲜明而深刻的印象，给人以直觉感。象形图的种类也很多，如单位象形图、长度象形图、平面象形图和形象化指标图等。象形图常用来对比资料和用于劳动竞赛评比方面。

### 📻 知识链接

#### 帕累托图

帕累托图是以意大利经济学家 V. Pareto 的名字而命名的，又称排列图、主次图，是按照发生频数从大到小的顺序排列而成的图形，表示有多少结果是由已确认类型或范畴的原因所造成的。它是将出现的质量问题和质量改进项目按照重要程度依次排列而采用的一种图表。帕累托图可以用来分析质量问题，确定产生质量问题的主要因素，按等级排序的目的是指导如何采取纠正措施，从概念上说，帕累托图与帕累托法则是一脉相承的，该法则认为相对来说数量较少往往造成绝大多数的问题或缺陷。

例如，为了解某地区私家车占有率，某汽车公司随机抽取了 30 名被调查者进行了调查。表 3-4 是调查员对 30 名被调查者的性别和是否有私家车的记录数据，试对数据进行整理，以观察私家车占有率，并做出描述性分析。

表 3-4　被调查者基本资料

| 性别 | 是否有私家车 | 性别 | 是否有私家车 |
|---|---|---|---|
| 男 | 是 | 女 | 否 |
| 男 | 是 | 男 | 否 |
| 男 | 是 | 女 | 否 |
| 男 | 是 | 男 | 否 |
| 男 | 是 | 男 | 否 |
| 男 | 否 | 女 | 否 |
| 男 | 否 | 女 | 否 |
| 女 | 是 | 男 | 否 |
| 男 | 是 | 女 | 否 |
| 男 | 否 | 男 | 否 |
| 男 | 否 | 男 | 否 |
| 男 | 否 | 女 | 否 |
| 男 | 否 | 男 | 否 |
| 女 | 是 | 女 | 否 |
| 女 | 否 | 女 | 是 |

根据表 3-4，运用 Excel 直方图方法制作的帕累托图如图 3-1 所示。

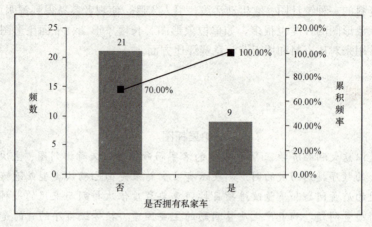

图 3-1 私家车拥有帕累托图

### 2. 统计图的绘制

以条形图的绘制为例介绍统计图的绘制。条形图主要用于表示品质型或离散型的资料，适用于品质分组和单项分组的分配数列的表达。条形图可以辅助人们分析各组频数和其他变量值的多少；复式条形图更可以辅助人们用于比较多个对象的数量。

条形图的绘制方法是：先绘制一直角坐标，以横（纵）轴作为基线，在纵（横）轴上按照适当比例划出尺度，尺度要从零开始，全部尺寸以等距表示，然后以横（纵）轴作为基线，把各个指标数值按照比例尺度绘制出各条形，条形图按数值大小、时间先后等顺序排列，间隔必须相等，一般不超过条形的宽度，对不同性质的条形，以不同的条纹或颜色区分；在合适的地方作出必要说明，如标题、单位、图例、资料来源等。随着计算机软件技术的发展，研究人员已经很少采用手工绘制统计图，目前，能够帮助人们绘制统计图的计算机软件很多，包括 Excel、SPSS、SAS、R 等。

例如，某物业服务公司在全国承接了 50 个物业项目，关于各个项目的房屋建筑面积和人员配置见表 3-5。

表 3-5 某物业公司承接项目一览表

| 项目编号 | 职工人数/人 | 房屋建筑面积/平方米 | 所在城市 | 项目编号 | 职工人数/人 | 房屋建筑面积/平方米 | 所在城市 |
| --- | --- | --- | --- | --- | --- | --- | --- |
| 001 | 40 | 90 953.28 | 北京 | 011 | 65 | 171 537.73 | 天津 |
| 002 | 72 | 197 578.56 | 天津 | 012 | 62 | 161 440.6 | 北京 |
| 003 | 88 | 234 639.28 | 上海 | 013 | 94 | 241 372.73 | 广州 |
| 004 | 61 | 166 096.18 | 北京 | 014 | 84 | 225 581.4 | 上海 |
| 005 | 104 | 271 574.54 | 深圳 | 015 | 67 | 171 399.9 | 北京 |
| 006 | 72 | 194 508.51 | 天津 | 016 | 88 | 236 511.8 | 广州 |
| 007 | 105 | 278 107.37 | 深圳 | 017 | 102 | 158 140.87 | 深圳 |
| 008 | 78 | 209 610.34 | 上海 | 018 | 60 | 170 257.71 | 北京 |
| 009 | 68 | 166 112 | 北京 | 019 | 87 | 226 925.58 | 上海 |
| 010 | 65 | 171 004.9 | 北京 | 020 | 72 | 193 731.15 | 天津 |

续表

| 项目编号 | 职工人数/人 | 房屋建筑面积/平方米 | 所在城市 | 项目编号 | 职工人数/人 | 房屋建筑面积/平方米 | 所在城市 |
|---|---|---|---|---|---|---|---|
| 021 | 75 | 200 170.5 | 天津 | 036 | 54 | 138 426.21 | 北京 |
| 022 | 83 | 218 680.1 | 上海 | 037 | 76 | 195 786.38 | 天津 |
| 023 | 75 | 185 650.21 | 天津 | 038 | 92 | 241 122.4 | 广州 |
| 024 | 68 | 180 705.6 | 天津 | 039 | 86 | 227 675.4 | 上海 |
| 025 | 64 | 168 840.86 | 北京 | 040 | 103 | 280 731.6 | 深圳 |
| 026 | 64 | 174 780.3 | 天津 | 041 | 76 | 200 545.4 | 天津 |
| 027 | 59 | 155 311.21 | 北京 | 042 | 91 | 234 688.74 | 上海 |
| 028 | 90 | 229 487.2 | 上海 | 043 | 88 | 240 749.1 | 广州 |
| 029 | 99 | 267 075.68 | 深圳 | 044 | 65 | 171 481.8 | 北京 |
| 030 | 65 | 177 366.8 | 天津 | 045 | 81 | 210 039.1 | 上海 |
| 031 | 39 | 98 991.38 | 北京 | 046 | 100 | 268 868.4 | 深圳 |
| 032 | 61 | 159 522.4 | 北京 | 047 | 56 | 141 573.8 | 北京 |
| 033 | 78 | 206 196.6 | 上海 | 048 | 56 | 147 327.5 | 北京 |
| 034 | 113 | 292 623.48 | 深圳 | 049 | 78 | 207 127.6 | 上海 |
| 035 | 94 | 242 728.1 | 广州 | 050 | 72 | 186 699.6 | 天津 |

(1)在 Excel 表格中输入表 3-5 的内容(注意在 Excel 表格中每种标志输入为一列)。

(2)按照所在城市对表 3-5 中的资料进行分组,汇总并编制分配数列后得到表 3-6。

表 3-6　某物业服务企业项目分布表

| 所在城市 | 项目数/个 | 职工人数/人 | 房屋建筑面积/万平方米 |
|---|---|---|---|
| 北京 | 15 | 877 | 227.87 |
| 上海 | 5 | 456 | 120.25 |
| 广州 | 11 | 924 | 243.07 |
| 深圳 | 7 | 726 | 191.71 |
| 天津 | 12 | 852 | 225.91 |
| 合计 | 50 | 3 835 | 1 008.81 |

(3)将表 3-6 的资料输入 Excel 工作簿中。

(4)选中工作簿中前两列的相应资料,如图 3-2(a)的列 A、B 部分。

(5)单击"插入→图表",单击"柱形图(软件中条形图是将柱形图顺时针旋转 90 度,本质相同)→三维柱形图→三维簇状柱形图"。

(6)可以直接在图表标题的文本框中编辑图名,也可以单击"布局→资料标签→显示"在条形顶部添加频数或变量值,得到图 3-2(a)所示的条形图。

另外,复式条形图的绘制与上述基本一致,只是第(4)步选中多个列的相应资料,如图 3-2(b)所示。

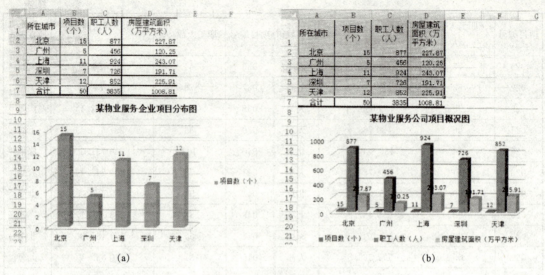

(a)　　　　　　　　　　　　　　(b)

图 3-2　条形图的绘制

## 二、统计表

统计表是表现统计资料的一种重要形式。因为统计汇总后得到的统计数字是分散的，数字之间不能直接观察到它们之间的联系。为此，把汇总的资料，根据研究任务的需要，填写到适当的表格内，这种表现统计资料的表格，叫作统计表。

### 知识链接

#### 统计表的作用

(1)统计表能有条理地排列统计资料，使人们阅读时一目了然；

(2)容易检查数字的完整性和正确性，便于阅读；

(3)与文字叙述相比简明易懂，节省篇幅；

(4)便于积累统计资料。

### 1. 统计表的构成

(1)从外形上看，统计表由总标题、横行标题、纵栏标题和指标数值等部分构成，如图 3-3 所示。

1)总标题，是统计表的名称，简明扼要地说明统计表的内容，置于统计表的上方。

2)横行标题(又称横标目)，通常称之为统计表的主词，在统计表中通常用来表示总体各组或各单位的名称，说明统计研究的对象，一般写在表的左部。

3)纵栏标题(又称纵标目)，通常称之为统计表的宾词，是纵栏的名称，用来说明统计指标的名称，置于表的右上端。

4)指标数值，列在各横行标题与纵栏标题的交叉处，以表明横行标题所呈现的指标数值是多少。

(2)从内容上看，统计表是由主词和宾词两部分组成的。主词和宾词的位置不是固定不变的，是可以互换的。

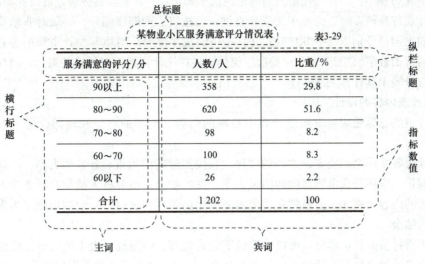

图 3-3 统计表的构成

## 2. 统计表的分类

(1)统计表按照主词是否分组和分组的程度,可分为简单表、简单分组表和复合分组表三种。

1)简单表,是指总体未经任何分组,仅罗列各单位名称或按时间顺序排列的表格。

2)简单分组表,是指总体仅按一个标志进行分组,即用简单分组形成的表格。

3)复合分组表,是指总体按两个以上标志进行层叠分组,即用复合分组的表格。

(2)统计表按用途不同,可分为调查表、整理表和分析表三种。

1)调查表,是在统计调查中用于登记、收集原始资料的表格。

2)整理表,也称汇总表,是在统计汇总或整理过程中使用的表格和用于表现统计汇总或整理结果的表格。

3)分析表,是在统计分析中用于对整理所得的资料进行定量分析的表格。这种表格往往与整理表结合在一起,成为整理表的延续。

(3)统计表按数列的性质不同,可分为品质数列表、变量数列表、时间数列表、空间数列表、相关数列表和平衡数列表。

## 3. 设计统计表的要求

统计表的设计应体现科学性、针对性、简明性、美观性的基本原则。

(1)统计表形式的要求。

1)统计表一般设计为长方形表格,长宽之间应保持适当的比例,过于窄长、过于扁短或正方形表,都不够美观。

2)统计表上、下两端的端线应采用粗线或双线。表内其他线条一般应采用细线,但如果有必要表示明显分隔的部分的界线,也可以采用粗线或双线。统计表左、右两端一般不画线,即采用"开口"形式。

3)采用复合分组时。如对横行标题分组,应顺序在先分组的各组组名下方,空一、二字符后填写顺序在后分组的组名。这时,先分组的组名就成为后分组各组的小计项。若再需分组,可以此类推。如对纵栏标题分组,应将先分组的组名分别列为大栏,再将后分组的组名分列于

相应大栏下成为各小栏，并可在最前面的小栏前加列小计栏。若再需分组，可以此类推。

4）统计表行列较多时，为便于阅读和查询，可按行、列顺序编号。一般对非填写统计资料的各栏，如主词栏分别以汉字"甲""乙""丙"……的次序编号；对填写统计资料的各栏，如宾词栏分别以阿拉伯数字"1""2""3"……的次序编号。各栏统计资料间有计算关系的，可用相应的编号和数学符号表示其计算关系。

（2）统计表内容的设计。

1）统计表的总标题应当表明统计表中资料的内容、所属的空间和时间，文字应尽量简明扼要。

2）统计表各主词之间或宾词之间的顺序，宜按照时间的远近、数量的大小、空间的位置等自然顺序编排。应该符合事物之间的因果关系、发展规律，使分析人员和统计表使用者更容易理解统计表的内容。例如，公布物业管理服务费用的使用情况时，一般列示顺序为先收入、后支出、最后结余。

3）关于指标值的计量单位，可以采取以下方式处理：一是统计表中所有指标值的计量单位相同时，应将计量单位写在统计表的外面右上方；二是当某行或某列的指标值计量单位相同时，应将计量单位写在横行标题的右侧、纵栏标题的下方。

（3）统计表制表技术要求。

1）文字应书写工整，字迹清晰；数字应填写整齐、数位对齐。

2）关于一些特殊指标值的填写有以下几个要求：一是当指标值为0时必须要填写出来；二是某栏中不应有数字时，应以一横线填写，即用符号"—"填写；三是当指标值缺项或因数值小可略而不计时，应以符号"……"填写；四是当资料可免填时，应以符号"×"填写；五是当指标值与上、下、左、右的数值相同时，必须填写该数值，不得用"同上""同左"等代替。总之统计表中的指标数值部分一般不得空填。

3）对某些需要特殊说明的事项，可在表外下方加以说明。

4）统计表填写完成并经审核后，制表人和主管负责人都应签字，并填报单位公章，以便核实、追责。

## 模块总结

统计整理是对调查来的大量统计资料加工整理、汇总、列表的过程。它是统计工作过程的第二阶段，处于统计工作的中间环节，起着承前启后的作用。在对原始资料进行分类之前，先要根据研究目的对原始资料进行审核、筛选和排序等预处理工作。通过统计分组，可以划分统计资料的类型，揭示资料所属现象的内部结构，分析它们之间的依存关系。分组界限是用来划分组的边界的标志表现。在完成统计分组工作后，就要依据分组规则将原始资料归入其所属的组内，然后根据调查得到的个体有关标志表现进行汇总，编制分配列数，进而得到对应的统计指标。完成统计资料预处理、统计分组及统计汇总后，就能够得到能够反应总体特征和规律的统计指标等资料。统计图、统计表是能够将整理后的统计资料以简明、系统、有序的方式显示出来的较为有效的方式。

### 巩固与提高

**一、填空题**

1. 统计资料完整性审核一般包括_____和_____。

2. 统计资料正确性审核一般包括_____和_____。

3. 二手统计资料的审核除要进行完整性和正确性的审核外，还要完成_____和_____的审核。

4. 统计资料排序的方式需要我们根据具体的_____和_____确定。

5. 变量分组有两种方式，一种是_____；另一种是_____。

6. 分配数列由_____和_____两个要素构成。

7. 统计表按照主词是否分组和分组的程度，可分为_____、_____和_____三种。

**二、问答题**

1. 如何进行统计资料的筛选？

2. 如何保证品质标志分组的合理性？

3. 手工汇总的常用方法有哪些？

4. 分配数列有哪些类型？

5. 常用的统计图有哪些类型？

6. 统计表的构成要素有哪些？

**四、实践题**

2020年某物业管理企业管理项目的资料如下表3-7所示，要求按项目类型分组，并汇总各组及企业管理的项目数量、房屋建筑面积、营业收入。

**表3-7  2020年某物业管理企业管理项目的资料**

| 物业项目名称 | 项目类型 | 房屋建筑面积/万平方米 | 营业收入/万元 |
|---|---|---|---|
| A | 多层住宅 | 4.2 | 46 |
| B | 高层住宅 | 8.1 | 76 |
| C | 高层住宅 | 10.6 | 89 |
| D | 多层住宅 | 6.4 | 56 |
| E | 多层住宅 | 3.8 | 34 |
| F | 办公楼 | 0.8 | 4 |
| G | 别墅 | 1.2 | 23 |
| H | 别墅 | 1.4 | 28 |
| I | 办公楼 | 4.2 | 15 |
| J | 高层住宅 | 9.6 | 72 |

## 模块四

# 物业管理统计分析

### 教学要求

| 教学内容 | 教学目标 | 教学重难点 | 权重 |
|---|---|---|---|
| 物业管理统计综合指标分析 | 德育目标：培养公正透明，服务社会的精神<br>能力目标：能够对物业管理的总量指标、相对指标、平均指标和变异指标进行分析 | 总量指标、相对指标、平均指标和变异指标的不同类型及计算 | 20% |
| 动态数列 | 德育目标：培养学生的动态辩证分析的思维爱国情怀<br>能力目标：能够掌握动态数列的类型及其水平指标速度指标的计算 | 动态数列的水平指标、速度指标的计算 | 20% |
| 指数分析 | 德育目标：培养学生的科学精神。<br>能力目标：能够编制综合指数和平均指数，并根据计算结果对其进行分析 | 综合指数的编制与分析；平均指数的编制与分析 | 20% |
| 抽样推断 | 德育目标：培养了实事求是的精神（毛主席说过没有调查就没有发言权）；培养学生追求真理的思维，给各个学科提供证伪的思想方法。<br>能力目标：能够进行抽样推断 | 抽样推断的组织方式；抽样误差；抽样推断与估算 | 20% |
| 相关分析 | 德育目标：培养学生分析数据的知识与能力及分析数据的唯物辩证的科学思维；<br>能力目标：能够进行相关分析 | 相关分析步骤；散点图；相关系数及其显著性检验；相关分析注意事项 | 20% |

## 单元一　物业管理统计综合指标分析

### 一、总量指标

　　总量指标是反映客观现象总体在一定时间、地点等条件下所达到的总规模、总水平的综合指标，是最基本的指标。其表现形式是具有计量单位的绝对数，因此也称为绝对指标。总量指标揭示总体在数量上的绝对量、绝对规模和水平大小，其数值大小一般随总体范围的改变而发生变化，总体范围越大，指标数值一般也越大；反之越小。总量指标也可表现为不同时间、不同空间条件下同一总体之间总量指标值之差。其数值有正有负，往往带有计量单位，反映了增加或减少的具体总量。

### 1. 总量指标的种类

(1)总体单位总量和总体标志总量。按反映总体特征的内容不同，总量指标可分为总体单位总量和总体标志总量。

1)总体单位总量简称单位总量，表示一个总体内所包含的总体单位总数，反映了总体本身所有个体规模的大小。例如，物业管理统计中物业企业个数、掌管房屋套数等。

2)总体标志总量简称标志总量，表示总体各个总体单位同一数量标志的总和，反映了要研究的某标志的总标志值。例如，物业管理统计中物业建筑总面积，物业管理人员工资总额等。

在一个统计总体中，只存在一个单位总量，但却可以有许多个标志总量。例如，天津市2000年物业企业统计资料(表 4-1)。

表 4-1　天津市 2000 年物业企业统计资料

| 企业数/个 | 从业人员总数/人 | 管理总户数/户 | 管理建筑面积总计/万平方米 | 年经营总收入/万元 |
|---|---|---|---|---|
| 468 | 20 512 | 433 484 | 4 058.5 | 39 828 |

注：资料来源《天津市统计年鉴 2001 年》。

总体单位总量和总体标志总量并不是固定不变的，而是随研究目的的不同而变化。在一种研究目的下是单位总量，有可能在另一个研究目的下就是标志总量。例如，研究某地区物业企业经营情况时，该地区全部物业企业构成一个总体，每个物业企业为一个总体单位，全部物业企业数构成了总体单位总量指标，反映了总体规模大小。而物业企业职工人数、掌管房屋面积、租金总额、实现利税等，则构成了标志总量指标。形成一套统计指标体系，用以分析该地区物业企业的经营状况。但当人们研究的目的变为考察该地区物业企业整个职工状况时，总体为物业企业全部职工，总体单位为每名职工，则物业企业职工总人数构成单位总量指标，而每名职工的劳动消耗和劳动报酬又构成了劳动总工时、工资总额等标志总量指标。用以对工人的现状作出系统、全面的分析评价。

(2)时期指标和时点指标。按反应的时间状态不同，总量指标可分为时期指标和时点指标。

1)时期指标是表明社会经济现象总体在一段时期内累计发展的总量。如本月销售总额、本年新生人口总数、本季度产品总产出。

2)时点指标是反映社会经济现象总体在某一时点(时刻或瞬间)上的数量值。如年末人口数、月末存款余额、季度末商品库存量。

时期指标和时点指标的区别见表 4-2。

表 4-2　时期指标和时点指标的区别

| 指标名称 | 指标特点 |
|---|---|
| 时期指标 | (1)可加性，即不同时期的指标数值相加后表示较长时期现象总的发展水平；<br>(2)时期指标数值的大小与其所属的时期长短有直接关系，时期越长指标数值越大，时期越短指标数值越小；<br>(3)时期指标数值是连续登记、累计的结果 |

续表

| 指标名称 | 指标特点 |
|---|---|
| 时点指标 | (1)不可加性，时点指标表明的是现象在某一时点的状况，相加后没有任何实际意义<br>(2)时点指标数值的大小与所属时点的间隔长短无直接关系<br>(3)时点指标数值是间断计数的 |

(3)实物指标、价值指标和劳动指标。总量指标按所采用的计量单位不同，可分为实物指标、价值指标和劳动指标。

1)实物指标。实物指标是根据事物的属性和特点采用自然物理计量单位的总量指标。其计量单位有自然计量单位、度量衡单位、双重单位、复合单位和标准实物单位等，见表 4-3。

表 4-3　实物指标计量单位

| 项目 | 释义 | 举例 |
|---|---|---|
| 自然计量单位 | 自然计量单位简称自然单位，是按照被研究现象的自然状况来度量其数量的一种计量单位 | 人口数以人为单位、汽车以辆为单位、鞋以双为单位等 |
| 度量衡单位 | 度量衡单位是按照统一的度量衡制度规定来度量客观事物数量的一种计量单位 | 粮食产量、钢、煤炭等以吨为计量单位，电以度为计量单位等 |
| 双重单位 | 有的事物用一种计量单位不能准确反映其真实的规模和水平，需要同时用两个单位加以反映，这种计量单位叫作双重单位。它常用相除的方法将两个单位结合在一起 | 发动机以"千瓦/台"为计量单位 |
| 复合单位 | 复合单位是用相乘的方法将两种计量单位有机结合在一起来表示事物的数量 | 货物运输周转量的"吨千米"，发电量的"千瓦时" |
| 标准实物单位 | 标准实物单位是按照统一折算标准来度量被研究现象数量的一种计量单位 | 将发热量不同的煤折合成每千克发热量为 29.307 6 kJ 的标准煤来计算产量等 |

注：采用度量衡单位主要是由于有些现象无法采用自然计量单位表明其数量，如钢铁、粮食等。另外，有些现象虽然可以采用自然计量单位，如鸡蛋等，但不如用度量衡单位准确。统一度量衡制度是准确反映客观事物数量的前提。

2)价值指标。价值指标是以货币为尺度计量的总量指标，又称货币指标，如国内生产总值、固定资产、工资总额等。价值指标在经济领域具有广泛的综合性能和高度的概括能力，使得不同产品的价值、不同实物形态的投资额、不同商品的销售额等可以相加。同时，价值指标的局限性也十分明显，它忽略了总体实物具体内容，不能确切反映实际情况。在实际应用中，要将实物指标和价值指标结合起来，全面地认识事物。

3)劳动指标。劳动指标是以劳动时间作为计量单位的总量指标，如出勤工日、实际工时等。劳动指标主要在企业范围内使用，是企业编制和检查计划及制定劳动定额的重要依据。不同类型、不同经营水平企业的劳动指标不能简单直接相比。

**2. 计算和运用总量指标应注意的问题**

为保证总量指标的准确性，总量指标统计要遵循以下原则：

(1)明确规定总量的内容、范围及与其他相关指标的界限。总量指标数值的计算不同于单纯的数字加总，每个总量指标都有其确定的具体的社会经济内容，都是具有固定质的数量表现。

例如，统计工业企业情况，首先必须明确具体是哪个地区的工业企业，还要对"工业企业"的含义加以确定，才能找到正确的总体单位进行调查。

(2)遵守不重复、不遗漏的原则。价值指标在综合过程中会发生重复计算问题，这是由社会经济现象本身的特点和计算方法引起的。根据研究目的，区分好每个总体单位相应值的归类，是一个严谨的问题。

(3)注意实物总量指标的现象同类性。实物指标往往针对物质产品而言，同类性反映产品具有同样的使用价值或经济内容，同类实物之间相应指标可以直接相加。不同类不能简单相加。例如，直接把钢、煤、棉花、粮食按照吨计量单位相加是毫无意义的，把它们按照价值指标相加以反映某地区的产值能力是允许的。

(4)侧重各单位的统一性和可比性。必须用科学的方法来确定总量指标的总体范围、计算口径、计算方法和计量单位，避免由于各地区各单位的条件和习惯不同而造成统计上的错误。要注意历史条件的变化，不同的历史条件往往影响总量指标所反映的内容和包括的范围。不同统计原则或方法统计的数据，不能直接相加。不同计算方式的总量指标不能简单对比。

总量指标的意义

## 🏠 二、相对指标

总量指标描述了总体的总水平或总规模，可以很好地认识总体的"量"。但是仅有总量指标是不够的，更需要认识数值背后的"质"。例如，2015年，中国GDP总量为103 856.6亿美元，日本GDP总量为48 175.2亿美元；2014年，中国GDP总量为103 565.1亿美元。从这几个总量指标能知道产值具体的水平和高度，但不能判断这些具体产值是"好"还是"不好"。因此需要引入相对指标，中国GDP总量2015年比2014年增长了0.28%，2015年中国GDP总量是日本的2.16倍。

相对指标是指两个有联系的指标对比所得到的比值，具体数值表现为相对数，如城镇就业率、出生率和死亡。相对指标进行对比运算，抽象化两个指标数值的具体含义，得到一种相对而言的结果，从而表明事物之间的对比关系。其广泛用于经济统计领域，是统计描述分析的基本方法。

### 1. 相对指标的表现形式

相对指标的表现形式为相对数，但从其计量单位表现形式可分为有名数和无名数。

(1)有名数。有名数以相对指标中分子与分母指标数值的双重计量单位来表示，主要用于强度相对指标。例如，人口密度用人/平方千米，商业网点密度用人/商业网点。

(2)无名数。无名数是一种抽象化的数值，当对比的两个指标的计量单位相同，则相对指标表现为无名数，具体有系数、倍数、成数、百分数、千分数和翻番数。

1)系数和倍数是将对比的基础抽象化为1而计算的相对数。当对比的两个指标数值相差不大时，可用系数表示；当分子的指标数值较分母的指标数值大很多时，则用倍数表示。

2)成数是将对比的基础抽象化为10而计算的相对数。例如，某超市本月销售额较上月增长了两成，即增加了十分之二。

3)百分数是将对比的基数抽象化为100而计算的相对数，通常用符号"%"来表示。百分数是经济统计中常用的无名数形式。例如，2014年年末城镇登记失业率为4.09%。当对比的分子指标数值比分母小很多时，适宜用千分数。

4)千分数是将对比的基数抽象化为1 000而计算的相对数，用符号"‰"表示，常出现于人口相关指标。例如，2014 年我国出生率为 12.37‰，死亡率为 7.16‰，自然增长率为 5.21‰。

5）翻番数是指对比的两个数值中，一个数是另一个数的"$2n$"倍，$n$ 为番数，常用于计划政策中。例如，某地区产值为 220 亿元，计划明年产值翻一番为 440 亿元，翻两番则为 880 亿元。

### 2. 相对指标的种类

由于相对指标的分析目的、研究对象和计算方法不同，在实际工作中，可将相对指标分为结构相对指标、比例相对指标、比较相对指标、强度相对指标、动态相对指标和计划完成程度相对指标。

（1）结构相对指标。据第六次全国人口普查结果显示，在 31 个省、自治区、直辖市和现役军人的人口中，男性人口为 686 852 572 人，占总人口的 51.27%；女性人口为 652 872 280 人，占总人口的 48.73%。51.27%、48.73% 为要研究的相对数，表明了我国人口性别构成的状况。

结构相对指标建立在统计分组的基础上，总体各组成部分总量占总体总量的比说明总体各组成部分在总体中的比重，一般用百分数表示，总体各组成部分比重之和必须等于百分之百。结构相对指标的计算公式为

$$结构相对指标 = \frac{总体某部分数值}{总体全部数值} \times 100\% \tag{4-1}$$

结构相对指标从构造上看，主要是反映现象总体内部结构划分，起到区分各个部分影响程度的作用，与统计分组起到的作用类似，但更侧重反映总体现象内在特点，即"质"。

结构相对指标的特点：分子、分母属于同一总体、同一时期、同一类指标；各部分比重之和应该等于 1 或 100%，是唯一可相加的相对指标；分子、分母指标不能互换，互换不能反映总体结构特征；用于比较的只能是绝对数（单位总量或标志总量），相对数没有意义。

（2）比例相对指标。比例相对指标是同一总体内不同组成部分的指标数值之比，反映了总体中各部分之间数量协调平衡程度及比例关系。比例相对指标与结构相对指标的前提都是分组，特点也很相似，唯一的区别就是比例相对指标分子、分母指标能互换。其计算公式为

$$比例相对指标 = \frac{总体某一部分指标数值}{总体另一部分指标数值} \tag{4-2}$$

比例相对指标同样是建立在分组的基础上，反映事物内部各部分之间的数量联系程度和比例关系。通过对比例关系进行研究，可以分析现象内部的比例关系是否合理，发展是否均衡、协调。比例相对指标一般用"："隔开，约不尽的比值一般以 100 作为基准。

（3）比较相对指标。比较相对指标是同一指标在同一时间不同总体上对比的结果，不同总体可以指不同地区、不同部门、不同单位等，表明同类现象在不同空间条件下的数量对比关系。比较相对指标的分子、分母除总体外，其他统计标准都一样，如指标含义、计算方法、统计口径和计量单位等；根据研究目的的不同，分子与分母可以相互交换；对比的指标可以是绝对指标，也可以是相对指标。需要特别注意的是，单纯的总量对比会忽视总体规模等其他因素的影响。其计算公式为

$$比较相对指标 = \frac{某总体某项指标数值}{另一总体的该项指标数值} \tag{4-3}$$

比较相对指标可以揭示现象之间的差异程度，既可以用于不同国家、地区、集体之间的比较，也可以用于先进与落后的比较，还可以用于和标准水平或平均水平的比较，通过对比可以揭示同类现象之间先进与落后的差异程度。其一般用倍数或系数表示。

（4）强度相对指标。强度相对指标是由两个性质不同但又有密切联系的总量指标对比的结果，用来反映现象的强度、密度和普遍程度。其计算公式为

$$强度相对指标 = \frac{某一总体的总量指标数值}{另一性质不同而又有联系的总量指标数值} \quad (4\text{-}4)$$

强度相对指标明确指出，对比的只能是两个有联系的总量指标，有"平均"的含义，但是与后面介绍的平均指标又有不同。类似地，还有人均粮食产量、人均国内生产总值、人均国防开支等。

强度相对指标一般用有名数表示，例如，我国人均占地面积为 7 002.3 平方米/人。但是两个计量单位一样的总量指标对比，强度相对指标也可用无名数表示，如人口死亡率是千分数、流通费用率为百分数、货币流通速度则用次数。

强度相对指标根据研究角度不同，分子和分母可以互换。例如，我国人均面积可容纳人口数为 0.000 14 人/平方米。在一些实际应用中，强度相对指标有正指标和逆指标两种形式。正指标是指强度相对指标的数值大小与现象的发展程度或密度成正向关系；逆指标是指强度相对指标的数值大小与现象的发展程度或密度成反向变化。例如：

$$商业网点密度 = 地区零售商业机构数/地区人口数（正指标） \quad (4\text{-}5)$$
$$商业网点密度 = 地区人口数/地区零售商业机构数（逆指标） \quad (4\text{-}6)$$

(5)动态相对指标。2015 年广东省固定资产投资是 30 031.20 亿元，2014 年为 25 928.09 亿元，2015 年广东省固定资产投资是 2014 年的 115.8%。相对指标数值为 115.8%，反映了广东省固定资产投资一年后的变化程度。

动态相对指标是同一现象的同类指标在不同时间上数值对比的结果，研究随时间发展状态的变化方向、程度。通常把研究时间的指标称为报告期水平；把对比时间的指标称为基期水平，具体表现形式一般为百分数。其计算公式为

$$动态相对指标 = \frac{报告期水平}{基准水平} \times 100\% \quad (4\text{-}7)$$

基期水平一般要早于报告期时间，并且时间单位要一致。例如，报告期时间为 2015 年，基期水平可以为 2014 年或 2013 年。动态相对指标一般出现于时间序列，也称为发展速度。

(6)计划完成程度相对指标。计划完成程度相对指标是某一时期的实际完成数与计划任务数对比的结果，用来反映计划的完成情况。在实际工作中，按期检查计划的执行情况，对于加强经济管理、促进经济发展有着重要的意义。计划完成程度相对指标也是各行各业检查计划执行情况的一个通用指标，一般用百分数表示。其基本计算公式为

$$计划完成程度相对指标 = \frac{实际完成的指标数值}{计划的指标数值} \times 100\% \quad (4\text{-}8)$$

式中，分子是反映计划执行结果的实际值；分母则是上级下达的计划任务指标数。分子、分母在指标含义、计算口径、计算方法、计量单位及空间和空间范围上要保持一致。由于计划任务数值是作为衡量计划完成情况的标准，在计算该指标时分子、分母不可互换。

计划完成程度相对指标表明实际比计划完成的情况，分子数值减分母数值表明计划执行的绝对结果。计划完成程度相对指标具体的经济含义要根据实际经济内容而定。由于经济现象的特点不同，在下达计划任务时，计划指标可能表现为总量指标，也可能表现为相对指标或平均指标。

1)根据总量指标计算计划完成相对指标。当实际完成数与计划任务数为总量指标时，直接使用上述计算计划完成程度相对指标的公式进行计算。

【例 4-1】 某物业企业 2018 年计划收取物业费 1 200 户，实际收取 1 268 户，是计算该物业企业计划收取物业费的完成相对指标。

**解**：产量计划完成相对指标 $=\dfrac{\text{实际完成指标数}}{\text{计划指标数}} \times 100\% = \dfrac{1\,268}{1\,200} \times 100\% = 106\%$

超额完成的绝对额 $=1\,268-1\,200=68$（户）

计算结果表明，该物业企业超额完成计划 6%，超额完成 68 户。

**【例 4-2】** 某物业管理企业计划某年 8 月单位绿化费降低为 4.5 元，实际单位绿化费成本为 8 元，试计算该企业单位绿化费计划完成相对指标。

**解**：单位成本计划完成相对指标 $=\dfrac{4.5}{8} \times 100\% = 56\%$

计算结果表明，该物业管理企业单位成本实际比计划降低 56%。

以上两种计划完成相对指标的经济意义是不同的。产量计划完成相对指标若大于 100%，则表明超额完成计划；若小于 100% 则表明没有完成计划。数值越大，表明计划完成得越好，这种指标为正指标。单位成本计划完成相对指标若大于 100%，则表明实际成本比计划提高，没有完成计划；若低于 100%，则表明实际成本比计划降低，超额完成计划。数值越小，说明计划完成得越好，这种指标称为逆指标。

2）根据相对指标计算计划完成相对指标。

$$\text{相对数计划完成百分指标}=\dfrac{1\pm\text{实际提高（降低）百分数}}{1\pm\text{计划提高（降低）百分数}} \times 100\% \tag{4-9}$$

**【例 4-3】** 2018 年某物业管理企业某产品的产值计划增长 12%，实际增长 10%，计算该企业 2018 年产值计划完成相对指标。

**解**：产值计划完成相对指标 $=\dfrac{1+10\%}{1+12\%} \times 100\% = 98.21\%$

计算结果表明，该物业管理企业 2018 年未能完成计划，仍有 1.79% 的计划任务未完成。

3）根据平均指标计算计划完成指标。

$$\text{计划完成相对指标}=\dfrac{\text{实际完成平均数}}{\text{计划规定的平均数}} \times 100\%$$

**【例 4-4】** 某物业管理企业生产某产品，计划工人每日平均产量为 120 件，实际工人每日平均产量为 150 件，求该物业管理企业劳动生产率计划完成相对指标。

**解**：劳动生产率计划完成相对指标 $=\dfrac{150}{120} \times 100\% = 125\%$

计算结果表明，该物业管理企业劳动生产率实际比计划提高 25%。

### 3. 计算和运用相对指标应注意的问题

（1）相对指标的分子和分母必须具有可比性。相对指标是运用对比的方法揭示现象之间的联系程度或反映现象之间的差距程度。用于对比的两个指标是否具有可比性决定计算结果能否正确地反映现象之间的数量联系和有没有实际意义。分子指标和分母指标的可比性主要是指所对比指标的经济内容是否一致，计算方法和计量单位是否可比等。

（2）要将相对指标与总量指标结合运用。无论是哪一种统计指标，都有它自身的优势和局限性。总量指标能够反映事物发展的总规模和总水平，却不容易分辨事物之间的差别程度；而相对指标反映了现象之间的数量对比和差异程度，却往往忽视了现象之间的绝对数量之间的差别。因此，要将相对指标和总量指标结合起来使用，才能全面地对社会现象的发展变化作出正确的评价。

（3）正确选择对比基数和善用指标体系计算相对指标必须选择好对比基数，对比基数选择不当会导致结果出错。例如，计算就业率时，对比基数应该选择从业人数加上失业人数，不应选择全部人口数。一个相对指标仅能从一个侧面说明现象的数量特征，要想全面、深入地分析现象，就应该将多个相对指标结合在一起应用。例如，要分析一所学校的排名情况，从相对指标上来说，师生比、人均拥有图书量、校园绿化率等都是研究这一问题的相对指标，只有全面剖析才能清楚认识问题。

## 知识链接

**相对指标的作用**

(1)相对指标可以更深入地说明现象的本质，清楚地反映现象的内部结构、变化程度、速度、密度和强度等相互联系、相互制约的关系。

(2)相对指标可以使不能直接对比的现象找到可以对比的基础，从而进行更为有效的分析。例如，比较两个营业额不同的商店的流通费用额节约情况，仅以费用额支出多少进行评价难以说明问题。因为流通费用额的大小直接受营业额多少的影响，而采用相对指标流通费用率对比，则可以作出正确判断。

## 三、平均指标

平均指标是反映同一总体各单位某一数量标志在一定时间、地点、条件下所达到的一般水平，其数值形式称为平均数。由于平均指标计算中的个体数值都是同一个时间所达到的水平，平均指标也称为静态平均，如班级的平均成绩、职工的平均工资、商品的平均价格等。

由于集中区域是一个范围，描述数据的集中趋势实质上就是寻找一个值表示代表值或中心值，这就是平均指标。平均指标把同一总体各单位某一数量标志值的差异抽象化，从而反映被研究对象在一定时期内或一定时点上所达到的一般水平或集中趋势，掩盖了数量差异。需要注意的是，平均指标代表总体单位标志值的一般水平或代表大多数个体，不代表总体某一单位的具体数值。

### 1. 平均指标的分类

由于数据的表现形式有分类数据、数值型数据等，因而确定的平均数有以下两大类：

(1)数值平均数。数值平均数是以变量所有各项数据来计算的平均数，包括算术平均数、调和平均数和几何平均数，适用于数值型数据。数值平均数是由研究对象的所有变量数值来确定的，任何一项数据的变动都会在一定程度上影响到数值平均数的计算结果。

(2)位置平均数。位置平均数也称为描述平均数，是根据标志值的某一特定位置来确定的，包括众数和中位数两种。其不是对统计数列中所有各项数据进行计算所得的结果，而是根据标志值在变量数列中处于特殊位置上的个别单位或部分单位的标志值来确定的。位置平均数与数值平均数相比，避免受两个极端点值的影响，由于数值平均数是全部的标志值都参与运算，当变量数列中出现最大值或最小值时，用数值平均数计算某一标志值的一般水平。位置平均数是根据变量值在变量数列中所处的位置特征而确定的，同样具有表明同类经济现象一般水平的功能，位置平均数包括众数、中位数与分位数。

### 2. 平均指标的计算

(1)算术平均数。算术平均数是统计中最基本、最常用的一种平均数，它是总体。标志总量与总体单位总量对比的结果。一般没有特别说明时，"平均数"都指的是算术平均数。其计算公式为

$$算术平均数 = \frac{总体标志总量}{总体单位总量} \tag{4-10}$$

【例4-5】 某物业管理企业某月职工总工资为36万元，职工总人数为100人，求该企业职工的月平均工资。

解：
$$职工月平均工资 = \frac{36\,万元}{100\,人} = 3\,600\,元/人$$

📖 小提示

平均指标一般是具有计量单位的数值，分子与分母必须属于同一总体，分子中的每个标志值必须由分母的一个总体单位来承担。这点是平均指标与强度相对指标的重要区别。

在实际工作中，因掌握的资料不同，算术平均数可分为简单算术平均数和加权算术平均数两种。

1)简单算术平均数。如果掌握总体中各个单位的标志值未分组，则将各标志值简单相加得出总体标志总量，然后除以总体单位数。其计算公式为

$$\bar{x} = \frac{x_1 + x_2 + x_3 + \cdots + x_n}{n} = \frac{\sum x}{n} \tag{4-11}$$

式中 $\bar{x}$——简单算术平均数；

$x_n$——总体各单位标志值；

$n$——总体单位数。

【例4-6】 某物业管理企业的一个组有8名职工，其月工资收入分别为1 500、1 800、2 000、2 200、2 800、3 000、3 500、4 000(元)，求这8名职工的月平均工资。

解：$\bar{x} = \dfrac{工资总额}{职工人数} = \dfrac{1\,500 + 1\,800 + 2\,000 + 2\,200 + 2\,800 + 3\,000 + 3\,500 + 4\,000}{8} = 2\,600(元)$

2)加权算术平均数。如果掌握的资料按某变量值已分组，则不能直接将各组标志值相加，应采用加权算术平均法，即用各组的标志值乘以各组的次数得出各组的标志总量，再汇总得出总体标志总量，同时把各组单位数相加得出总体单位数，然后用总体标志总量除以总体单位数求得加权算术平均数。其计算公式为

$$\bar{x} = \frac{x_1 f_1 + x_2 f_2 + x_3 f_3 + \cdots + x_n f_n}{f_1 + f_2 + f_3 + \cdots + f_n} = \frac{\sum xf}{\sum f} \tag{4-12}$$

式中 $\bar{x}$——加权算术平均数；

$x_n$——各组标志值；

$f_n$——各组的次数(也称为权数)。

【例4-7】 某工厂车间有工人60人，加工某种零件的日产量见表4-4，试计算这60名工日的平均日产量。

表4-4 50名工人日加工零件数量分组资料

| 按日产量分组/件 | 工人人数/人 |
| --- | --- |
| 14 | 8 |
| 15 | 11 |

| 按日产量分组/件 | 工人人数/人 |
|:---:|:---:|
| 16 | 12 |
| 17 | 14 |
| 18 | 15 |
| 合计 | 60 |

**解：** 平均日常量计算见表4-5。

**表4-5　平均日常量计算**

| 按日产量分组 $x$/件 | 工人人数 $f$/人 | 总产量 $xf$/件 |
|:---:|:---:|:---:|
| 14 | 8 | 112 |
| 15 | 11 | 165 |
| 16 | 12 | 192 |
| 17 | 14 | 238 |
| 18 | 15 | 270 |
| 合计 | 60 | 977 |

则，50名工人平均日产量为

$$\overline{x} = \frac{\sum xf}{\sum f} = \frac{977}{60} = 16.28(件 / 人)$$

**小提示**

算术平均数在统计学中具有重要的地位，是进行统计分析和统计推断的基础。首先，从统计思想上看，它是一组数据的重心所在，是数据误差相互抵消后的必然性结果；其次，它具有一些重要的数学性质，包括以下几项：

(1)算术平均数与各个变量值的离差之和等于零，即简单算术平均数。

(2)各变量值与其算术平均数的离差平方最小。

算术平均数的上述数学性质在实际工作中有着广泛的应用，同时，也体现了算术平均数的统计思想。

(2)调和平均数。调和平均数是各标志值倒数的算术平均数的倒数形式，也称为倒数平均数。根据各标志是否影响程度一样，调和平均数可分为简单调和平均数和加权调和平均数两种。

1)简单调和平均数。简单调和平均数是标志值倒数的简单算术平均数的倒数。其中，各个标志值相应的标志总量(用单位1表示)影响一致。其计算公式为

$$\overline{x}_H = \frac{n}{\dfrac{1}{x_1} + \dfrac{1}{x_2} + \dfrac{1}{x_3} + \cdots + \dfrac{1}{x_n}} = \frac{n}{\displaystyle\sum_{i=1}^{n} \dfrac{1}{x_i}} \tag{4-13}$$

式中　$\bar{x}_H$——简单调和平均数；

　　　$x_i$——各单位标志值；

　　　$n$——标志值个数。

2）加权调和平均数。加权调和平均数是标志值倒数的加权算术平均数的倒数。在实际工作中，各指标值相应的标志总量往往不一致，在这种情况下求平均值时必须用加权调和平均数。其计算公式为

$$\bar{x}_H = \frac{m_1 + m_2 + m_3 + \cdots + m_n}{\dfrac{m_1}{x_1} + \dfrac{m_2}{x_2} + \dfrac{m_3}{x_3} + \cdots + \dfrac{m_n}{x_n}} = \frac{\displaystyle\sum_{i=1}^{n} m_i}{\displaystyle\sum_{i=1}^{n} \dfrac{m_i}{x_i}} \tag{4-14}$$

式中　$\bar{x}_H$——加权调和平均数；

　　　$x_i$——各类个体标志值（变量值）；

　　　$m_i$——各类个体标志总量。

**【例 4-8】**　2018 年某物业管理企业分三批购进一批大米，用于回馈业主，已知每批大米购进的价格与总金额见表 4-6，试计算购进大米的平均价格。

表 4-6　购进大米的平均价格计算表

| 购进批次 | 价格 $x/(\text{元} \cdot \text{kg}^{-1})$ | 金额 $m/\text{元}$ | 购进数量 $f = \dfrac{m}{x}/\text{kg}$ |
|---|---|---|---|
| 第一批 | 3.5 | 1 750 | 500 |
| 第二批 | 4.3 | 1 935 | 450 |
| 第三批 | 3.8 | 2 280 | 600 |
| 合计 | — | 5 965 | 1 550 |

**解：** 原材料平均价格为

$$\bar{x}_H = \frac{\sum m}{\sum \dfrac{m}{x}} = \frac{5\ 965}{1\ 550} = 3.85\ （\text{元/kg}）$$

该题中，原材料平均价格是总金额（总体标志总量）除以购进总量（总体单位总量），其计算方法与算术平均数一样。调和平均数的权数是购进金额，为购进价格与购进数量的乘积，即 $m = xf$，调和平均数和算术平均数的关系如下：

$$\bar{x}_H = \frac{\sum m}{\sum \dfrac{m}{x}} = \frac{\sum xf}{\sum \dfrac{xf}{x}} = \frac{\sum xf}{\sum f}$$

$$\bar{x} = \frac{\sum xf}{\sum f} = \frac{5\ 965}{1\ 550} = 3.85（\text{元/kg}）$$

由以上结果可知，调和平均数是算术平均数的变形，虽然它们的计算方法不同，但是其实质是一样的。

对于调和平均数与算术平均数，若已知条件为分组资料的各组变量值 $x$ 及各组的标志值总和 $m$（即 $xf$），可采用加权调和平均法计算平均指标；若已知条件为分组资料的各组变量值 $x$（即各组的次数 $f$），可直接用加权算术平均方法计算平均指标。

### 知识链接

**调和平均数的特点**

①调和平均数易受极端值的影响，且受极小值的影响比受极大值的影响更大；

②只要有一个变量值为零，就不能计算调和平均数；

③当组距数列有开口组时，其组中值即使按相邻组距计算了，假定性也很大，这时调和平均数的代表性就很不可靠；

④调和平均数应用的范围较小。

（3）几何平均数。在统计分析中，几何平均数也是一种常用的平均数。与调和平均数一样，几何平均数也有特定的适用范围。几何平均数常用于计算平均比率或平均发展速度，一般给出各部分比率，求总的平均比率。几何平均数是 $n$ 个变量值的连乘积后的 $n$ 次方的算术平方根，具体可分为简单几何平均数和加权几何平均数两种。

1）简单几何平均数。用于未分组情况，设有 $n$ 个变量值 $x_1$，$x_2$，$x_3$，$\cdots$，$x_n$，简单几何平均数的计算公式可以表示为

$$\bar{x}_G = \sqrt[n]{x_1 \cdot x_2 \cdot x_3 \cdot \cdots \cdot x_n} = \sqrt[n]{\prod x} \tag{4-15}$$

式中，$\prod$ 表示连乘。

【例4-9】 某厂有5个前后衔接的流水作业车间，各车间合格率分别为96%、94%、92%、90%、83%，求5个车间的产品平均合格率。

**解：**
$$\bar{x}_G = \sqrt[5]{96\% \cdot 94\% \cdot 92\% \cdot 90\% \cdot 83\%} = 90.89\%$$

此例中的车间是5个流水作业车间，意味着产品必须从第一个进入，合格产品继续进入下一个车间。这也是计算简单几何平均数的特点，前后比率有密切关系。假如这5个车间不是连续的，而是独立的，其平均数就不是简单几何平均数。

2）加权几何平均数。用于分组情况，当计算的各个变量值出现的次数不同时，就需要采用加权几何平均数。其计算公式为

$$\bar{x}_G = \sqrt[f_1+f_2+f_3+\cdots+f_n]{x_1^{f_1} \cdot x_2^{f_2} \cdot x_3^{f_3} \cdot \cdots \cdot x_n^{f_n}} = \sqrt[\sum f]{\prod x^f} \tag{4-16}$$

式中，$f$ 表示各变量值出现的次数（权数）。

【例4-10】 某物业管理企业从银行贷款，贷款期限为9年，年利率按复利计算并实行市场利率制，其中4年为6%，2年为6.5%，3年为7%，求其平均年利率。

**解：**
$$\bar{x}_G = \sqrt[\sum f]{\prod x^f} = \sqrt[4+2+3]{1.06^4 \cdot 1.065^2 \cdot 1.07^3} = 106.4\%$$

这段时间的平均年利率=106.4%-100%=6.4%

此例中的关键是复利，意味着每一年都与上一年有关系，每一年的本金都是上一年的本金加利息，所以关键是本息和。相对于简单几何平均数，加权几何平均数只是利率多次重复出现。

（4）众数。众数是一个常用的位置平均数，用 $M_0$ 表示，是指总体或分布数列中出现次数（频数）最多的标志值。众数表示某一现象的一般水平和集中趋势，在实际统计工作中运用广泛。如说明消费者需求的服装、鞋帽尺码、蔬菜价格等，都可以通过市场调查分析，了解哪一尺码的成交量最大、哪一价格的成交量最多。

1）单项式数列确定众数。单项式数列确定众数比较简单，由于已经分组汇总，只需通过观

察找出次数出现最多的那个标志值即可。

【例4-11】 某物业管理企业年度考核成绩分别为 60、62、65、68、69、70、70、70、70、70、73、74、75、77、78、80、81、82、85，试求众数。

**解：** 72分出现的次数最多，因此该总体的众数 $M_0=70$ 分。

2)组距式数列确定众数。由于组距式中每组是一个区间，通过次数可以定位众数的位置，但是平均指标是一个具体值，所以需要找到众数的近似值。具体确定步骤如下(图4-1)：

①确定众数所在组，即从分布数列找出次数或频率最高的那个组。

②依据与众数所在组相邻的两个组的次数及计算公式来近似地确定众数的数值。

组距式数列众数的计算公式如下：

下限公式：

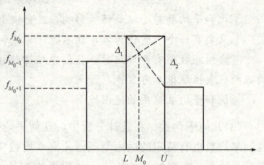

**图4-1 众数组距式计算示意**

$$M_0=L+\frac{\Delta_1}{\Delta_1+\Delta_2}\cdot d \tag{4-17}$$

上限公式：

$$M_0=U-\frac{\Delta_2}{\Delta_1+\Delta_2}\cdot d \tag{4-18}$$

式中　$L$——众数所在组的下限；

$U$——众数所在组的上限；

$D$——众数所在组的组距；

$\Delta_1$——众数所在组与前一组之差；

$\Delta_2$——众数所在组与后一组之差；

$f_{M_0}$——众数所在组的频数；

$f_{M_0-1}$——众数所在组前一组的频数；

$f_{M_0+1}$——众数所在组后一组的频数。

【例4-12】 2019年某市80家物业管理企业按总值分组情况见表4-7，试求众数。

**表4-7 2019年某市80家物业管理企业按营业收入的分组情况**

| 按营业收入分组/万元 | 企业个数 | 按营业收入分组/万元 | 企业个数 |
|---|---|---|---|
| 10以下 | 10 | 40~50 | 8 |
| 10~20 | 25 | 50~60 | 2 |
| 20~30 | 20 | 合计 | 80 |
| 30~40 | 15 | | |

**解：** 根据下限公式计算得

$$M_0=L+\frac{\Delta_1}{\Delta_1+\Delta_2}d=10+\frac{25-10}{(25-10)+(25-20)}\times 10=17.5(万元)$$

根据上限公式计算得

$$M_0=U-\frac{\Delta_1}{\Delta_1+\Delta_2}d=20-\frac{25-20}{(25-10)+(25-20)}\times 10=17.5(万元)$$

由此可见，两个公式计算结果一致。没有特殊要求时，任选一个公式计算即可。从上面的分析可知，众数的数值要受到众数所在组的相邻两组次数多少的影响。当众数组前一组的次数大于众数所在组后一组的次数时，众数接近众数组的下限；当众数组前一组的次数小于众数所在组后一组的次数时，众数接近众数组的上限；当众数所在组前后两组的次数相等时，众数就是众数所在组的组中值。

### 小提示

由于众数是通过变量出现的次数确定的，不需要全部变量值计算，因此众数不受极端值和开口组影响；并且，当总体的单位数不多时或分布数列各组出现的频率差不多时，众数的代表性较差。

(5)中位数。结合集中趋势特点和不难发现，按标志值排列，正中间那个个体水平在集中区域，代替了大多数的个体水平。中位数也是一个常用的位置平均数，用 $M_e$ 表示，指的是各个体标志值按大小顺序排列后，处于中间位置的那个标志值。中位数将总体各单位按标志值均等分成两个部分，一半单位标志值比中位数大，一半单位标志值比中位数小，表示某标志值在总体中的一般水平和集中趋势，在实际统计工作中有大量运用。例如，人口的平均年龄会受到一些特别长寿的人的年龄的影响，使计算结果偏大，而中位数往往能较好地体现人口年龄的平均水平。

1)未分组资料确定中位数。在资料未分组的情况下，先将各总体单位的标志值按大小顺序排列，找中间位置个体的数值。定位中位数位置，一般用：

$$中位数位置=(n+1)/2 \tag{4-19}$$

式中　$n$——标志值的项数。

若标志值的项数为奇数，则处于中间位置的标志值就是中位数，若标志值的项数为偶数，则处于中间位置的两个标志值的算数平均数就是中位数。

**【例4-13】** 某物业管理企业有13名保洁人员，他们每周工总量由小到大顺序排列为6、8、10、12、15、17、23、29、32、35、37、38、39，试确定中位数。

**解**：中位数位置 $=\dfrac{13+1}{2}=7$

第7名保洁员为中位数，即 $M_e=23$（件）

**【例4-14】** 某物业管理企业有14名保洁人员，他们每周工总量由小到大顺序排列为6、8、10、12、15、17、23、29、32、35、37、38、39、41，试确定中位数。

**解**：中位数位置 $=\dfrac{14+1}{2}=7.5$

第7.5名保洁员为中位数，即 $M_e=\dfrac{23+29}{2}=26$（件）

2)单项式分组数列确定中位数。单项式分组已经将资料的标志值按从小到大排序，只需确定中位数的位置。这时总体单位数 $n=\sum f$，根据中位数的位置和累计次数分布，看中位数的位置在数列累计次数哪一组。其确定中位数的方法与未分组情况类似：

$$M_e=\begin{cases} x_{\frac{\sum f+1}{2}}, & 当\sum f为奇数 \\[2mm] \dfrac{x_{\frac{\sum f}{2}}+x_{\frac{\sum f+1}{2}}}{2}, & 当\sum f为偶数 \end{cases} \tag{4-20}$$

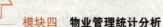

【例4-15】 某物业管理企业对所有职工进行了家庭人口数调查，得到的数据见表4-8。

表4-8 某物业管理企业职工家庭人口数情况

| 家庭人口数/人 | 职工家庭数/户 | 累计频数/户 | |
| --- | --- | --- | --- |
| | | 向上累计次数 | 向下累计次数 |
| 1 | 10 | 10 | 80 |
| 2 | 21 | 31 | 70 |
| 3 | 35 | 66 | 49 |
| 4 | 12 | 78 | 14 |
| 5 | 2 | 80 | 2 |
| 合计 | 80 | — | — |

**解**：中位数的位置在排序序号为$\sum f/2 = 40$与$\sum f/2 + 1 = 41$之间，通过累计频数可以发现中位数应该在第三组，因此$M_e = \dfrac{x\dfrac{\sum f}{2} + x\dfrac{\sum f + 1}{2}}{2} = \dfrac{3+3}{2} = 3$（人）。

3）组距式分组数列确定中位数。由于组距式中每组是一个区间，通过次数可以定位中位数的位置，但是同样是确定一个区间，因此需要找到中位数的近似值。具体步骤如下（图4-2）：

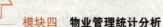

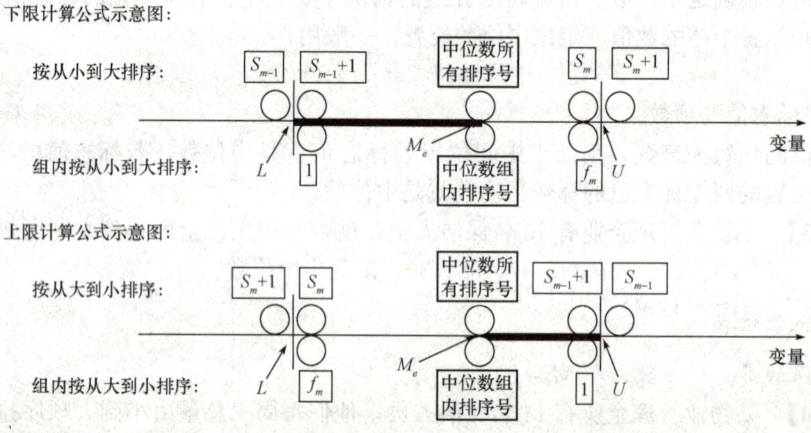

图4-2 中位数组距式计算示意（"□"表示排序序号）

①确定中位数所在组，即中位数在所有单位的排序号，中位数位置$= \sum f/2$。

②依据与中位数所在组的次数来计算向上或向下的累计次数，根据计算公式来近似地确定中位数的数值。

组距式数列中位数的计算公式如下：

下限公式（利用向上累计）：

$$M_e = L + \frac{\sum f/2 - S_{m-1}}{f_m} \cdot d \tag{4-21}$$

上限公式（利用向下累计）：

$$M_e = U - \frac{\sum f/2 - S_{m+1}}{f_m} \cdot d \tag{4-22}$$

式中　$L$——中位数所在组的下限；

　　　$U$——中位数所在组的上限；

　　　$d$——众数所在组的组距；

　　　$f_m$——中位数所在组的频数；

　　　$S_m$——中位数所在组向上或向下累计频数；

　　　$S_{m-1}$——中位数所在组前一组向上或向下累计频数；

　　　$S_{m+1}$——中位数所在组后一组向上或向下累计频数。

**【例 4-16】** 某物业管理企业因赶工期雇用了一批临时工，按酬劳分组情况见表 4-9，试确定该批临时工酬劳的中位数。

表 4-9　工人加工零件情况

| 酬劳/元 | 临时工人数/人 | 累计频数/人 | |
| --- | --- | --- | --- |
| | | 向上累计 | 向下累计 |
| 800 以下 | 40 | 40 | 534 |
| 800～900 | 48 | 88 | 494 |
| 900～1 000 | 59 | 147 | 446 |
| 1 000～1 100 | 206 | 353 | 387 |
| 1 100～1 200 | 82 | 435 | 181 |
| 1 200～1 300 | 56 | 491 | 99 |
| 1 300 以上 | 43 | 534 | 43 |
| 合计 | 534 | — | — |

**解：** 确定中位数所在组：

$$中位数位置 = \sum f/2 = 534/2 = 267$$

因此，中位数应该在 1 000～1 100 件这一组，利用上、下限公式计算近似值：

下限公式：

$$M_e = L + \frac{\sum f/2 - S_{m-1}}{f_m} \cdot d = 1\,000 + \frac{267 - 147}{206} \cdot 100$$
$$= 1\,058.25（件）$$

上限公式：

$$M_e = U - \frac{\sum f/2 - S_{m+1}}{f_m} \cdot d = 1\,100 - \frac{267 - 181}{206} \cdot 100$$
$$= 1\,058.25（件）$$

从计算结果可以看出，用上限公式和用下限公式计算的结果是相同的。中位数的计算归结为利用位置信息近似找出中位数，即位置比例转换为具体变量比例。中位数与众数一样，不受极端值影响，但是在计算中位数时，是以假定中位数所在组内的各个标志值是均匀分布为前提的。

(6)分位数。分位数是从中点将全部数据等分为两部分。与中位数类似的还有四分位数、十分位数和百分位数，它们分别是用 3 个点、9 个点和 99 个点将数据 4 等分、10 等分和 100 等分后各分位点上的值。与中位数和众数一样，这些分位数也反映了总体分布的位置特征。尽管它们一般并不表明分布的集中趋势，但却可以作为考察分布的集中趋势和变异状况的有效工具，

尤其是在强调稳健性和耐抗性的数据分析中，分位数得到了重要的运用。

四分位数是能够将全部总体单位按标志值大小等分为四部分的三个数值，分别记为 $Q_1$、$Q_2$ 和 $Q_3$。第一个四分位数 $Q_1$ 也叫作"1/4 分位数"或"下分位数"；第二个四分位数 $Q_2$ 就是中位数；第三个四分位数 $Q_3$ 也叫作"3/4 分位数"或"上分位数"。

在总体所有 $n$ 个单位的标志值都已经按大小顺序排列的情况下，3 个四分位数的位次分别为

$$Q_1 \text{ 的位次} = \frac{n+1}{4} \tag{4-23}$$

$$Q_2 \text{ 的位次} = \frac{2(n+1)}{4} = \frac{n+1}{2} \tag{4-24}$$

$$Q_3 \text{ 的位次} = \frac{3(n+1)}{4} \tag{4-25}$$

如果 $n+1$ 恰好为 4 的倍数，则按上面公式计算得位次都是整数，这时各个位次上的标志值就是相应的四分位数，有

$$Q_1 = \frac{x_{n+1}}{4}, \quad Q_2 = \frac{x_{n+2}}{4}, \quad Q_3 = \frac{x_{3(n+1)}}{4} \tag{4-26}$$

如果 $n+1$ 不是 4 的倍数，按上面公式计算出的四分位数位次可能带有小数，这时有关的四分位数就应带小数相邻的两个整数位次上的标志值的某种加权算数平均数，全数的大小则取决于两个整数位次与四分位数距离的远近，距离越近则权数越大，距离越远则权数越小。

【例 4-17】　当给定总体单位数 $n=50$ 时，可以确定

$$Q_1 \text{ 的位次} = \frac{n+1}{4} = \frac{50+1}{4} = 12.75$$

$$Q_2 \text{ 的位次} = \frac{n+1}{2} = \frac{50+1}{2} = 25.5$$

$$Q_3 \text{ 的位次} = \frac{3(n+1)}{4} = \frac{3 \times (50+1)}{4} = 38.25$$

这时，3 个四分位数就应该分别为

$$Q_1 = 0.25x_{12} + 0.75x_{13} = x_{12} + 0.75(x_{13} - x_{12})$$

$$Q_2 = 0.5x_{25} + 0.5x_{26} = x_{25} + 0.5(x_{26} - x_{25})$$

$$Q_3 = 0.75x_{38} + 0.25x_{39} = x_{38} + 0.25(x_{39} - x_{38})$$

以上方法适用于总体未分组的资料和单项式变量数列。对于组距式变量数列，计算四分位数的基本原理与中位数相类似，也需要分两步进行，即：

1）从变量数列的累计频数栏找出 3 个四分位数所在的组，这些组上、下限分别规定了 3 个四分位数的可能取值范围。

2）假定在 3 个四分位数所在组中，有关单位是均匀分布的，则可以利用下面的公式计算四分位数的近似值：

$$Q_1 = L_{Q_1} + \frac{\frac{\sum f}{4} - S_{Q_{1-1}}}{f_{Q_1}} d_{Q_1} \tag{4-27}$$

$$Q_2 = L_{Q_2} + \frac{\frac{\sum f}{2} - S_{Q_{2-1}}}{f_{Q_2}} d_{Q_2} \tag{4-28}$$

$$Q_3 = L_{Q_3} + \frac{\frac{3\sum f}{4} - S_{Q_{3-1}}}{f_{Q_3}} d_{Q_3} \tag{4-29}$$

式中　$S_{Q_{i-1}}$——到第 $i$ 个四分位数所在组的前面一组为止的向上累计频数；

　　　$d_{Q_i}$——第 $i$ 个四分位数所在组的组距。

### 3. 平均指标的应用原则

平均指标在实际计算和运用中，应注意以下几个方面的问题：

(1)注意社会经济现象的同质性。同质性是指总体各单位在被平均的标志上具有同质性，这是应用平均指标的基本原则。只有这样，计算出来的指标数值才可以反映所研究社会经济现象总体数量特征的一般水平，才具有实际意义。

(2)必须注意用组平均数补充说明总体平均数。平均指标反映了总体各单位某一数量标志值的一般水平，但掩盖了各组之间的差异。为了全面认识总体的特征和分布规律，对现象作出更准确的评价，还要以总体内各组或组内的平均数进行补充说明。

(3)注意用分配数列来补充说明总平均数。平均指标反映了总体的一般数量水平，所以，它把总体各单位的数量差异抽象化了，无法说明总体各单位之间的数量差异和分布状况，因此，必须用分配数列来补充说明总平均数。

(4)计算和运用平均数时，要注意极端数值的影响，因为算术平均数受极端数值的影响很明显。

平均指标的意义

## 🏠 四、变异指标

平均指标反映了总体各单位标志值之间的一般水平，但将各单位标志值的差异忽视了。所以，平均指标只能综合反映各单位某一数量标志的代表水平，而不能反映各个单位数量标志的差异性。变异指标则从另一个侧面反映了总体中各单位指标值差异程度或离散程度，因此，也习惯上把标志变异指标称为变异标志或离散(中)指标。

### 1. 变异指标的作用

(1)测定标志变异指标，可以说明平均指标代表性的大小。标志变异指标大，说明总体各单位标志值差异程度大，平均指标的代表性小，标志变异指标小，说明总体各单位标志值差异程度小，平均指标的代表性就大，如果标志变异指标等于零，说明总体各单位标志值相等，则平均指标就具有完全的代表性。因此，在计算平均指标的同时，还要测定各单位标志值的变异程度，以便对平均指标作出补充说明。如某生产车间甲、乙、丙三个小组，各组均为 6 人，各人日产量资料如下：

甲组：20　20　20　20　20　20　$\bar{x}=20$

乙组：18　19　20　20　21　22　$\bar{x}=20$

丙组：16　17　20　21　22　24　$\bar{x}=20$

从平均数看，三组工人的平均日产量都是 20 件。如果结合标志变异指标来看，甲组 6 个工人之间生产件数一样，乙组 6 个工人生产件数相差不多，丙组每人生产的件数差异最大。因此，平均数 20 件对于甲组具有完全的代表性，对于乙组代表性大于丙组，丙组代表性最小。由此可见，要说明平均数代表性大小，必须与标志变异指标结合起来运用。

(2)测定标志变异指标，可以社会经济活动过程的节奏性或均衡性。如果各期计划完成指标的变动程度较大，说明该企业计划执行中的节奏性差，标志变异指标是衡量生产和管理工作质量的一个重要指标。

### 2. 变异指标的计算

在统计中，变异指标的计算方法有全距、平均差、标准差和标志变异系数等几种主要方法。

（1）全距。全距是指一个数列中标志的最大值与最小值之差，用 $R$ 来表示，即 $R = x_{max} - x_{min}$。

全距说明标志值的变动范围。全距大说明离散程度大，平均数代表性小；全距小说明离散程度小，平均数的代表性大。在实际工作中，全距常用于检查产品质量的稳定性和进行质量控制。如控制产品误差范围，即是全距。

（2）平均差。平均差是各单位标志值与平均数的离差的绝对值的算术平均数。平均差与全距不同，它考虑了总体中各单位标志值的变动影响，对整个变量值的离散趋势有较充分的代表性。平均差越大，变量值的离散程度越大，平均数的代表性越小；平均差越小，变量值的离散程度越小，平均数的代表性越大。平均差常用 $A.D$ 来表示，根据资料是否分组，有简单平均差和加权平均差。

1）简单平均差：资料未分组采用的平均差。

$$A.D = \frac{\sum |x - \overline{x}|}{n} \tag{4-30}$$

2）加权平均差：资料分组采用平均差。

$$A.D = \frac{\sum |x - \overline{x}| f}{\sum f} \tag{4-31}$$

式中 $|x - \overline{x}|$——标志值与平均数离差的绝对值。

【例 4-18】 2019 年某物业管理企业两个小组保洁职工的月工资资料如下（单位：元）：

甲组：1 800，1 900，2 000，2 100，2 200

乙组：1 900，1 950，2 000，2 050，2 100

甲组与乙组的职工平均工资均为 2 000 元，试求甲、乙小组职工工资的平均差。

解：$A.D_{甲} = \dfrac{\sum |x - \overline{x}|}{n}$

$= \dfrac{\substack{|1\,800 - 2\,000| + |1\,900 - 2\,000| + |2\,000 - 2\,000| + \\ |2\,100 - 2\,000| + |2\,200 - 2\,000|}}{5}$

$= 120（元）$

$A.D_{乙} = \dfrac{\sum |x - \overline{x}|}{n}$

$= \dfrac{\substack{|1\,900 - 2\,000| + |1\,950 - 2\,000| + |2\,000 - 2\,000| + \\ |2\,050 - 2\,000| + |2\,100 - 2\,000|}}{5}$

$= 60（元）$

由此可知，甲、乙两组的保洁职工平均工资都是 2 000 元，但是甲组保洁职工工资的平均差为 120 元，大于乙组保洁职工工资的平均差 60 元，因此，乙组保洁职工平均工资代表性要优于甲组保洁职工平均工资的代表性。

（3）标准差。标准差也称均方差，是各单位标志值与算数平均数离差的平方算数平均数的平方根。标准差的平方又称方差。标准差是测定标志变动度的重要指标，它与平均差相同，考虑到总体中各单位标志值的变动影响，而且比较符合数学要求。所以，通常都采用标准差来表明标志变动程度。标准差常用 $\sigma$ 表示。根据资料是否分组，有简单标准差和加权标准差。其计算公式如下：

1）简单标准差。资料未分组采用的标准差。

$$\sigma = \sqrt{\frac{\sum (x-\overline{x})^2}{n}} \qquad (4\text{-}32)$$

2）加权标准差。分组资料采用的标准差。

$$\sigma = \sqrt{\frac{\sum (x-\overline{x})^2 f}{\sum f}} \qquad (4\text{-}33)$$

【例 4-19】　2019 年某物业管理企业职工技能测试成绩见表 4-10，试计算测试成绩的标准差。

表 4-10　某物业管理企业职工技能测试成绩的平均差计算表

| 成绩/分 | 组中值 $x$ | 人数 $f$ | $\lvert x-\overline{x}\rvert f$ | $(x-\overline{x})^2 f$ |
|---|---|---|---|---|
| 60 以下 | 55 | 2 | 41.42 | 857.808 |
| 60～70 | 65 | 15 | 160.65 | 1 720.562 |
| 70～80 | 75 | 20 | 13.49 | 9.578 |
| 80～90 | 85 | 15 | 139.35 | 1 294.562 |
| 90～100 | 95 | 4 | 77.16 | 1 488.926 |
| 合计 | — | 56 | 432.07 | 5 370.926 |

**解：**根据上表的计算结果得

$$\sigma = \sqrt{\frac{\sum (x-\overline{x})^2 f}{\sum f}} = \sqrt{\frac{5\,370.926}{56}} = 9.79$$

标准差的平方即方差。方差与标准差用于测定数据分布的离散程度的作用是一致的，但标准差计量单位与所测度数据的计量单位相同，结果的实际意义比方差更容易理解，应用更为普遍。

（4）标志变异系数。全距、平均差、标准差都是由绝对数来说明标志变异程度的，它的大小不仅受到标志值离散程度的影响，而且受平均指标高低的影响。因而，对于具有不同平均水平的数列或总体，标准差不能直接比较用以说明标志值的离散程度，更不能比较两个不同计量单位的总体的标志变异指标，要用标志变异系数。标志变异系数也称离散系数，是用来反映总体各单位标志值的相对离散程度的，最常用的是标准差与其算术平均数对比的离散系数，也称标准差系数，用 $\nu_\sigma$ 表示。

【例 4-20】　前例中，某物业管理企业职工技能测试成绩的平均水平为 $\dfrac{\sum fx}{\sum f}=75.71$，标准差为 9.79，假定另一物业管理企业职工技能测试平均成绩为 73.45，标准差为 10.98。显然，它们之间技术测试成绩均匀性是不同的，而两者的标准差不同，因此看不出它们之间的差别，所以，在统计中还需要用相对指标作为衡量标志变动的尺度，即以平均指标为标准，看标准差是平均指标的百分之几。这种衡量标志变异程度的相对指标叫作标准差系数。其计算公式如下：

$$\nu_\sigma = \frac{\sigma}{\overline{x}} \times 100\%$$

例 4-20 中，两个物业管理企业的标准差计算系数如下：

某物业管理企业职工技能测试平均成绩 75.71，标准差为 9.79，则

$$\nu_\sigma = \frac{\sigma}{\overline{x}} \times 100\% = \frac{9.79}{75.71} \times 100\% = 13\%$$

另一物业管理企业职工技能测试平均成绩 73.45，标准差为 10.98，则

$$\nu_\sigma = \frac{\sigma}{\overline{x}} \times 100\% = \frac{10.98}{73.45} \times 100\% = 15\%$$

计算结果表明，两个物业管理企业的差异程度是不相同的，后者的标志变动程度大于前者，从而后者的技术测试平均成绩代表性低于前者。

为了比较不同现象的各个数列的标志变异程度，也需要计算标准差系数。例如，用这种系数比较不同职工的技术水平的变动度的大小。

单元二　动态数列

动态数列又称时间数列，一般由两个基本要素构成：一个是现象所属的时间；另一个是现象在各个时期所达到的水平。研究动态数列具有重要的作用。首先，可以描述社会经济现象的发展状态和结果；其次，可以从数量方面研究社会经济现象的发展趋势和发展速度，揭示其发展规律性；最后，通过不同国家（地区）有关政治、经济、文化等发展情况的动态数列进行比较分析，也可揭示出不同国家某一现象的发展方向、速度、趋势和规律性。

## 一、动态数列的种类

### 1. 按指标性质不同划分

动态数列按其所列的指标性质不同，可分为绝对数动态数列、相对数动态数列和平均数动态数列三种。其中，绝对数动态数列是基本数列；而相对数动态数列和平均数动态数列是根据前者计算而得的派生数列。

（1）绝对数动态数列。把一总量指标即绝对数的各个历史数据，按时间先后顺序排列而形成的动态数列称为绝对数动态数列。其反映了社会经济现象在各期达到的绝对水平及其发展变化的情况。绝对数动态数列按其所包括的指标数值的特点，可分为时期数列和时点数列两种。

1）时期数列。在绝对数动态数列中，如果所列指标是时期指标，反映现象在一段时期内发展过程的总量，这种动态数列称为时期数列。简而言之，即按某一时期指标各个历史数据所排列而成的动态数列，见表 4-11。

表 4-11　我国工业增加值　　　　　　　　　　　　　　　　亿元

| 年份/年 | 2007 | 2008 | 2009 | 2010 | 2011 | 2012 | 2013 | 2014 |
|---|---|---|---|---|---|---|---|---|
| 工业增加值 | 111 694 | 131 728 | 138 096 | 165 126 | 195 143 | 208 906 | 222 338 | 233 856 |
| 注：表中每个指标时期是一年，时期还可以是一日、一旬、一月、一季、一年或更长时间。 | | | | | | | | |

### 知识链接

时期数列的特点

（1）数列中各个指标数值是可相加的。由于时期数列中每个指标数值表示在一段时间内发展过程的总量，所以它相加后的指标数值就表示研究现象在更长时期内发展的总量。

（2）数列中每个指标数值的大小与其时期长短有直接联系。在时期数列中每个指标所包括的

时期长度，称为"时期"。时期的长短主要根据研究的目的决定。在时期数列中，由于每个指标是反映现象在某一段时期内发展过程的总量，所以除极个别指标数值可能出现负数外，一般时期越长指标数值也就越大；反之则越小。

（3）数列中每个指标数值通常是通过连续不断地登记而取得的。

2）时点数列。在绝对数动态数列中，如果所列指标是时点指标，反映的是现象在某一时点上所处状态的数量，这种动态数列称为时点数列。简而言之，即按某一时点指标的各个历史数据所排列而成的动态数列，见表4-12。

表4-12　我国铁路营业里程　　　　　　　　万千米

| 年份/年 | 2007 | 2008 | 2009 | 2010 | 2011 | 2012 | 2013 | 2014 |
|---|---|---|---|---|---|---|---|---|
| 铁路营业里程 | 7.80 | 7.97 | 8.55 | 9.12 | 9.32 | 9.76 | 10.31 | 11.18 |

### 小提示

**时点数列的特点**

（1）数列中每个指标数值是不能相加的。由于时点数列中每个指标数值表示在某一瞬间现象的数量，几个指标相加后，无法说明这个数值是属于哪一个时点上现象的数量，没有实际意义。

（2）数列中每个指标数值的大小与其间隔长短没有直接联系。在时点数列中，两个相邻指标在时间上的距离称为"间隔"。时点数列中每个指标数值只表示现象在某一瞬间上的数量，因此，它的指标数值大小与时间间隔长短就没有直接联系。

（3）数列中每个指标数值通常是通过一定时期登记一次而取得的。

（2）相对数动态数列。把一相对指标即相对数的各个历史数据，按时间先后顺序排列而形成的数列称为相对数动态数列，它反映现象联系的动态发展过程。

（3）平均数动态数列。把一平均指标即平均数的各个历史数据，按时间先后顺序排列而形成的数列叫作平均数动态数列，它反映社会经济现象一般水平的发展趋势。

#### 2. 按指标变量的性质和数列形态划分

按指标变量的性质和数列形态不同，动态数列可分为随机性动态数列和非随机性动态数列。而非随机性动态数列又可分为平稳性动态数列、趋势性动态数列和季节性动态数列。

（1）随机性动态数列。随机性动态数列是指由随机变量组成的动态数列，各期数值的差异纯粹是偶然的随即因素影响的结果，其变动没有规则。例如，在某一段时期内，通过某一路口的汽车数量就是随机的，因为通过该路口的汽车大多数彼此没有关系，很多汽车只能偶然通过这个路口。在这个时间内统计经过该路口的汽车数量所构成的数列就是随机性动态数列。

（2）平稳性动态数列。平稳性动态数列是指由确定性变量构成的动态数列。其特点是影响数列各期数值的因素是确定的，而且各期数值总是保持在一定的水平上。例如，在某一车站出口处，每天在固定的时间内，如下午3~5点之间，统计旅客的出站人数。它所构成的动态数列就不是随机性动态数列，因为在这段时间内进入该车站的汽车班次是固定的，而且每班汽车的座位个数也是一定的。在正常情况下，每天下午3~5点之间出站的乘客人数不会变化很大，它构成的动态数列总保持一定的水平上，因此称为平稳性动态数列。

（3）趋势性动态数列。趋势性动态数列是指各期数值逐期增加或减少，呈现出一定的发展变化趋势的动态数列。如果逐期增加或减少的量大致相同，称为线性趋势的动态数列；如果逐期

· **69** ·

增加或减少的量是变化的，称为非线性趋势的动态数列。例如，我国工业生产在正常年份的产量，便呈现线性增长的趋势，而某种新产品投放市场后销售量的数值呈现非线性的变化趋势。

（4）季节性动态数列。季节性动态数列是指各时期的数值在一年内随着季节的变化而呈周期性波动的动态数列。例如，按月统计每月到达某站的旅客人数，就会出现每年 2 月，即春节期间的旅客人数大大高于其他月份。这种现象每年出现一次，所以称为季节性动态数列。季节性动态数列在自然界或经济社会活动中相当普遍，无论是气候还是商业活动，往往都会受到季节因素的影响，因此，在预测中要充分考虑这个因素。

## 二、动态数列的水平指标

为了研究社会经济现象发展的水平和速度，就需要计算一系列动态分析指标，如发展水平、平均发展水平、增长量、平均增长量、发展速度、增长速度、平均发展速度和平均增长速度等。前四种应用于现象发展的水平分析；后四种应用于现象发展的速度分析。

### 1. 发展水平与平均发展水平

在动态数列中每个指标数值称为当期的发展水平。其反映某种社会经济现象在各个不同时间所达到的水平，是计算其他动态分析指标的基础。

动态数列有绝对数数列、相对数数列和平均数数列之分，发展水平也就能以绝对数、相对数或平均数表示。

动态数列中第一个指标数值称为最初水平，最后一个指标数值称为最末水平，其余各个指标数值称为中间水平。在动态分析中，将研究的某一时期的指标水平称为报告期水平或计算期水平，将用来作为比较基础的那个时期水平称为基期水平。如果用符号 $a_0$、$a_1$、$a_2$、$a_3$、$\cdots$、$a_{n-1}$、$a_n$ 代表数列中各个发展水平，则 $a_0$ 就是最初水平，$a_n$ 就是最末水平，其余均为中间水平。

最初水平和最末水平或报告期水平和基期水平，并不是固定不变的，它是随着研究时间和目的的改变而改变的。今年的报告期水平，可能是将来的基期水平；这个数列的最末水平，也可能是编制另一数列的最初水平。

发展水平在文字说明上，习惯用"增加到""发展到"或"降低为"来表示。例如，某地区国民收入，2015 年为 1 000 万元，到 2016 年增加到 1 408 万元。

将不同时间的发展水平加以平均而得的平均数称为平均发展水平，在统计上一般也称为"序时平均数"。其与一般平均数有共同之处，都是将现象的个别数量差异抽象化，概括地反映现象的一般水平。但两者也有区别，平均发展水平所平均的是现象在不同时间上的差异，从动态上说明其在某一段时间内发展的一般水平，它是根据动态数列来计算的，是不同时间上的平均。而一般平均数平均的是同一时间总体各单位某一数量标志值的差异，从静态上说明其在具体历史条件下的一般水平，它是根据变量数列来计算的，是不同空间上的平均。

在动态分析中，利用平均发展水平可以消除现象在短时间内波动的影响，便于在各段时间之间进行比较，以观察现象发展趋势；同时，也利于对不同单位、地区某一段时间内某事物发展达到的一般水平进行比较。由于动态数列的种类不同，序时平均数的计算方法也各有不同。现分述如下：

（1）根据绝对数动态数列计算序时平均数。绝对数动态数列可分为时期数列和时点数列。由于它们的性质不同，因而计算序时平均数的方法也就不同。

1）由时期数列计算序时平均数。时期数列的序时平均数可采用算数平均方法。其计算公

式为

$$\bar{a} = \frac{\sum a_i}{n}(i = 1, 2, 3, \cdots n) \tag{4-34}$$

式中 $\bar{a}$——序时平均数;

$a_i$——各期发展水平;

$n$——数列项数。

2)由时点数列计算序时平均数。如果是间隔不相等且连续的时点数列计算序时平均数。其计算公式为

$$\bar{a} = \frac{\sum af}{\sum f} \tag{4-35}$$

如果是间隔相等的不连续的时点数列计算序时平均数,则需要先计算各相邻两期发展水平的平均数,在对这些平均数用简单算数平均法求序时平均数,称为首末折半法。其计算公式为

$$\bar{a} = \frac{\frac{a_1 + a_2}{2} + \frac{a_2 + a_3}{2} + \cdots + \frac{a_{n-1} + a_n}{2}}{n-1} = \frac{\frac{1}{2}a_1 + a_2 + \cdots + \frac{1}{2}a_n}{n-1} \tag{4-36}$$

【例 4-21】 某物业管理企业上半年各月月初劳保用品统计资料见表 4-13.

表 4-13 某物业管理企业上半年各月初劳保用品统计资料

| 时间/月 | 1 | 2 | 3 | 4 | 5 | 6 | 7 |
|---|---|---|---|---|---|---|---|
| 数量/件 | 1 360 | 1 396 | 1 418 | 1 594 | 1 672 | 1 800 | 1 912 |

**解：**上半年各月的平均劳保用品数量为

$$\bar{a} = \frac{\frac{1}{2}a_1 + a_2 + \cdots + \frac{1}{2}a_n}{n-1} = \frac{\frac{1}{2} \times 1\,360 + 1\,396 + 1\,418 + 1\,594 + 1\,672 + 1\,800 + \frac{1}{2} \times 1\,912}{7-1}$$

$$= 1\,586(件)$$

如果间隔不相等的不连续的时点数列计算序时平均数,则采用时间间隔为权数的加权算数平均法计算。其计算公式为

$$\bar{a} = \frac{\left(\frac{a_1 + a_2}{2}\right)f_1 + \left(\frac{a_2 + a_3}{2}\right)f_2 + \cdots + \left(\frac{a_{n-1} + a_n}{2}\right)f_n}{\sum f_{n-1}} \tag{4-37}$$

【例 4-22】 某物业管理企业 2020 年保洁材料登记情况见表 4-14。

表 4-14 某物业管理企业 2020 年保洁材料登记情况

| 日期 | 1月1日 | 3月1日 | 6月1日 | 10月1日 | 12月31日 |
|---|---|---|---|---|---|
| 库存量/件 | 1 396 | 1 418 | 1 596 | 1 672 | 1 800 |

**解：**该物业管理企业 2020 年各月保洁材料库存量为

$$\bar{a} = \frac{\frac{1\,396 + 1\,418}{2} \times 2 + \frac{1\,418 + 1\,596}{2} \times 3 + \frac{1\,596 + 1\,672}{2} \times 4 + \frac{1\,672 + 1\,800}{2} \times 3}{2 + 3 + 4 + 3} = 1\,589(件)$$

(2)根据相对数动态数列计算序时平均数。根据相对数动态数列计算序时平均数,其基本方法就是先要分别计算构成相对数动态数列的分子与分母两个绝对数数列的序时平均数,然后将这两个序时平均数对比,就得到相对数动态数列的序时平均数。其计算公式如下:

如果 $c = \dfrac{a}{b}$，那么

$$\bar{c} = \frac{\bar{a}}{\bar{b}} \tag{4-38}$$

式中　$a$——绝对数，是相对数比值的子项；

　　　$\bar{a}$——由各期 $a$ 值组成的序时平均数；

　　　$b$——另一绝对数，是相对数比值的母项；

　　　$\bar{b}$——由各期 $b$ 值组成的序时平均数；

　　　$c$——相对数；

　　　$\bar{c}$——相对数动态数列的序时平均数。

**【例 4-23】**　某物业管理企业 2020 年员工人数调查情况见表 4-15。

表 4-15　某物业管理企业 2020 年员工人数调查情况

| 时间 | 1 月 1 日 | 2 月 1 日 | 3 月 1 日 | 4 月 1 日 |
| --- | --- | --- | --- | --- |
| 维修及保洁、保安人员($a$) | 1 000 | 1 062 | 1 120 | 1 200 |
| 员工总数($b$) | 1 200 | 1 205 | 1 210 | 1 260 |
| 维修及保洁、保安人员比重($c$)/% | 89.3 | 88.1 | 92.6 | 95.2 |

求该物业管理企业第一季度维修及保洁、保安人员占员工总数的平均比重（$\bar{c}$）。

**解：**根据资料 $c = \dfrac{a}{b}$，公式表明维修及保洁、保安人员所占比重相对指标（$c$）是由维修及保洁、保安人员数（$a$）和员工总数（$b$）两个绝对数指标相比而得的。所以要计算（$\bar{c}$），可由公式 $\bar{c} = \dfrac{\bar{a}}{\bar{b}}$ 得出。

由于 $a$、$b$ 两指标均属时点绝对数，根据前面所讲，计算时点绝对数序时平均数方法：

$$\bar{a} = \frac{\dfrac{1\ 000 + 1\ 062}{2} \times 30 + \dfrac{1\ 062 + 1\ 120}{2} \times 30 + \dfrac{1\ 120 + 1\ 200}{2} \times 30}{30 + 30 + 30} = 1\ 094（人）$$

$$\bar{b} = \frac{\dfrac{1\ 200 + 1\ 205}{2} \times 30 + \dfrac{1\ 205 + 1\ 210}{2} \times 30 + \dfrac{1\ 210 + 1\ 260}{2} \times 30}{30 + 30 + 30} = 1\ 215（人）$$

所以，$\bar{c} = \dfrac{\bar{a}}{\bar{b}} = \dfrac{1\ 094}{1\ 215} = 0.90（或 90\%）$

### 2. 增长量与平均增长量

（1）增长量是说明某种现象在一定时期内所增长（或降低）的绝对数量，也称增减量。其是报告期水平与基期水平之差，反映报告期比基期增长（或降低）的水平。

$$增长量 = 报告期水平 - 基期水平 \tag{4-39}$$

由于采用的基期不同，其可分为逐期增长量和累积（累计）增长量。逐期增长量就是报告期水平与前一时期水平之差，说明本期比上期增长的绝对数量；累积增长量就是报告期水平与某一基期水平（非前一时期水平）之差，说明本期比基期增长的绝对数量，也即说明在某一段较长时期内总的增长量。

逐期增长量：$a_1 - a_0$，$a_2 - a_1$，…，$a_n - a_{n-1}$

累积增长量等于相应时期内各个逐期增长量之和。

$$(a_1-a_0)+(a_2-a_1)+\cdots+(a_{n-1}-a_{n-2})+(a_n-a_{n-1})=a_n-a_0 \tag{4-40}$$

【例 4-24】 某物业管理企业对 2016 年到 2020 年业主缴纳物业费的情况进行统计，结果见表 4-16。

表 4-16 某物业管理企业收缴物业费统计情况

| 年份/年 | 2016 | 2017 | 2018 | 2019 | 2020 |
| --- | --- | --- | --- | --- | --- |
| 缴费户数/户 | 300 | 360 | 390 | 420 | 600 |
| 逐期增长量 | — | 60 | 30 | 30 | 180 |
| 累计增长量（均以 2016 年为基期） | — | — | 90 | 120 | 300 |

**解：** 表 4-16 资料中，2016 年至 2020 年逐年增长量之和就等于期间的累积增长量。即

$$60+30+30+180=300（户）$$

增长量指标的单位与原有发展水平的单位是相同的，在上例中为户。在社会经济现象中，有些现象的发展水平要求不断提高，如产品产量、总产值、单位面积产量等；有些现象则要求不断降低，如单位产品成本、商品流通费用等。所以要根据各种社会经济现象的性质进行具体分析。当发展水平增长时，这个指标就表现为正值，说明增加的绝对量；反之，当发展水平下降时，这个指标表现为负值，说明减少或降低的绝对量。

另外，在实际统计工作中，为了消除季节变动的影响，也常计算本期发展水平比去年同期发展水平的增长数量，这个指标称为年距（同比）增长量。即

年距（同比）增长量=本期发展水平-去年同期发展水平

【例 4-25】 某物业管理企业 2019 年 11 月工业总产值为 40 万元，2020 年 11 月为 52 万元，则年距增长量为 12（52-40）万元，这说明 2020 年 11 月的工业总产值比 2019 年同期增加了 12 万元。

增长量在文字说明上，习惯用"增加了""增长了"或"减少了""下降了"来表示。例如，某地区国民收入，2015 年为 1 038.24 万元，到 2016 年发展到 1 421.77 万元，比 2015 年增长了 383.53 万元。

(2)平均增长量即平均逐期增长量，是说明某种现象在一定时期内平均每期比上期增长（或降低）的数量。需要说明的是，累积增长量是没有平均数的，因为平均出来的值没有任何意义。

计算平均增长量时，可将各个逐期增长量相加后，被逐期增长量个数除，或被累积增长量被动态数列项数减"1"除。

$$平均增长量=\frac{逐期增长量之和}{逐期增长量个数}=\frac{累积增长量}{动态数列项数-1} \tag{4-41}$$

【例 4-26】 如表 4-16 资料，该物业管理企业 2016—2020 年间，业主每年缴纳物业费的平均年增长数额：

$$\frac{60+30+30+180}{4}=\frac{300}{4}=75（户）$$

## 🏠 三、动态分析的速度指标

速度指标是说明社会经济现象变化发展的动态相对指标。其主要有发展速度、增长速度、平均发展速度和平均增长速度四种。它们之间具有密切联系，其中发展速度是最基本的速度指标。

### 1. 发展速度

发展速度是表明社会经济现象发展程度的相对指标。其是根据两个不同时间发展水平对比而得，说明报告期水平已发展到（或增加到）基期的若干倍（或百分之几）。即

$$发展速度 = \frac{报告期水平}{基期水平} \qquad (4\text{-}42)$$

发展速度由于采用基期的不同，可分为定基发展速度和环比发展速度。定基发展速度就是报告期水平与某一基期水平（非前一时期水平）之比，说明报告期水平对基期水平来说已发展到（或增加到）若干倍（或百分之几），表明这种现象在较长时期内总的发展速度。因此，有时也称之为"总速度"。环比发展速度就是报告期水平与前一时期水平之比，说明报告期水平对前一时期水平来说已发展到（或增加到）若干倍（或百分之几），表明这种现象逐期的发展速度。用符号表示如下：

定基发展速度：$\dfrac{a_2}{a_0}, \dfrac{a_3}{a_1}, \dfrac{a_3}{a_0}, \cdots, \dfrac{a_n}{a_1}, \dfrac{a_n}{a_0}$

环比发展速度：$\dfrac{a_1}{a_0}, \dfrac{a_2}{a_1}, \dfrac{a_3}{a_2}, \cdots, \dfrac{a_{n-1}}{a_{n-2}}, \dfrac{a_n}{a_{n-1}}$

定基发展速度与环比发展速度之间有一定的关系。

(1)在同一发展阶段内，各个环比发展速度的乘积等于定基发展速度，即

$$\frac{a_1}{a_0} \times \frac{a_2}{a_1} \times \frac{a_3}{a_2} \times \cdots \times \frac{a_{n-1}}{a_{n-2}} \times \frac{a_n}{a_{n-1}} = \frac{a_n}{a_0} \qquad (4\text{-}43)$$

(2)两个同基且相邻时期的定基发展速度相除等于相应的环比发展速度，即

$$\frac{a_n}{a_0} \div \frac{a_{n-1}}{a_0} = \frac{a_n}{a_{n-1}} \qquad (4\text{-}44)$$

另外，在实际统计工作中，为了消除季节变动的影响，也常计算年距（同比）发展速度，用以说明本期发展水平和去年同期发展水平对比而达到的相对发展程度。

$$年距发展速度 = \frac{本期发展水平}{去年同期发展水平} \qquad (4\text{-}45)$$

### 2. 增长速度

增长速度是表明社会经济现象增长（或减少）程度的相对指标。其可以根据增长量与其基期水平对比求得，说明报告期水平比基期水平增加（或减少）了若干倍（或百分之几）。

$$增长速度 = \frac{增长量}{基期水平} \qquad (4\text{-}46)$$

增长速度与发展速度具有密切的关系，两者仅相差一个基数，所以将发展速度减"1"（如用百分数表示则减 100%）也可求得增长速度。

$$增长速度 = \frac{增长量}{基期水平} = \frac{报告期水平 - 基期水平}{基期水平} = \frac{报告期水平}{基期水平} - 1 = 发展速度 - 1 \qquad (4\text{-}47)$$

从上式也可以看出，发展速度大于"1"，则增长速度就为正值，表示这种现象增长的程度，如利润增长率；反之，发展速度小于"1"，则增长速度值变为负值，表示这种现象降低的程度，如成本降低率等，在这种情况下，这个指标实质上就是"降低速度"。因此，增长速度也可称作"增减速度"。

增长速度与发展速度相似，由于采用基期不同，也可分为定基增长速度和环比增长速度。定基增长速度表示某种社会经济现象在较长时期内总的增长程度，环比增长速度表示比上一期的增长程度。但定基增长速度与环比增长速度之间没有数量关系，这两个指标之间不能直接进行互相换算。若要进行换算，先要将它们还原为发展速度。

$$定基增长速度=\frac{累积增长量}{最初水平}=定基发展速度-1 \tag{4-48}$$

$$环比增长速度=\frac{逐期增长量}{前一期水平}=环比发展速度-1 \tag{4-49}$$

**【例 4-27】** 仍用上述某物业管理企业收缴物业费的情况资料，计算发展速度和增长速度见表 4-17。

**表 4-17 某物业管理企业收缴物业费资料**

| 年份/年 | 2016 | 2017 | 2018 | 2019 | 2020 |
|---|---|---|---|---|---|
| 业主缴纳物业费的户数 | 300 | 360 | 390 | 420 | 600 |
| 定基发展速度（均以 2016 年为基期）/% | — | — | 130 | 140 | 200 |
| 定基增长速度（均以 2016 年为基期）/% | | | 30 | 40 | 100 |
| 环比发展速度/% | — | 120 | 108.3 | 107.7 | 142.9 |
| 环比增长速度/% | | 20 | 8.3 | 7.7 | 42.9 |

另外，在实际统计工作中，为了消除季节变动的影响，也常计算年距（同比）增长速度，用以说明年距增长量与去年同期发展水平对比达到的相对增长程度。

$$年距增长速度=\frac{年距增长量}{去年同期发展水平}=年距发展速度-1 \tag{4-50}$$

### 3. 增长 1% 的绝对值

在分析现象增长速度时，可以联系增长 1% 的绝对值对照分析，更能说明现象的具体增长情况。增长 1% 的绝对值是以绝对增长量除以相应的百分数表现的增长速度，其表明报告期水平比基期水平每增长一个百分点而相应增长的绝对数额。即基期水平的百分之一。用下式说明：

$$增长 1\% 的绝对值=\frac{增长量}{增长速度\times 100}=\frac{增长量}{\frac{增长量}{基期水平}\times 100}=\frac{基期水平}{100} \tag{4-51}$$

**【例 4-28】** 某物业管理企业 2018 年工业总产值为 240 万元，2020 年为 300 万元，求 2020 年比 2018 年总产值增长 1% 的绝对值。

**解：** 2020 年比 2018 年总产值增长 1% 的绝对值为

$$\frac{300-240}{\frac{300-240}{240}\times 100}=\frac{240}{100}=2.4（万元）$$

利用这个指标可以在现象的动态分析中更好地说明增长速度与绝对增长量之间的关系。

### 小提示

(1)发展速度和增长速度在含义上有严格的区别，"增加到"(降低到)是发展速度，"增加了"(降低了)是增长速度，后者是指净增加(减少)的百分数或倍数，不包括基数在内。

(2)发展速度和增长速度不仅说明现象发展或增长的程度，也说明发展的方向。发展速度大于 1，则增长速度为正值，说明现象发展方向是上升的；反之，则是下降的。

(3)在动态数列中，有的年份指标值可能出现负数，如将各年利润额编制成动态数列，中间可能有的年份发生亏损。这时则不宜用速度指标来分析，可用增长量指标来研究。

#### 4. 平均发展速度和平均增长速度

在分析社会经济现象动态时，常用环比速度来说明其逐期的发展或增长的程度。由于现象本身在一个较长时期内逐期发展或增长程度的快慢不尽相同，为了研究一个较长时期内的平均发展程度或平均增长程度，并对其作出概括的说明，就需要将各个环比速度的差异抽象化，计算出各个环比速度的序时平均数，这个平均数就是平均速度指标，也就是平均环比速度。需要说明的是，定基速度是没有平均数的，因为平均出来的值没有任何意义。

平均速度指标可分为平均发展速度和平均增长速度。前者说明某种现象在一个较长时期中逐期平均发展的程度；后者则说明其逐期平均增长程度。

(1)平均发展速度。计算平均发展速度时，因为总速度(即定基发展速度)不等于各期环比发展速度的算术总和，而等于各期环比发展速度的连乘积，所以应采用几何平均法来计算。即

$$\overline{X}=\sqrt[n]{X_1 \cdot X_2 \cdot X_3 \cdots X_{n-1} \cdot X_n} \tag{4-52}$$

由于环比发展速度的连乘积等于对应时期内最后一期的总速度，因此式(4-52)又可化为

$$\overline{X}=\sqrt[n]{\frac{a_1}{a_0} \times \frac{a_2}{a_1} \times \frac{a_3}{a_2} \times \cdots \times \frac{a_{n-1}}{a_{n-2}} \times \frac{a_n}{a_{n-1}}}=\sqrt[n]{\frac{a_n}{a_0}}=\sqrt[n]{R} \tag{4-53}$$

式中 $\overline{X}$——平均发展速度；

$R$——总速度；

$X$——各个环比发展速度；

$n$——环比发展速度的个数。

应用几何平均法计算平均发展速度，是以整个时期内各年环比发展速度为基础计算的。也可以以最末水平($a_n$)与最初水平($a_0$)之比，即定基发展速度(总速度 $R$)为基础进行计算。

以最末水平($a_n$)与最初水平($a_0$)之比，计算平均发展速度，其实质和数理依据就是从最初水平($a_0$)出发，按所求得的平均发展速度 $\overline{X}$ 逐年发展，最终达到的最末水平与实际所具有的最末水平($a_n$)相一致，即

$$a_0 \cdot \overline{X}_1 \cdot \overline{X}_2 \cdots \overline{X}_n = a_0 \overline{X}^n = a_n \tag{4-54}$$

【例 4-29】 某省工业增加值 2013 年为 8 401.82 亿元，2016 年为 17 583.97 亿元，计算其平均发展速度。

**解：**
$$\overline{X}=\sqrt[n]{\frac{a_n}{a_0}}=\sqrt[3]{\frac{17\ 583.97}{8\ 401.82}}=1.279\ 1(或\ 127.91\%)$$

根据公式 $\overline{X}=\sqrt[n]{R}$，已知其中两个数字，即可求得其第三个数字。由于 $R=\frac{a_n}{a_0}$，$a_n=a_0 \cdot R$，因此根据 $R$ 的数值，就可由最初水平 $a_0$ 来推算最末水平 $a_n$ 的数值，或已知 $\overline{X}$ 与 $R$ 的数值来求 $n$ 的数值。

【例 4-30】 已知某物业管理企业年收入平均递增速度为 6%，多少年后其年收入可增加一倍？如果本年年收入为 3 百万元，则 5 年后的年产量可达到多少亿？

**解：**设今年以后各年的年收入仍按(1+6%)的速度发展，即
$$\overline{X}=1+6\%=106\%$$

年收入要增加一倍，即 $R=\frac{a_n}{a_0}=\frac{2a_0}{a_0}=2$，

根据公式 $\overline{X}=\sqrt[n]{R}$ 得 $\overline{\log X}=\frac{1}{n} \cdot \log R$，得

$$n = \frac{\log R}{\log X} = \frac{\log 2}{\log 1.06} = 11.90(年)$$

所以，12 年后年收入可增加一倍。

本年年收入为 3 百万元，即

$$a_0 = 3, \quad \overline{X} = 1.06, \quad n = 5(年)$$

由公式 $\overline{X} = \sqrt[n]{\dfrac{a_n}{a_0}}$ 得 5 年后的年收入为

$$a_n = a_0 \cdot X - \overline{X}^n = 3 \times (1.06)^5 = 4.014\ 7(百万元)$$

这个计算结果意味着以 $a_0$ 为基础，连续 5 年保持该平均发展速度而得到的年收入预测值。

（2）平均增长速度。环比增长速度的连乘积不等于对应时期内最后一年的总速度。因此，平均增长速度没有公式可求，只能依靠与平均发展速度的联系，即两者仅相差一个基数的关系去推算。

$$平均增长速度 = 平均发展速度 - 1 \tag{4-55}$$

所以，要求得平均增长速度指标，首先要计算出平均发展速度指标，然后将其减"1"（或 100%）。

平均增长速度为正值，表示某种现象在较长时期内逐期平均递增的程度，这个指标也称为"平均递增率"；反之，平均增长速度为负值，这个指标则称为"平均递减率"。

## 单元三 指数分析

### 一、统计指数的含义及其分类

统计指数是研究社会经济现象数量变动情况的一种特有的统计分析方法，简称指数。指数的含义有广义和狭义两种。广义指数泛指社会经济现象总体数量变动的相对指标，即用来表明同类现象在不同空间、不同时间、实际与计划对比变动情况的相对数，如比较相对数、动态相对数、计划完成程度相对数等都是广义指数；狭义指数是一种特殊的相对数，即用来反映不能直接相加和对比的复杂社会经济现象在数量上综合变动程度的相对数。例如，零售物价指数是说明零售商品价格总体变动的相对数；工业产品产量指数是说明一定范围内全部工业产品实物量总体变动的相对数等。统计中的指数主要是指狭义指数。

#### 知识链接

**统计指数的作用**

（1）综合反映社会经济现象总的变动方向和变动程度；

（2）分析和测点社会经济现象总体变动中各因素变动的影响方向和影响程度；

（3）研究社会经济现象总体的长期变动趋势等。

**1. 按反应现象的范围不同划分**

按反应现象的范围不同，统计指数可分为个体指数和总体指数。

（1）个体指数。个体指数是指反映个别事物数量变动的相对数，如个别产品的产量指数、某种商品的价格指数等。个体指数是用来反映简单现象总体数量变动的指数，属于广义指数的范畴。个体指数通常记为 $i$，例如：

$$个体产品产量指数 \ i_q = \frac{q_1}{q_0} \qquad (4\text{-}56)$$

$$个体单位产品成本指数 \ i_z = \frac{z_1}{z_0} \qquad (4\text{-}57)$$

$$个体物价指数 \ i_p = \frac{p_1}{p_0} \qquad (4\text{-}58)$$

式中，$q$ 表示产量，$z$ 表示单位产品成本，$p$ 表示商品的单价；下标 1 表示报告期，下标 0 表示基期。

例如，某种蔬菜 2017 年 3 月 15 日的价格为 5.68 元，而前一天的价格为 5 元，那么这种蔬菜的个体价格指数就是 113.6%（5.68/5×100%），说明这种蔬菜 3 月 15 日的价格比前一天的价格上涨 13.6%。

（2）总指数。总体指数又称为总量指标指数，是说明多种事物综合变动的相对数，反映现象总的变动程度，如工业总产量指数、零售物价总指数、居民消费价格总指数等。总指数是用来反映复杂社会经济现象总体数量变动的指数，属于狭义指数的范畴。

总指数与个体指数之间具有密切的联系。在个体指数与总指数之间，还有一种类（组）指数。类（组）指数是用来说明总体中某一类（组）社会经济现象变动情况的相对数。它的编制方法与总指数相同，只是范围小些。例如，在零售商品中，食品类商品的零售物价指数就属于类（组）指数。编制类（组）指数可以更深入地反映各类社会经济现象的发展情况，研究总体中各部分现象的发展变化规律。

总指数的编制方法有综合指数和平均数指数。综合指数是总指数的基本形式，通过综合多个总量指标对比计算而来，计算综合指数时，要求获得全面资料；平均数指数是个体指数的平均数，当没有获得全面资料时，可利用非全面资料对综合指数进行变形，用平均数指数进行计算。

### 2. 按反应现象的性质划分

按反映现象的性质不同，统计指数可分为数量指标指数和质量指标指数。

（1）数量指标指数。数量指标指数是用来反映社会经济现象的数量或规模变动方向和程度的指数，如产品产量指数、商品销售量指数、职工人数指数等。

（2）质量指标指数。质量指标指数是用来反映社会经济现象质量、内涵变动情况的指数，如单位成本指数、物价指数、劳动生产率指数等。

### 3. 按指数所采用的基期划分

按指数所采用的基期，统计指数可分为定基指数和环比指数。

（1）定基指数。定基指数是指各个时期指数都是采用同一个固定时期为基期计算的指数。

（2）环比指数。环比指数是指依次以前一个时期为基期计算的指数。

定基指数和环比指数是各个时期的指数按时间顺序加以排列，也称指数数列。

### 4. 按指数对比内容划分

按指数对比内容，统计指数可分为动态指数和静态指数。

（1）动态指数。动态指数是由两个不同时期的同类经济现象水平对比形成的指数，说明现象在不用时间上发展变化的程度，如零售物价指数、股票价格指数等。动态指数是应用最为广泛、最为重要的指数。

（2）静态指数。静态指数包括空间指数和计划完成程度指数两种。空间指数（地域指数）是将不同空间（如不同国家、地区、部门、企业等）的同类现象进行比较的结果，反映现象在不同空间的差异程度;计划完成程度指数是指同一地区、单位的实际水平与计划水平对比形成的指数,反映计划的执行情况或完成与未完成的程度。

### 5. 按指数计算方法划分

按指数计算方法,统计指数可分为综合指数与平均指数。

(1)综合指数。综合指数是通过同度量因素的媒介作用,将不同度量的事物综合计算的指数,如商品销售量指数、商品销售价格指数等。综合指数包括数列指标指数和质量指标指数。

(2)平均指数。平均指数是以个体指数为基础,采用平均形式编制的总指数。

## 二、综合指数的编制与分析

作为总指数的基本形式,综合指数是将不能直接相加的各种经济变量通过乘以另一个有关的同度量因素而转换成可以相加的指标,然后用进行对比得到的相对数来说明复杂现象的综合变动。即凡是一个总量指标可以分解为两个或两个以上的因素指标时,为了观察某个因素(指数化因素)指标的变动情况时,可将其他因素(同度量因素)指标固定下来计算出的指数,称为综合指数。

### 1. 编制综合指数的一般方法

编制综合指数,关键是在经济联系中寻找同度量因素,然后令其固定不变,以反映所研究总体中的某种现象的变化情况。同度量因素即把原来不能直接相加对比的指标过渡为可以相加对比指标的媒介因素。因此,综合指数的编制需要解决以下两个问题:

(1)确定何种因素为同度量因素;

(2)将同度量因素固定在哪个时期为妥。

由于构成现象的各种因素之间存在着相互联系,因此,要对现象总体逐步进行分解,并判别数量因素和质量因素,从而确定所要编制的指数是数量指数还是质量指数。

另外,选择同度量因素的所属时期也非常重要。在编制总指数时,为了分析一个因素的变动情况,就必须把另一个因素固定不变,即要把相对比的分子和分母所乘上的那个同度量因素固定在某一时期不变。在复杂现象总体中,各个同度量因素选择时期不同,数值也不同:有基期的,也有报告期的;有实际的,也有计划的。那么,到底同度量因素应选择在哪个时期呢?这是统计中一个重要的理论问题,有着不同的观点。早在1864年,德国经济学家拉斯贝尔提出,在综合指数公式中,同度量因素宜固定于基期,提出了拉氏指数公式;而在1874年,另一位德国经济学家派许指出,在综合指数公式编制中,同度量因素宜固定在报告期,并据此提出了派氏指数公式。根据实践中的应用情况,最终确定了同度量因素所属时期的一般原则是:编制数量指标指数时,以基期的质量因素作为同度量因素;编制质量指标指数时,以报告期的数量因素作为同度量因素。

### 2. 数量指标指数的编制和计算方法

数量指标指数是综合放映数量指标变动情况的相对数。现以表4-18资料为例来说明数量指标综合指数的编制方法和计算过程。

表 4-18 某物业公司房屋改造工程所用三种不同建筑材料相关资料表　　万元

| 建筑材料名称 | 计量单位 | 基期 | | | 报告期 | | | 计算消耗额 | |
| --- | --- | --- | --- | --- | --- | --- | --- | --- | --- |
| | | 消耗量 | 价格 | 消耗额 | 消耗量 | 价格 | 消耗额 | | |
| | | $Q_0$ | $P_0$ | $Q_0 P_0$ | $Q_1$ | $P_1$ | $Q_1 P_1$ | $Q_1 P_0$ | $Q_0 P_1$ |
| 甲 | 立方米 | 1 000 | 2 | 2 000 | 1 150 | 2 | 2 300 | 2 300 | 2 000 |

续表

| 建筑材料名称 | 计量单位 | 基期 | | | 报告期 | | | 计算消耗额 | |
|---|---|---|---|---|---|---|---|---|---|
| | | 消耗量 | 价格 | 消耗额 | 消耗量 | 价格 | 消耗额 | | |
| | | $Q_0$ | $P_0$ | $Q_0P_0$ | $Q_1$ | $P_1$ | $Q_1P_1$ | $Q_1P_0$ | $Q_0P_1$ |
| 乙 | 立方米 | 2 000 | 1 | 2 000 | 2 200 | 1.5 | 3 300 | 2 200 | 3 000 |
| 丙 | 吨 | 3 000 | 0.5 | 1 500 | 3 150 | 0.3 | 945 | 1 575 | 900 |
| 合计 | — | — | — | 5 500 | — | — | 6 545 | 6 075 | 5 900 |

根据表 4-18 的资料，首先计算消耗额变动情况，其计算公式为

$$\overline{K}_{QP} = \frac{\sum Q_1 P_1}{\sum Q_0 P_0} \times 100\% = \frac{6\ 545}{5\ 500} \times 100\% = 119\%$$

式中　$\overline{K}_{QP}$——消耗额总指数；

　　　$Q_1$，$Q_0$——报告期和基期材料消耗量；

　　　$P_1$，$P_0$——报告期和基期的材料价格。

计算结果表明：三种不同材料报告期消耗额比基期增长 19%，消耗额增加了 1 045 万元。

再从表 4-18 的资料可以看出，甲、乙、丙三种材料的消耗量报告期比基期有所增加。它们各自的变动情况，可用个体材料消耗量指数表示：

甲材料消耗量指数：$K_Q = \dfrac{Q_1}{Q_0} \times 100\% = \dfrac{1\ 150}{1\ 000} \times 100\% = 115\%$

乙材料消耗量指数：$K_Q = \dfrac{Q_1}{Q_0} \times 100\% = \dfrac{2\ 200}{2\ 000} \times 100\% = 110\%$

丙材料消耗量指数：$K_Q = \dfrac{Q_1}{Q_0} \times 100\% = \dfrac{3\ 150}{3\ 000} \times 100\% = 105\%$

为了反映三种材料消耗量总变动情况，就要编制消耗量综合指数。如前所述，不能直接将三种材料的消耗量直接相加取得两个时期的总消耗量进行对比，但是，可以借助它们各自的价格作为同度量因素。数量指标指数的编制中选择基期的质量指标作为同度量因素，所以，把同度量因素即价格固定在基期，然后乘以各自的消耗量得到消耗额，从而将它们过渡到价值形态，使三种建筑材料由不同的使用价值形态转化为同质异量的价值总量，于是就能得到三种材料基期消耗额的总量和按基期价格与报告期消耗量计算所得的假定消耗额总量，然后将这两个总量指标对比，得到三种材料消耗量总指数。其一般计算公式如下：

$$\overline{K}_Q = \frac{\sum Q_1 P_0}{\sum Q_0 P_0} \times 100\% = \frac{6\ 075}{5\ 500} \times 100\% = 110.45\%$$

式中　$\overline{K}_Q$——消耗量综合指标。

公式中的分子和分母之差为

$$\sum Q_1 P_0 - \sum Q_0 P_0 = 6\ 075 - 5\ 500 = 575（万元）$$

计算结果说明：由于三种材料报告期与基期相比消耗量增长了 10.45%，从而使消耗额增加了 575 万元。这是在假定价格不变的情况下，由于报告期消耗量比基期增加而增加的消耗额。

上面的计算公式最早由德国经济学家拉斯贝尔提出，又称为拉斯贝尔数量指数公式，简称拉氏数量公式。如销售量指数、职工人数指数、工程量指数等数量指数，一般都会用这个公式编制和计算，将同度量因素固定在基期。

关于综合指数的编制和计算，统计学界也有不同的观点。如德国经济学家派许主张将同度量因素固定在报告期。其计算公式为

$$\overline{K}_Q = \frac{\sum Q_1 P_1}{\sum Q_0 P_1} \times 100\% = \frac{6\ 545}{5\ 900} \times 100\% = 110.93\%$$

公式中的分子和分母之差为

$$\sum Q_1 P_1 - \sum Q_0 P_1 = 6\ 545 - 5\ 900 = 645(万元)$$

上述结果说明：由于三种商品报告期与基期相比消耗量增长了 10.93%，使消耗额增加了 645 万元，这是在产品价格已经发生了变化的情况下，由于材料消耗量的变动而带来的变化。消耗额的增加不仅是材料消耗量变动的结果，还包括价格变动的因素影响；而且，这个结果是表明报告期的消耗额与按报告期的价格和基期消耗量计算所得的消耗额之间的差额，其经济意义与现实意义都很缺乏；同时，与编制消耗量综合指数纯粹是为了说明消耗量变动的初衷相违背，因此，在实际工作中，通常不采用这个公式来测定消耗量的综合变动。

### 3. 质量指标指数的编制和计算方法

质量指标指数是综合反映现象质量指标变动情况的相对数。仍以表 4-18 中资料为例，说明其编制方法和计算过程。

从表 4-18 中的资料可以看出，甲材料价格报告期和基期没有变化，而乙材料价格增加，丙材料价格下降，对于三种材料各自的价格变化，可以编制个体价格指数：

甲材料消耗量指数：$K_Q = \frac{P_1}{P_0} \times 100\% = \frac{2}{2} \times 100\% = 100\%$

乙材料消耗量指数：$K_Q = \frac{P_1}{P_0} \times 100\% = \frac{1.5}{1} \times 100\% = 150\%$

丙材料消耗量指数：$K_Q = \frac{P_1}{P_0} \times 100\% = \frac{0.3}{0.5} \times 100\% = 60\%$

为了反映三种不同材料价格总变动情况，必须编制价格综合指数。如前所述，三种材料虽然都是以货币作为计量单位，但也不能简单相加，它们也是不同度量的。甲、乙材料是每立方米的价格，丙材料是每吨的价格，将它们简单相加是没有意义的。因此，也要通过同度量因素使之转化为可以相加的价值指标。这里，材料消耗量是反映三种不同材料数量多少的数量因素，可以借助它们各自的消耗量作为同度量因素。编制质量指标指数，选择报告期的数量指标作为同度量因素。因此，把同度量因素即材料消耗量固定在报告期，然后分别乘以各自的价格，使它们过渡到价值形态。这样就能得到三种材料报告期的消耗额总量和按报告期消耗量与基期价格计算所得的假定消耗额，再将这两个总量指标对比，得到三种不同材料的价格综合指数。其一般计算公式为

$$\overline{K}_P = \frac{\sum Q_1 P_1}{\sum Q_1 P_0} \times 100\% = \frac{6\ 545}{6\ 075} \times 100\% = 107.74\%$$

式中 $\overline{K}_P$——消耗量综合指标。

公式中的分子和分母之差为

$$\sum Q_1 P_1 - \sum Q_1 P_0 = 6\ 545 - 6\ 075 = 470(万元)$$

计算结果表明：由于报告期与基期相比三种不同材料的价格增长了 7.74%，使消耗额增加了 470 万元。这是在假定同度量因素消耗量不变，并把它固定在报告期的情况下，由于价格在报告期比在基期增加而增加的消耗额，其计算结果具有现实的经济意义。

上面这个公式，即由德国经济学家曼哈·派许所提出的同度量因素固定在报告期的派许质量指数公式，如价格指数、劳动生产率指数、单位成本指数，一般都用这个公式编制和计算。

同样，关于质量指数的编制，在统计学界同样有不同的观点，如拉斯贝尔提出将同度量因素固定在基期。其计算公式为

$$\overline{K}_P = \frac{\sum Q_0 P_1}{\sum Q_0 P_0} \times 100\% = \frac{5\ 900}{5\ 500} \times 100\% = 107.27\%$$

公式中的分子和分母之差为

$$\sum Q_0 P_1 - \sum Q_0 P_0 = 5\ 900 - 5\ 500 = 400(万元)$$

计算结果说明：由于三种不同材料价格增长了 7.27%，使消耗额增加了 400 万元。这是在假定材料消耗量没有变动的情况下，纯粹由于价格变动而产生的结果。这个价格综合指数也反映了价格的变动及其影响。

将这两个质量综合指数进行比较：前面的公式是以报告期的材料消耗量为同度量因素计算的价格综合指数，其结果受到价格与消耗量变动的双重影响，即这种价格综合指数不仅反映了价格的变动，同时，还包括了材料消耗量变化的影响。然而，它却具有非常现实的经济意义，因为这个公式的计算结果表明由于价格变化，按报告期实际消耗的材料计算，公司增加消耗额 470 万元。而按后面的以基期材料消耗量为同度量因素计算，表明由于价格变化，公司在基期消耗的材料按报告期价格计算所增加消耗额 400 万元。显然这是缺乏现实经济意义的。

从实际生活来看，价格的变化会引起生产或销售产品的结构变化，也会推动居民消费结构的变化。所以，在编制价格指数反映价格变化对生产和销售及对消费者的影响时，应从现实出发，一般选择以报告期的产量或销售量作为同度量因素。但是，这也不是绝对的，有时当基期产量或销售量资料比较容易取得，而报告期产量或销售量资料不易取得或尚不具备时，也可以用基期产量或销售量作为同度量因素来编制价格指数。

## 三、平均数指数的编制和分析

编制综合指数所需资料条件比较高，要求获得全面资料，但是在实际工作中，要得到全面资料比较困难，所以可以利用一些非全面资料，借助综合指数的公式变形，而编制平均数指数。平均数指数是以个体指数为基础，采用加权平均形式编制的总指数。它与综合指数相比，只是由于所掌握的资料不同，所采用的计算方法不同而已，其计算结果与经济意义是相同的。平均数指数实质上是综合指数的变形，按其指数化因素的性质和平均方法不同，可分为加权算数平均数指数和加权调和平均数指数两种。

### 1. 加权算术平均数指数

(1)加权算术平均数指数是指对个体指数采用加权算术平均方法计算的总指数。一般情况下，编制数量指标指数时，当掌握的资料是个体数量指数和基期的产值或销售额等总量指标时，可以采用这种形式来编制数量总指数。其计算公式为

$$\overline{K}_Q = \frac{\sum K_Q Q_0 P_0}{\sum Q_0 P_0} \times 100\% \tag{4-59}$$

(2)在编制质量指标指数时，当掌握的资料是个体质量指数和基期的价格与报告期的常量或销售量时，可以采用这种形式来编制。其计算公式为

$$\overline{K}_P = \frac{\sum K_P Q_1 P_0}{\sum Q_1 P_0} \times 100\% \tag{4-60}$$

## 小提示

加权算数平均数指数的形式与加权算数平均数一致，加权算数平均数指数是综合指数的变形形式，在资料完全相同的情况下，加权算数平均数指数与综合指数的计算结果相同。

【例4-31】 某物业公司管理三种不同类型的房屋，其服务总收入和在管面积资料见表4-19，据此编制该物业公司房屋在管面积总指数。

表4-19 某物业公司管理三种不同类型房屋资料表

| 物业类型 | 2018年服务总收入 $Q_0 P_0$/万元 | 2019年与2018年在管面积之比 $K_Q$/% | $K_Q Q_0 P_0$/万元 |
|---|---|---|---|
| 办公楼 | 360 | 105 | 378 |
| 商铺 | 120 | 115 | 138 |
| 住宅用房 | 180 | 112 | 201.6 |
| 合计 | 660 | — | 717.6 |

解：房屋在管面积总指数是数量指数，其计算公式为

$$\overline{K}_Q = \frac{\sum K_Q Q_0 P_0}{\sum Q_0 P_0} \times 100\% = \frac{717.6}{660} \times 100\% = 108.73\%$$

$$\sum K_Q Q_0 P_0 - \sum Q_0 P_0 = 717.6 - 660 = 57.6(\text{万元})$$

计算结果表明：该物业公司2019年三种房屋的在管面积比2018年平均增长了8.73%，因在管量的增长而增加的服务总收入为57.6万元。

### 2. 加权调和平均数指数

加权调和平均数指数是对个体指数用加权调和平均方法计算的总指数。通常，在编制质量指标指数时，只掌握报告期的产值或销售额等总量指标和个体质量指数时，可用此方法编制质量总指数。其计算公式为

$$\overline{K}_P = \frac{\sum Q_1 P_1}{\sum \frac{1}{K_P} Q_1 P_1} \times 100\% \tag{4-61}$$

另外，在编制数量指标指数时，当掌握的资料是个体数量指数，基期的价格和报告期的产量或销售量时，也可以采用这种加权调和平均数形式来编制数量总指数。其计算公式为

$$\overline{K}_Q = \frac{\sum Q_1 P_0}{\sum \frac{1}{K_Q} Q_1 P_0} \times 100\% \tag{4-62}$$

## 小提示

加权调和平均数指数的形式与加权调和平均数一致，加权调和平均数指数是综合指数的变形形式，在资料完全相同的情况下，加权调和平均数指数与综合指数的计算结果相同。

【例4-32】 某物业管理公司2018—2019年综合管理费用实际支出情况资料见表4-20，据此编制价格总指数。

**表 4-20　某住宅小区 2018—2019 年综合管理费实际支出情况**　　　　　　　万元

| 项目 | 单位 | 2018 年价格 $P_0$ | 2019 年价格 $P_1$ | 2019 年管理费支出 $Q_1 P_1$ | $K_P/\%$ | $\dfrac{1}{K_P} Q_1 P_1$ |
|------|------|------|------|------|------|------|
| 人工费 | 工日 | 80 | 85 | 736 | 106.25 | 692.71 |
| 绿化建设 | $m^3$ | 64 | 65 | 142 | 101.56 | 139.82 |
| 房屋维修 | $m^3$ | 150 | 120 | 244 | 80.00 | 305 |
| 设备维修 | 台 | 300 | 286 | 185 | 95.33 | 194.06 |
| 合计 | — | | | 1 307 | — | 1 331.59 |

**解：** 编制价格总指数如下：

$$\overline{K}_P = \frac{\sum Q_1 P_1}{\sum \dfrac{1}{K_P} Q_1 P_1} \times 100\% = \frac{1\ 307}{1\ 331.59} \times 100\% = 98.15\%$$

$$\sum Q_1 P_1 - \sum \frac{1}{K_P} Q_1 P_1 = 1\ 307 - 1\ 331.59 = -24.59（万元）$$

计算结果表明：2019 年该物业公司所管辖小区的四种不同管理费的价格比 2018 年平均下降了 1.85%。因价格调整使得各种管理费支出降低了 24.59 万元。

### 3. 固定加权平均数指数

编制加权平均数指数时，其权数有变动权数和固定权数两种。权数随报告期而经常变动的称为变动权数；权数确定后在较长时间内不变的称为固定权数。在统计工作中，有时由于报告期权数的资料不易取得，往往选择经济发展比较稳定的某一时期的价值总量结构作为固定权数来计算平均数指数。这种固定权数使总指数计算比较简便，迅速，有较大的灵活性。但它只能反映价格或数量变动的方向和程度，不能计算其绝对数。

固定权数的比重形式，即

$$w = \frac{QP}{\sum QP} \tag{4-63}$$

则，固定权数加权平均数指数为

$$\overline{K} = \frac{\sum Kw}{w} = \sum K \frac{w}{\sum w} \tag{4-64}$$

式中　$\overline{K}$——数量指标指数或质量指标指数；

　　　$w$——固定权数；

　　　$\sum w$——固定权数之和；

　　　$\dfrac{w}{\sum w}$——固定权重。

**【例 4-33】** 某物业管理公司对其所管辖住宅小区进行综合房屋维修工程报告期与基期相比，人工费价格指数为 108%，材料费价格指数为 110%，机械使用费价格指数为 98%，其他费用价格指数为 102%。各期费用所占该综合房屋维修工程造价的比例分别为：人工费 10%，材料费 65%，机械使用费 20%，其他费用 5%，据此编制综合房屋维修工程价格总指数。

**解：** 综合房屋维修工程价格总指数为

$$\overline{K} = \sum K \frac{w}{\sum w} = 108\% \times 10\% + 110\% \times 65\% + 98\% \times 20\% + 102\% \times 5\% = 107\%$$

计算结果表明：该物业公司对所辖住宅小区进行综合房屋维修工程中，其报告期价格比基期价格平均增长了7%。

## 单元四 抽样推断

### 课外阅读

在2020年2月新型冠状病毒爆发高峰期，著名呼吸病学专家钟南山呼吁各地往来人员应"自我隔离14天"，这"隔离14天"的依据来源于钟南山院士带领科研团队，收集了来自全国31个省市的1099份确诊案例，通过对这些案例数据的整理，运用蒙特卡洛模拟方法分析得出新冠肺炎潜伏期的中位数为3.0天，潜伏期在7天以内的概率在90%以上，而潜伏期超过14天的概率为0.838%，也就是说自我隔离14天后，感染新型冠状病毒的概率极小，最后得出了"自我隔离14天"的结论。

抽样推断是按照随机原则从总体中抽取部分单位组成样本，根据样本单位实际调查结果来推断总体数量特征的一种统计调查方法，属于非全面调查的范畴。抽样推断包括抽样调查与统计推断。

## 一、抽样推断中的基本概念

### 1. 全及总体和样本总体

全及总体和样本总体是统计推断中一对重要的概念。

(1)全及总体。全及总体又称总体或母体，是指研究对象的全体，是由许多个性质相同的调查单位组成的。例如，城市职工家庭生活调查中的城市全部职工家庭、企业生产的某批产品质量调查中的该批全部产品、小树成活率调查中的全部小树等，都是全及总体。全及总体单位数通常用$N$表示。对于有限总体，$N$是一个有限的数；对于无限总体，$N$为无穷大。

全及总体按照各单位标志的性质不同可分为变量总体和属性总体。变量总体是指构成总体的各个单位可以用一定数量的标志加以计量，如反映身高、体重的学生总体，反映工资高低的职工总体等；属性总体是指只能用品质标志来描述的总体，如反映性别差异的某学校学生总体、反映某产品性能好坏的产品总体等。在认识总体的方法选择上，区分变量总体和属性总体显得至关重要。

全及总体根据其所包含的总体单位数目多少可分为有限总体和无限总体。有限总体是指总体内的单位个数只有有限个，例如，某机器1 h内生产的零件个数、湖水中鱼苗的个数等；无限总体是指总体内的单位个数有无限多个，如大气中氧分子的个数可看作无限个。概率论已证明，随着样本容量的增大，其次数分布将趋于总体分布，其样本分布的特征值也趋近总体分布的特征值。

(2)样本总体。样本总体简称样本，是按随机原则从总体中抽取的那部分单位组成的小总体。样本总体的单位数用$n$表示，称为样本容量。例如，从某个城市职工家庭中随机抽取1 000户进行调查，则这1 000户组成的小总体即样本，样本容量$n=1 000$。样本根据样本容量的大小可分为大样本和小样本。一般地，$n\geqslant 30$为大样本，$n<30$为小样本。在研究社会经济现象时，通常采用大样本进行抽样调查。对于给定的研究对象，全及总体是唯一确定的，而样本总体不

是唯一的，它是随机的，一个全及总体可以有很多样本总体。

### 2. 总体指标和样本指标

(1)总体指标。总体指标又称全及指标、总体参数，是根据全及总体计算的统计指标，反映全及总体的数量特征。例如，根据全市职工计算的平均工资，根据学龄前儿童计算的平均身高，根据全部产品计算的合格率或废品率等。由于总体指标是唯一确定的，所以根据总体指标计算的参数也是一个定值。

不同性质的总体需要计算不同的参数，对于变量总体，可以有总体平均数 $\overline{X}$、总体标准差 $\sigma$ 等参数。

设总体变量 $X$ 有 $N$ 个取值 $X_1$、$X_2$、$X_3$、$\cdots$、$X_N$，则

$$\overline{X} = \frac{X_1 + X_2 + X_3 + \cdots + X_N}{N} = \frac{\sum X}{N} \tag{4-65}$$

$$\sigma^2 = \frac{\sum (X - \overline{X})^2}{N} \tag{4-66}$$

对于属性总体一般有总体成数 $P$、总体标准差 $\sigma_p$ 等参数。

设总体 $N$ 个单位中，有 $N_1$ 个单位具有某种属性，$N_0$ 个单位不具有某种属性，且 $N_1 + N_0 = N$，则

$$P = \frac{N_1}{N} \tag{4-67}$$

$$Q = \frac{N_0}{N} = 1 - P \tag{4-68}$$

式中　$P$——总体中具有某种属性的单位数占全部单位数的比重；

　　　 $Q$——总体中不具有某种属性的单位数占全部单位数的比重。

总体中具有某种属性的单位数占全部单位数的比重和总体中不具有某种属性的单位数占全部单位数的比重都称为总体成数。

总体标准差的计算公式为

$$\sigma_p = \sqrt{P(1-P)} \tag{4-69}$$

样本也称统计量，是样本的数量特征，随着样本的不同而变化，是个随机变量，是根据样本总体各单位标志值或标志特征计算得综合指标，是用来推断全及总体的指标。

设样本总体有 $n$ 个变量 $x_1$，$x_2$，$x_3$，$\cdots$，$x_n$，则

样本平均数的计算公式为

$$\overline{x} = \frac{\sum x}{n} \tag{4-70}$$

样本标准差的计算公式为

$$s_n = \sqrt{\frac{\sum (x_i - \overline{x})^2}{n}} \tag{4-71}$$

(2)样本指标。对于属性总体则有如下对应样本指标：设样本总体 $n$ 个单位中有 $n_1$ 个单位具有某种属性，$n_0$ 个单位不具有某种属性，且 $n_1 + n_0 = n$，则

$$p = \frac{n_1}{n} \tag{4-72}$$

$$q = \frac{n_0}{n} = 1 - p \tag{4-73}$$

式中　　$p$——样本总体汇总具有某种属性的单位数占全部单位数的比重；

　　　　$q$——样本总体中不具有某种属性的单位数占全部单位数的比重。

样本总体汇总具有某种属性的单位数占全部单位数的比重和样本总体中不具有某种属性的单位数占全部单位数的比重都称为样本总体成数。

样本标准差的计算公式为

$$s=\sqrt{p(1-p)} \tag{4-74}$$

## 二、抽样的组织方式

抽样推断的目的是根据样本的信息来推断总体的数量规律。这种推断是否可靠，关键就在于样本的可靠性和样本抽取方法是否科学。抽样的组织方式主要有简单随机抽样、类型抽样、机械抽样、整群抽样和多阶段抽样。

### 1. 简单随机抽样

简单随机抽样又称为纯随机抽样，简称为随机抽样，是指直接从总体中按随机的原则重复抽取样本，每个总体单位有相同的可能性被抽中。

简单随机抽样的主要特点是遵循随机原则，所得到的样本是独立分布的。但是简单随机抽样不一定能保证样本单位在总体中分布的均匀性，适宜于单位数不多、标志变异较小、分布较均匀的总体。

简单随机抽样中抽选样本的常用方法有以下三种：

(1)直接抽样法。直接抽样法是直接从调查对象中随机抽取样本单位。例如，从成品仓库中任意抽取若干产品进行质量检验。

(2)抽签摸球。抽签摸球是最原始的抽样方法。具体做法是将每个被抽选的总体单位都用一个签或球代表，然后将它们搅拌均匀，从中随机摸取，抽中者即样本单位，直到抽满所需的样本容量为止。

(3)利用随机数字表。随机数字表可以用计算机或其他方法产生。

### 2. 类型抽样

类型抽样又称分类抽样或分层抽样，是先将总体单位按某一标志分成若干类型，在各类型中按随机原则抽选样本单位，由各类型中的样本组成一个总的样本，然后根据样本特征推断总体特征。

类型抽样的主要特点：抽样类型能保证分布的均匀性，样本具有很好的代表性，抽样误差一般比简单随机抽样小；类型抽样不仅能对总体进行判断，还可以对各层子总体进行推断。

类型抽样将统计分组与随机原则结合起来，与简单随机抽样相比，样本的代表性更高，样本的分布更接近总体的分布，从而使抽样误差变小，因此，类型抽样在实际工作中得到广泛的应用。

### 3. 机械抽样

机械抽样又称等距抽样，是将总体各单位按一定标志或次序排列成为图形或一览表的形式，也就是通常所说的排队，然后按相等的距离或间隔抽取样本单位。机械抽样的主要特点是：样本单位的抽取工作较容易开展；抽出的单位在总体中是均匀分布的，且抽取的样本代表性较强。

### 4. 整群抽样

整群抽样就是从总体中成群成组地抽取调查单位，而不是一个一个地抽取调查样本。其特点是：调查单位比较集中，调查工作的组织和进行比较方便。但调查单位在总体中的分布不均

匀，准确性要差些。因此，在群间差异性不大或不适宜单个抽选调查样本的情况下，可采用这种方法。

　　整群抽样要先将总体按某一标志分成若干群，然后按随机原则从中抽取若干群组成样本，对抽中群的所有单位都进行调查。例如，从生产线上生产的产品中每小时抽取最后 10 min 的全部产品进行调查。

　　整群抽样的优点是比较容易组织，由于调查单位比较集中，所以这种方式比较方便。由于整群抽样是对所有抽中群的全部单位进行调查，所以群内方差不影响抽样误差，只有群间方差影响抽样误差。整群抽样成功的关键在于总体分群时，应尽量使群间方差小些，群内方差大些。

### 📖 知识链接

**整群抽样的特点**

　　(1)整群抽样尤其适用于存在自然群的场合，从而可以节省人力、物力和财力。例如，研究中学生体质情况，以学校为群抽样；检验产品质量，从自动生产线上每隔若干小时抽 1 h 的产品做检验；研究农民年收入情况，以自然村为群，随机抽选若干自然村做调查等属于整群抽样。

　　(2)因为整群抽样是成群地抽选样本，故整群抽样的误差较大。由于对抽中的群做全面调查，因此，整群抽样的误差主要受各群间的差异即群间方差的影响，而群内却不存在抽样误差问题。群间差异越小，则整群抽样效果越好；反之，群间差异越大，则整群抽样效果就越差，最好不采用整群抽样方法抽选样本。

　　(3)由于整群抽样是成群地抽样，从而使样本对总体的代表性会降低。因此，整群抽样的误差往往比其他抽样形式的误差大。为了提高整群抽样的准确性，在抽样时采用不重复抽样方法且抽取较多群。

#### 5. 多阶段抽样

　　前面四种抽样方式都属于单阶段抽样，即经过一次抽选就可以直接确定样本。在调查范围小、调查单位比较集中时，采用单阶段抽样比较适宜。

　　多阶段抽样是把抽取样本单位的过程分成两个或更多个阶段进行。先从统计总体中抽取若干大的样本单位，也称第一阶段单位，再从第一阶段单位中抽取较小的样本单位，也称第二阶段单位，照此类推，直到最后阶段抽出最终的样本单位，即需要登记其特征的单位。若第二阶段单位是最终样本单位，就是两阶段抽样；若第三阶段单位是最终样本单位，就是三阶段抽样。在调查范围很大、总体单位太多的情况下，可采用多阶段抽样进行抽样调查。

### 🏠 三、抽样误差

　　任何推断都存在误差，抽样推断也不例外。在抽样推断中，按随机原则抽取的样本，样本指标为一个随机变量，它的数值不可能正好等于总体指标数值。一般地，样本指标与总体指标之间数量上存在差异，这个差异就叫作抽样差异。在抽样调查中，往往利用样本平均数与样本成数分别估计总体平均数与总体成数，那么抽样误差就是样本平均数和总体平均数的差及样本成数和总体成数的差。在抽样调查过程中，由于产生原因的不同，会产生两种调查误差，见表 4-21。

表 4-21　调查误差的分类

| 类别 | | 内容 |
|---|---|---|
| 登记性误差 | | 登记性误差是指在抽样调查中没有如实登记、笔误、测量仪器误差、汇总错误等造成的误差。这类误差可以通过采取有关措施加以避免，如加强组织、认真记录等 |
| 代表性误差 | 偏差 | 偏差又称系统性误差，是由于抽样调查时没有按照随机原则，而是人为地、有意地抽取样本所产生的误差。例如，对某地区稻田产量进行抽样调查，调查人员抽取样本时有意多抽产量高（或低）的稻田，这样计算的样本平均亩产势必与总体平均亩产有一个偏差。只要严格按随机原则抽样，这种误差就可以避免 |
| | 随机误差 | 随机误差是指在严格按随机原则抽样中，由于用样本指标推断总体指标必然产生一定误差，这种误差也称抽样误差 |

由表 4-21 可知，抽样误差是指排除了登记性误差和偏差以后的随机误差，是抽样调查所固有的、无法避免的，但是可以计算并设法加以控制。

### 1. 抽样实际误差

抽样实际误差是在抽样调查中，所抽取的某一具体样本指标与总体指标数值的差异。由于抽样前总体指标值未知，这个误差在抽样中是无法知道的。

### 2. 抽样平均误差

抽样平均误差是所有样本指标数值与总体指标数值的平均离差，也就是所有可能出现的样本指标的标准差，根据中心极限定理，这一误差是可以计算出来的，它可以概括地反映整个抽样过程中可能出现的误差，表明抽样平均数（或成数）与总体平均数（或成数）的平均误差程度。所以，它可以作为衡量抽样指标对全及指标代表性大小的一种尺度，又是计算抽样指标与全及指标之间变异范围的主要依据，在抽样推断或估计中具有极重要的意义。

以平均数为例，假如用样本平均数来估计总体平均数，由于抽样的随机性，样本平均数是一个随机变量，总体平均数是一个固定的参数，用样本平均数估计总体平均数时存在误差。随机变量的分布如果比较集中，则平均误差较小；反之，如果分布较分散，则误差较大。样本平均数的离散程度一般使用标准差来衡量，也就是说样本平均数的标准差反映了样本平均数和总体平均数的误差程度。

抽样平均误差的作用主要表现在它能说明样本指标代表性的大小，平均误差大则说明样本指标对总体指标的代表性低；反之，则说明样本指标对总体指标的代表性高。

（1）成数的抽样平均误差。总体成数 $P$ 是指具有某种特征的单位在总体中的比重。设总体单位的数目为 $N$，有某种特征的单位数目为 $N_1$，则总体成数为

$$P = \frac{N_1}{N} \tag{4-75}$$

总体成数也可以看作一个随机变量的平均数。设随机变量 $X=1$ 表示总体单位具有某种特征，$X=0$ 表示总体单位不具有某种特征，即 $X$ 是一个 $0 \sim 1$ 的变量，则其数学期望和方差分别为

$$\mu = E(X) = 1 \times P + 0 \times (1-P) = P \tag{4-76}$$

$$\sigma^2 = E(X-\mu)^2 = (1-P)^2 P + (0-P)^2 (1-P) = P(1-P) \tag{4-77}$$

现从总体中抽取 $n$ 个单位，如果其中有 $n_1$ 个单位具有相应特征，则样本成数为

$$p = \frac{n_1}{n} \tag{4-78}$$

(2)各种组织形式下的抽样平均误差。

1)类型抽样。假定将总体分成 $k$ 类，第 $i$ 类的总体单位数为 $N_i$，其平均数为 $\mu_i$，方差为 $\sigma_i^2$，成数为 $P_i$，从第 $i$ 类中抽取样本 $n_i$ 个，样本平均数为 $\bar{x_i}$，样本方差为 $S_i^2$，样本成数为 $p_i$。

2)机械抽样。机械抽样是将总体单位按某一标志排队，计算出抽样间隔，并在第一个抽样间隔内确定一个抽样起点，然后按固定的顺序和间隔来抽取样本单位。这相当于把总体单位分为多个部分，在每个部分中抽取一个单位，其余单位的情况未知，每个部分的方差无法计算，也无法用样本方差或历史资料代替。因此，难以直接计算机械抽样的平均误差，只好用间接方法进行近似估计。由于第一个样本是随机抽取的，其抽样平均误差与简单随机抽样误差比较接近。另外，机械抽样是不重复抽样，因此，机械抽样的平均误差可以用不重复简单随机抽样的平均误差代替。

3)整群抽样。整群抽样是将总体全部单位分为若干部分，按随机原则从中不重复抽取部分群体，在每群中进行全面调查，据此对总体加以推断。

假设将总体全部 $N$ 个单位划分为 $R$ 群，从中抽取 $r$ 群，抽中的群的所有单位组成样本。设被抽中的群的平均值为 $\bar{x_i}(i=1, 2, \cdots, r)$，则样本平均值为

$$\bar{x} = \frac{1}{r} \sum_{i=1}^{r} \bar{x_i} \tag{4-79}$$

实际上，可以将每个群看作总体单位，群平均值看作样本的标志值，则这个抽样过程可认为是从 $R$ 个总体单位中抽取 $r$ 个不重复简单随机抽样。据此，可以方便地给出平均数和成数的抽样平均误差。

### 3. 抽样允许误差

抽样允许误差又称抽样极限误差，是指样本指标和总体指标之间允许的最大差异。由于总体指标是客观存在的、确定的数值，而样本指标是随不同可能出现的样本计算的指标，同样样本指标是围绕总体指标变动的一个随机变量。因此，样本指标与总体指标的离差可能是正数，也可能是负数。

抽样允许误差的概念度是指抽样允许误差与抽样平均误差的比值，一般用 $t$ 表示，即

$$t = \frac{\Delta_{\bar{x}}}{\mu_{\bar{x}}}, \quad t = \frac{\Delta_p}{\mu_p} \tag{4-80}$$

计算抽样允许误差的概率度的作用是明确总体指标在置信区间的概率，或给出抽样推断的可靠程度来确定抽样允许误差。

例如，要估计某住宅小区户均年收入，采用重复抽样抽取 400 户，求得户均年收入为 50 000 元，同时，计算出户均年收入的抽样平均误差为 5 000 元。如果确定抽样允许误差为 5 000 元，则户均年收入在 45 000～55 000 元，但不能说明户均年收入肯定在 45 000～55 000 元。如果确定抽样允许误差为 10 000 元，则户均年收入在 40 000～60 000 元，但仍不能说明户均年收入肯定在 40 000～60 000 元。但很明显，在 40 000～60 000 元范围的概率肯定大于在 4 500～5 500 元范围的概率。

各置信区间的概率可根据概率度来确定：

户均年收入的抽样允许误差为 5 000 元，其概率度为

$$t = \frac{\Delta_{\bar{x}}}{\mu_{\bar{x}}} = \frac{5\ 000}{5\ 000} = 1$$

户均年收入的抽样允许误差为 10 000 元，其概率度为

$$t = \frac{\Delta_{\bar{x}}}{\mu_{\bar{x}}} = \frac{10\ 000}{5\ 000} = 2$$

数理统计证明，概率度与概率呈一一对应的关系，同时，概率度越大，对应的概率也就越

大，常用的概率度与概率的对应关系见表 4-22。

表 4-22　常用的概率度与概率的对应关系

| 概率度 $t$ | 1 | 1.96 | 2 | 2.33 | 2.58 | 3 | 4 |
|---|---|---|---|---|---|---|---|
| 概率 $F(t)$ | 68.27 | 95.00 | 95.45 | 98.02 | 99.01 | 99.73 | 99.99 |

所以，用户年均收入在 45 000～55 000 元的概率为 68.27%；户均年收入在 40 000～60 000 元的概率为 95.45%

由概率度的计算公式可以得到

$$\Delta_{\bar{x}} = t\mu_{\bar{x}} \tag{4-81}$$
$$\Delta_p = t\mu_p \tag{4-82}$$

上述两公式反映了在一定概率保证程度下，样本指标与总体指标的最大差异的绝对值。因此，只要知道概率保证程度，就可以确定概率度 $t$，同时计算其抽样平均误差，代入公式就可以计算抽样允许误差。

抽样误差的影响因素

# 四、抽样推断与估算

## (一)点估计

点估计又称定值估计，是指在抽样判断中，根据样本指标推断出总体指标的一个确定的估计值。在数理统计中，点估计的方法有矩法、极大似然法等，例如，以实际计算的抽样平均数 $\bar{x}$ 作为相应总体平均数 $\bar{X}$ 的估计值，以实际计算的抽样成数 $p$ 作为整体成数 $P$ 的估计值等。

统计上常用的参数点估计有以下几项：

(1)用样本均值估计总体均值

$$\bar{X} = \bar{x} \tag{4-83}$$

(2)用样本成数估计总体成数

$$\hat{P} = p \tag{4-84}$$

(3)用样本方差估计总体方差

$$\hat{\sigma}^2 = S^2 \tag{4-85}$$

(4)用样本标准差估计总体标准差

$$\hat{\sigma} = S \tag{4-86}$$

式中　$\bar{X}$——总体均值；

$P$——总提成数；

$\sigma^2$——总体方差；

$\sigma$——总体标准差；

$\hat{X}$、$\hat{P}$、$\hat{\sigma}^2$、$\hat{\sigma}$——分别表示相应的估计量；

$\bar{x}$——样本均值；

$p$——样本成数；

$S^2$——样本方差；

$S$——样本标准差。

【例 4-34】 对某物业管理企业的员工工资情况进行调查，从该物业管理企业中随机抽取 5 名员工，月工资分别为 2 000、1 800、1 600、2 200、2 400(元)，试根据样本资料采用点估计法，估计该物业管理企业全体员工的平均工资及平均工资的标准差。

解：根据点估计法，可以以样本平均值 $\bar{x}$ 估计总体平均值 $\overline{X}$，以样本标准差 $S$ 估计总体标准差 $\sigma$，即

$$\bar{x}=\frac{2\,000+1\,800+1\,600+2\,200+2\,400}{5}=2\,000(元)$$

$$S=\sqrt{\frac{(2\,000-2\,000)^2+(1\,800-2\,000)^2+\cdots+(2\,400-2\,000)^2}{s}}=282.8(元)$$

计算结果表明：该物业管理企业全体员工的平均工资估计值为 2\,000 元，平均工资的标准差的估计值为 282.8 元。

点估计法比较简单，原理简单，但在实际应用时一般要求知道随机变量的分布函数，而在社会经济统计中，许多变量的分布函数往往未知，从而使这种方法的广泛应用受到限制。

### （二）区间估计

点估计给出了总体参数的具体估计值，其估计的质量虽然有一些衡量的标准，但是误差是多少、可靠性如何等问题在使用点估计法时无法给出。例如，要估计某物业企业职工的平均身高，随机抽取 200 人，其平均身高为 170 cm，这就是全部市民的平均身高的一个点估计，但是这个估计的误差为多少、准确率有多大都无法确定。因此，为了既给出估计的精度，又给出估计的可靠度，可以考虑使用区间估计。所谓区间估计就是在一定的概率保证下，由样本指标推断出总体指标可能在的区间，并称此区间为置信区间。

假设 $\theta_1$ 和 $\theta_2$ 都是样本统计量（$\theta_1<\theta_2$），如果区间（$\theta_1$，$\theta_2$）满足如下要求：

$$P\{\theta_1<\theta<\theta_2=1-a$$

则称区间（$\theta_1$，$\theta_2$）是参数 $\theta$ 的置信度为 $100(1-\alpha)\%$ 的置信区间，$100(1-\alpha)\%$ 称为置信度，$\theta_1$ 和 $\theta_2$ 分别称为置信下限和置信上限。通常取 $\alpha(0<\alpha<1)$ 为 $1\%$、$5\%$ 或 $10\%$。

每次抽取样本容量为 $n$ 的样本，可以得到一个区间（$\theta_1$，$\theta_2$），这个区间可能包含了总体参数 $\theta$，也可能没有包括，但是如果重复抽取 100 次，那么就会有 $100(1-\alpha)\%$ 次操作得到的区间（$\theta_1$，$\theta_2$）包含了总体参数 $\theta$，只有 $100\alpha\%$ 次没有包含总体参数 $\theta$ 在内。这样就可以正确地理解置信区间。

在理解区间估计汇总的精确度和置信度时，如果有 $95\%$ 的概率保证区间（165，175）涵盖了某物业管理企业全部员工的平均身高在内，此时 $95\%$ 就是置信度，概率越高表示这个区间的置信度越高，而区间的长度表示估计的精度，长度越短表示这个区间估计越准确。

然而，精确度和置信度通常是矛盾的，区间长度越小，则估计的精确度越高，置信度越低；相反，区间长度越大，则精确度越低，置信度越高。例如，区间估计是（160，180），相比区间（165，175）长度要大一些，因此精确度就差一些，这个区间涵盖总体参数在内的可能性就会更大，置信度比 $95\%$ 高一些。

下面介绍用 Excel 进行样本单位的抽取和利用函数 CONFIDENCE 进行总体区间的估计。

### 1. 样本单位的选择

例：某物业管理企业 50 名保洁人员日工作量数据资料，现要从中抽取 20 名工人的数据资料。

步骤一：首先对 50 个总体单位进行编号，列为 1～50 号，将 50 个编号输入 Excel 系统；

步骤二：在 Excel 系统中选择"数据→数据分析→抽样"后，弹出"抽样"对话框；

步骤三：在"抽样"对话框中进行"输入""抽样方法""输出选项"的设置（图 4-3）。

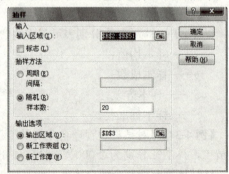

图 4-3　抽样参数设置

输入：输入区域中本例选择 B2：B51，"标志"复选框的应用与前文相同。

抽样方法："周期"即等距抽样中的间隔周期。采用这种抽样方法，须将总体单位数除以要抽取的样本单位数求得取样的间隔周期。假设要在 500 个总体单位中抽取 50 个，则在"间隔"后面的文本框中输入 10；"随机模式"使用纯随机抽样、分类抽样、整群抽样等方式。采用纯随机抽样，在"样本数"后面的文本框中输入要抽取的样本单位数即可；如果采用分类抽样，必须先将总体单位数按某一标志分类编号，然后在每类中随机抽取若干单位，这种抽样方法实际是分组法与随机抽样的结合；整群抽样也要先将总体单位分群编号，然后按随机原则抽取若干群作为样本，对抽中的群中的样本单位进行全面调查。

输出选项：可以选择输出到本表的指定区域（对"输出区域"进行设置）、输出到新表（对"新工作表组"进行设置）、输出到新的工作簿（对"新工作簿"进行设置），本例中设置"输出区域"为 D3 单元格，即输出到本表以 D3 为起始单元格的一列，设置完成后单击"命令"按钮"确定"即可得到总体单位编号形成样本总体（为了取数方便，本例已进行了编号的排序），然后按照抽中的编号取数得最终抽样结果，如图 4-4 所示。

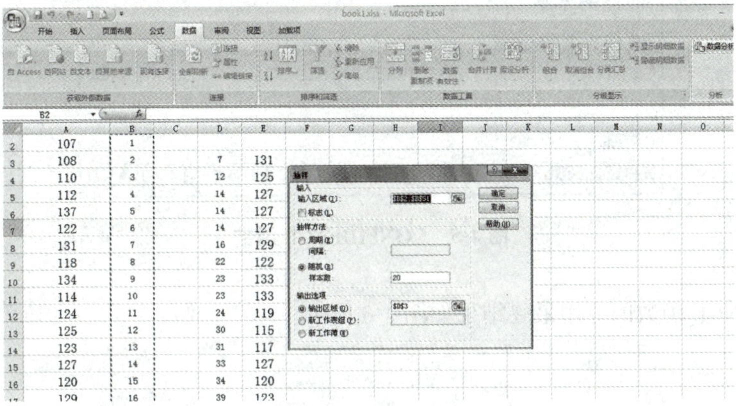

图 4-4 抽样结果

被抽中的编号有重复的编号是由于系统本身承认的是重复抽样，如果想剔除重复数据可以使用"筛选"功能进行筛选，筛选以后必然会减少样本单位，因此，在实际抽样时可以根据经验适当调整在数据样本选取时的数量设置，使最终的样本数量不少于所需数量。本例中没有进行筛选。

## 2. 抽样估计：CONFIDENCE(置信区间)函数

CONFIDENCE(Alpha，Standard−dev，Size)即计算总体平均值的置信区间。

Alpha(即 $\alpha$)是用于计算置信度的显著水平参数。置信度等于(1−$\alpha$)，也就是说，如果 $\alpha$ 为 0.05，则置信度为 0.95。

Standard−dev 是指数据区域的总体标准差，假设为已知（在实际中，总体标准差未知时通常用样本标准差代替）。

Size 是指样本容量（即 $n$）。

如果假设 $\alpha$ 等于 0.05，则需要计算标准正态分布曲线(1−$\alpha$＝0.95)之下的临界值，查表知其临界值为±1.96。因此，置信区间为

$$\bar{x}\pm1.96\left(\frac{\sigma}{\sqrt{n}}\right) \tag{4-87}$$

以上例抽选结果为例，以 95％的置信水平估计所有工人日产零件数的置信区间。可以在

Excel 中进行计算。

步骤一：将原始数据输入 Excel 系统；

步骤二：进行具体设置；

H4 单元格中输入样本容量 20；

H5 单元格中输入求样本均值公式"＝AVERAGE(E3：E22)"；

在 H6 单元格中输入计算样本比率的标准差公式"＝STDEVP(E3：E22)"；

在 H7 单元格输入 $\alpha$ 为 5％；

在 H8 单元格中输入表达式："＝CONFIDENCE(B4，B3，B1)"，即得到 $Z_{\alpha/2}\sqrt{\dfrac{p(1-p)}{n}}=$ 4.15％(或者打开函数向导对公式进行设置，如图 4-5 所示)。

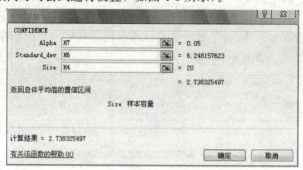

**图 4-5  CONFIDENCE 函数**

CONFIDENCE 函数的应用最终结果如图 4-6 所示。

| | A | B | C | D | E | F | G | H |
|---|---|---|---|---|---|---|---|---|
| 4 | 110 | 3 | | 12 | 125 | | 样本容量n | 20 |
| 5 | 112 | 4 | | 14 | 127 | | 样本均值 | 123.75 |
| 6 | 137 | 5 | | 14 | 127 | | 样本标准差 | 6.248158 |
| 7 | 122 | 6 | | 14 | 127 | | α | 5% |
| 8 | 131 | 7 | | 16 | 129 | | CONFIDENCE | 2.738325 |
| 9 | 118 | 8 | | 22 | 122 | | 总体日产零件数95%的置信区间下限 | 121.0117 |
| 10 | 134 | 9 | | 23 | 133 | | 总体日产零件数96%的置信区间上限 | 126.4883 |

**图 4-6  总体日工作量平米数的区间估计**

## 知识链接

### 抽样推断的特点与作用

(1)抽样推断的特点。抽样调查数据之所以能用来代表和推断总体，主要是因为抽样调查本身具有其他非全面调查所不具备的特点，见表 4-23。

**表 4-23  抽样调查的特点**

| 项目 | 内容 |
|---|---|
| 抽样调查采用随机原则 | 调查样本是按随机原则抽取的，在总体中每个单位被抽取的机会是均等的。因此，能够保证被抽中的单位在总体中均匀分布，不致出现倾向性误差，其代表性强。正是因为抽样调查采用随机原则，才能利用概率论的有关理论来进行抽样估计和误差计算 |

| 项目 | 内容 |
|---|---|
| 抽样调查的推断基础是部分样本单位 | 抽样调查是以抽取的全部样本单位作为一个代表，用来代表总体，而不是用随意挑选的个别单位代表总体。按照随机原则抽选样本，是为了保证样本对总体的代表性，使样本成为总体的缩影，它是保证抽样推断结论正确的前提条件之一 |
| 抽样调查选取样本的数量科学可靠 | 抽样调查所抽选的调查样本数量，是根据调查误差的要求，经过科学的计算确定的，在调查样本的数量上有可靠的保证 |
| 抽样调查结果的准确程度较高 | 与其他调查一样，抽样调查也会遇到调查的误差和偏误问题。通常，抽样调查的误差有两种：一种是工作误差，也称为登记误差或调查误差；另一种是代表性误差，也称为抽样误差，这种误差可以按照抽样原理事先通过一定的资料计算出来，并且可以采取一定的组织设计来控制这个误差的范围，以保证抽样推断的结论达到一定的可靠程度。另外，由于调查单位少，代表性强，所需调查人员少，工作误差比全面调查要小。特别是在总体包括的调查单位较多的情况下，抽样调查结果的准确性一般高于全面调查。因此，抽样调查的结果是非常可靠的 |

与其他调查相比，抽样调查被公认为是非全面调查方法中用来推断和代表总体的最完善、最有科学根据的调查方法，具有经济性、时效性、准确性和灵活性的优点。

(2)抽样推断的作用。抽样推断作为一种非全面调查方法。其作用表现在以下几个方面：

1)抽样推断应用于某些不可能做全面调查或很难或没有必要做全面调查的场合。例如，若调查整个大气层中某种有害气体的含量，不可能做全面调查；再如，若调查水库的鱼苗量，这是单位数很大的有限总体，也很难全面进行调查。此时，人们常常只需要了解现象的基本情况，而不必做全面调查，此时就可以用抽样调查。

2)在可以使用全面调查的场合，抽样调查仍有其独特的作用。这种独特的作用主要体现在以下三个方面：

①抽样调查可节省人力、物力、财力、时间，从而降低劳动费用、劳动消耗与劳动时间，以提高工作效率。这也是抽样调查方法之所以得到广泛应用的原因之一。

②抽样调查与全面调查结合运用，可以订正全面调查中可能出现的错误，从而加以校正。例如，在对某地区人口状况作普查后，还可做一次抽样调查，看是否存在错误遗漏。

③与全面调查相比，由于抽样调查只调查一小部分单位，从而可以详细地了解更多的情况，列出较为详细的调查项目。而全面调查涉及面广，只能调查基本项目，可以减轻工作量。

3)抽样推断可用于假设检验。在统计学中，常常需要对总体的某个参数或总体是否服从某种分布的假设进行检验。检验时，常选择某个样本，将样本数据代入某个检验统计量中，然后将检验统计量的值与临界值加以对比，看检验统计量的值是落在接受域内还是落在拒绝域内，从而决定是否接受原假设。然而，抽样推断也存在局限性。首先，由抽样推断得出的关于总体的认识是近似的、非全面的。为了减少这种不准确性，人们一直寻找各种各样的抽样推断方法，但仍不能消除这种不准确性。其次，由抽样推断得出的是关于总体的结论，而不能得出总体各部分的结论，从而不能满足统计分析的需要。正因为如此，常常需要将抽样调查与全面调查结合运用，才能得出关于总体的较为全面、正确的结论。

## 单元五　相关分析

### 一、相关分析的概念及步骤

相关分析是一种研究现象间是否存在某种依存关系，并对具有依存关系的现象的相关方向及相关程度进行研究的理论和方法。简而言之，相关分析就是对随机变量之间相关关系进行描述与测度的一种统计分析方法。它主要解决以下三个层次的问题：

(1)基础层次：判断变量间是否存在相关关系。

(2)初级层次：若存在关系，那么变量间是什么样的关系？关系的强度如何？

(3)应用层次：样本数据所反映的变量间关系是否能代表总体变量之间的关系？

通过解决上述问题，应用相关分析可以在影响某个变量的诸多因素中判断哪些是显著的影响，哪些是不显著的。且结合得到的相关分析结果，就可以对相互影响显著的变量，采用回归分析、因子分析等其他数据分析方法进一步地深入分析。

相关分析根据研究变量的个数一般可分为简单线性相关分析(两个变量)和多元相关分析(研究一个变量对两个以上变量间的关系，具体包括复相关分析和偏相关分析)，本书主要学习最为经典的简单线性相关分析。这一分析方法有以下三个步骤：

(1)绘制两个变量间的散点图，从而判断变量间是否存在相关关系，存在何种类型的相关关系。

(2)计算变量间的相关系数，进一步印证第一步的结论，同时明确变量间线性相关强度。

(3)对相关系数进行显著性检验，检验其对总体相关程度的代表性是否显著。

### 二、散点图

相关分析就是对两个变量之间相关关系的描述与度量，为了更好地进行分析，首先假设两个总体变量是随机变量，设为 $x$、$y$，并且通过观察或试验，取得若干组观测数据，记为 $(x_i，y_i)(i=1，2，\cdots，n)$。

用坐标的水平轴代表自变量 $x$，纵轴代表因变量 $y$，每组数据 $(x_i，y_i)$ 在坐标系中用一个点表示，$n$ 组数据在坐标系中形成的 $n$ 个点称为散点，由坐标及散点形成的二维数据图称为散点图。散点图描述了两个变量之间的大致关系，从中可以直观地看出变量之间的关系形态及相关强度，从而确定变量间具体的相关关系类型。结合图 4-7 可以看出，相关关系的类型可以从以下几个角度划分：

(1)按照相关程度可分为完全相关(函数关系)、不相关和不完全相关。完全相关指的是某一现象的数量变化完全由另一个或几个现象的数量变化所确定，如图 4-7(a)、(b)所示，此时相关变量的相关关系便称为函数关系；不相关指的是现象间彼此互不影响，数量变化各自独立，如图 4-7(g)所示，两个变量的观测点很分散，无任何规律，又如图 4-7(h)所示，一个变量变化时另一个变量几乎一成不变；若两个现象之间的关系，介于完全相关和不相关之间，则称为不完全相关，一般的相关现象都是指这种不完全相关。

(2)按照相关形式可分为线性相关、非线性相关。就两个变量而言，如果变量之间的关系近似地表现为一条直线，则称为线性相关，如图 4-7(c)、(d)所示；如果变量之间的关系近似地表现为一条曲线，则称为非线性相关和曲线相关，如图 4-7(e)、(f)所示。

　　(3)按照相关方向可分为正相关和负相关。线性相关的前提下，若两个变量的变动方向相同，一个变量的数值增加(或减少)另一个变量的数值也随之增加(或减少)，则称为正相关，如图 4-7(a)、(c)所示；若两个变量的变动方向相反，一个变量的数值增加(或减少)另一个变量的数值随之减少(或增加)，则称为负相关，如图 4-7(b)、(d)所示。

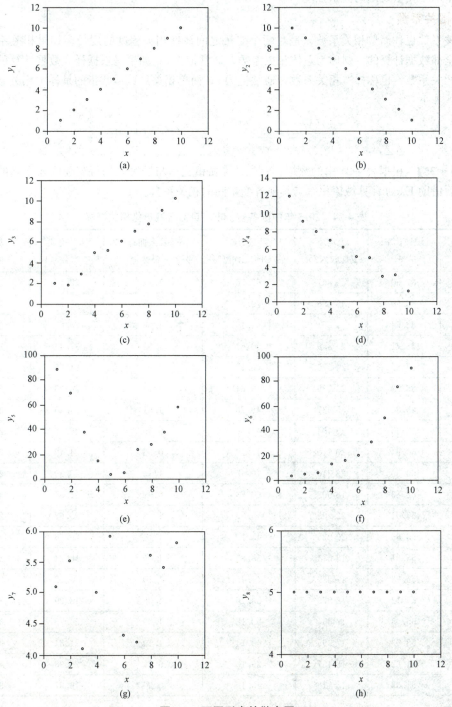

图 4-7　不同形态的散点图

### 三、相关系数及其显著性检验

通过散点图的绘制，人们可以初步判断变量之间有无相关关系。散点图还大致反映出变量之间的关系类型，但不能够准确地反映出变量之间的密切程度，所以，需要计算相关系数，来准确度量两个变量之间的关系强度。

**1. 相关系数**

相关系数也称简单相关系数，是对两个变量之间线性相关程度的度量。如果相关系数是根据总体全部数据计算的，则称为总体相关系数，通常记为 $\rho$；如果是根据样本数据计算的，则称为样本相关系数，也称样本相关系数，通常记为 $r$。简单相关系数通常指的是样本相关系数。其计算公式如下：

$$r = \frac{\sum(x_i - \overline{x})(y_i - \overline{y})}{\sqrt{\sum(x_i - \overline{x})^2 \sum(y_i - \overline{y})^2}} = \frac{n\sum x_i y_i - \sum x_i \sum y_i}{\sqrt{n\sum - (\sum x_i)^2}\sqrt{n\sum - (\sum y_i)^2}} \tag{4-88}$$

**【例 4-35】** 根据表 4-24 中的数据，首先计算城镇化率与居民人均可支配收入之间的相关系数，而后借助 Excel 计算城镇化率与其他各变量间的相关系数。

**表 4-24　2015 年中国各省、市、自治区城市化相关指标**

| 地区 | 城镇化率/% | 人均可支配收入/元 | 第三产业占 GDP 比重/% | 每百人拥有医护人员数量/人 | 人均健康检查次数×100 | 城镇失业率/% |
|------|-----------|------------------|----------------------|--------------------------|---------------------|-------------|
| 上海 | 87.60 | 49 867 | 67.76 | 1.27 | 32.15 | 3.14 |
| 北京 | 86.50 | 48 458 | 79.65 | 1.87 | 39.38 | 1.39 |
| 天津 | 82.64 | 31 291 | 52.15 | 1.04 | 28.67 | 3.66 |
| 广东 | 68.71 | 27 859 | 50.61 | 1.01 | 37.44 | 2.14 |
| 辽宁 | 67.35 | 24 576 | 46.19 | 1.09 | 21.68 | 2.45 |
| 江苏 | 66.52 | 29 539 | 48.61 | 1.11 | 36.36 | 2.92 |
| 浙江 | 65.80 | 35 537 | 49.76 | 1.31 | 44.46 | 3.29 |
| 福建 | 62.60 | 25 404 | 41.56 | 0.99 | 22.66 | 2.29 |
| 重庆 | 60.94 | 20 110 | 47.70 | 0.98 | 24.42 | 3.60 |
| 内蒙古 | 60.30 | 22 310 | 40.45 | 1.15 | 23.39 | 2.96 |
| 黑龙江 | 58.80 | 18 593 | 50.73 | 0.99 | 15.85 | 4.47 |
| 山东 | 57.01 | 22 703 | 45.30 | 1.13 | 28.62 | 2.64 |
| 湖北 | 56.85 | 20 026 | 43.10 | 1.14 | 29.66 | 4.09 |
| 吉林 | 55.31 | 18 684 | 38.83 | 1.04 | 15.24 | 3.50 |
| 宁夏 | 55.23 | 17 329 | 44.45 | 1.10 | 31.62 | 3.00 |
| 海南 | 55.12 | 18 979 | 53.26 | 1.08 | 18.09 | 3.35 |
| 山西 | 55.03 | 17 854 | 53.18 | 1.06 | 20.76 | 3.42 |
| 陕西 | 53.92 | 17 395 | 40.74 | 1.19 | 21.84 | 3.65 |
| 江西 | 51.62 | 18 437 | 39.10 | 0.83 | 25.98 | 4.02 |
| 河北 | 51.33 | 18 118 | 40.19 | 0.90 | 19.57 | 3.17 |

续表

| 地区 | 城镇化率 /% | 人均可 支配收入/元 | 第三产业 占 GDP 比重/% | 每百人拥有 医护人员数量/人 | 人均健康 检查次数×100 | 城镇 失业率/% |
|------|------|------|------|------|------|------|
| 湖南 | 50.89 | 19 317 | 44.15 | 0.99 | 24.14 | 3.35 |
| 安徽 | 50.50 | 18 363 | 39.09 | 0.83 | 22.13 | 3.51 |
| 青海 | 50.30 | 15 813 | 41.41 | 1.05 | 27.46 | 3.36 |
| 四川 | 47.69 | 17 221 | 43.68 | 1.03 | 33.85 | 4.04 |
| 新疆 | 47.23 | 16 859 | 44.71 | 1.20 | 29.24 | 4.12 |
| 广西 | 47.06 | 16 873 | 38.80 | 1.00 | 28.83 | 3.50 |
| 河南 | 46.85 | 17 125 | 40.20 | 0.98 | 29.23 | 2.48 |
| 云南 | 43.33 | 15 223 | 45.14 | 0.85 | 20.72 | 2.86 |
| 甘肃 | 43.19 | 13 467 | 49.21 | 0.87 | 32.05 | 3.96 |
| 贵州 | 42.01 | 13 697 | 44.89 | 0.93 | 25.98 | 2.93 |
| 西藏 | 27.74 | 12 254 | 53.80 | 0.73 | 37.11 | 3.58 |

资料来源：国家统计局. 中国统计年鉴(2016)[J]. 北京：中国统计出版社，2016.

设城镇化率为 $x$，人均可支配收入为 $y$，则：

$$r = \frac{n\sum x_i y_i - \sum x_i \sum y_i}{\sqrt{n\sum - (\sum x_i)^2} \sqrt{n\sum - (\sum y_i)^2}}$$

$$= \frac{31 \times 41\ 620\ 574.64 - 1\ 755.97 \times 679\ 279.53}{\sqrt{31 \times 104\ 449.8 - 1\ 755.97^2} \sqrt{31 \times 17\ 308\ 348\ 537 - 679\ 279.53^2}} \approx 0.904\ 4$$

相关系数为 0.904 4，说明城镇化率与人均可支配收入之间有高度的线性正相关关系。

借助 Excel"数据分析"中"相关系数"工具计算表 4-24 中各变量间的相关系数，得到相关系数矩阵，见表 4-25。

表 4-25　相关系数矩阵

| 项目 | $x$ | $y_1$ | $y_2$ | $y_3$ | $y_4$ | $y_5$ |
|------|------|------|------|------|------|------|
| $x$—城镇化率 | 1.000 0 | | | | | |
| $y_1$—人均可支配收入 | 0.904 4 | 1.000 0 | | | | |
| $y_2$—第三产业占 GDP 比重 | 0.596 8 | 0.741 1 | 1.000 0 | | | |
| $y_3$—每百人拥有医护人员数量 | 0.682 4 | 0.741 1 | 0.646 7 | 1.000 0 | | |
| $y_4$—人均健康检查次数×100 | 0.209 1 | 0.450 1 | 0.422 9 | 0.373 9 | 1.000 0 | |
| $y_5$—城镇失业率 | −0.400 9 | −0.479 2 | −0.359 7 | −0.434 6 | −0.246 3 | 1.000 0 |

结合表 4-25 相关系数矩阵和相关系数的定义不难发现，测定简单相关系数时，研究的两个变量是对等关系，即所研究的两个变量不区分自变量和因变量，且两个变量只能计算出一个相关系数，其通过取值大小、符号来反映变量间相关强度和相关类型，这就是相关系数的性质。其具体内容如下：

(1)两个变量是对等关系，只能计算出一个相关系数，即 $r_{xy} = r_{yx}$。

(2)相关系数 $r$ 的取值范围为$[-1, +1]$。

（3）若 $0<r\leqslant1$，说明变量之间存在正的线性相关关系；若 $-1\leqslant r<0$，说明变量之间存在负的线性相关关系。

（4）当 $r=\pm1$ 时，称两个变量为完全线性相关；当 $r=1$ 时称两个变量为完全正相关；当 $r=-1$ 时称两个变量为完全负相关，此时两个变量的取值完全依赖于对方。

（5）当 $r=0$ 时，两个变量不存在线性相关关系。需要注意的是，这并不意味着变量间没有任何关系，例如，它们可能存在非线性相关关系。变量间非线性相关程度较大时，可能会导致 $r=0$。

当然，在实际计算过程中，$r=\pm1$ 和 $r=0$ 的情况是极少见的，$r$ 的取值一般为 $-1<r<1$，且 $|r|$ 越趋近于 1，则说明变量间线性关系越强，$|r|$ 越趋近于 0，则说明变量间线性关系越弱。关于相关强度的具体经验解释如下：

（1）$|r|\geqslant0.8$ 时，可视为高度相关。

（2）$0.5\leqslant|r|<0.8$ 时，一般视为中度相关。

（3）$0.3\leqslant|r|<0.5$ 时，可视为低度相关。

（4）$|r|<0.3$ 时，说明两个变量间相关程度极弱，可视为不相关。

注意：上述经验解释必须建立在对相关系数的显著性进行检验的基础上。

### 2. 相关系数的显著性检验

一般来说，总体的相关系数是无法得到的，只能通过样本统计量 $r$ 进行估计。那么样本能代替总体吗？如图 4-8 所示，若实心的点碰巧为所抽到的样本，则样本相关系数极高（为 0.907），总体相关系数实际上是极低的（为 0.000 05）。

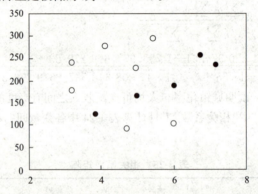

**图 4-8　相关系数缺乏代表性的情况**

由于样本相关系数 $r$ 是抽样估计的量，因此必须对其进行显著性检验，这一检验过程称为相关系数的显著性检验。下面借助例题学习相关系数的显著性检验的步骤。

**【例 4-36】**　根据例 4-35 的计算结果，计算城镇化率与居民人均可支配收入之间的相关系数 $r=0.904\ 4$，样本量 $n=31$，则对相关系数 $\rho$ 的显著性检验步骤如下：

（1）提出假设：$H_0:\rho=0$；$H_1:\rho\neq0$。

（2）明确检验统计量及其分布。样本系数的检验统计量是服从自由度为 $n-2$ 的 $t$ 分布，记为 $t\sim t(n-2)$，公式为

$$t=\frac{r\sqrt{n-2}}{\sqrt{1-r^2}}\qquad(4-89)$$

（3）找到临界值。根据显著性水平 $\alpha$ 的取值，假设 $\alpha=0.05$，查 $t$ 分布表得到临界值 $t_{\frac{\alpha}{2}}(n-2)=t_{0.025}(n-2)=2.045$。则拒绝区域为 $|t|>t_{\frac{\alpha}{2}}$，或者若 $p<\alpha$，则拒绝 $H_0$。

（4）计算检验统计量。

$$t = \frac{r\sqrt{n-2}}{\sqrt{1-r^2}} = \frac{0.904\ 4 \times \sqrt{31-2}}{\sqrt{1-0.904\ 4^2}} \approx 11.41$$

（5）得出结论。由于$|t| = 11.41 > 2.045$，拒绝$H_0$。因此，可以认为城镇化率与居民人均可支配收入之间是显著相关的。

## 四、相关分析的注意事项

（1）相关系数不能解释两变量间的因果关系。相关系数只是表明两个变量间互相影响的程度和方向，并不能说明两变量间是否有因果关系，以及何为因，何为果。即使是在相关系数非常大时，也并不意味着两变量间具有显著的因果关系。例如，根据一些人的研究，发现抽烟与学习成绩有负相关关系，但不能由此推断是抽烟导致了学习成绩差。

因与果在很多情况下是可以互换的。如研究发现收入水平与股票的持有额正相关，并且可以用收入水平作为解释股票持有额的因素，但是否存在这样的情况，赚的钱越多，买的股票也越多，而买的股票越多，赚的钱也就越多，何为因？何为果？众所周知，经济增长与人口增长相关，可是究竟是经济增长引起人口增长，还是人口增长引起经济增长呢？不能从相关系数中得出结论。

（2）警惕虚假相关导致的错误结论。有时两变量之间并不存在相关关系，但可能出现较高的相关系数。

若存在另一个共同影响两变量的因素，在时间序列资料中往往会出现这种情况，有人曾对教师薪金的提高和酒价的上涨做了相关分析，计算得到一个较大的相关系数，这是否表明教师薪金提高导致酒的消费量增加，从而导致酒价上涨呢？经分析，事实是由于经济繁荣导致教师薪金和酒价的上涨，而教师薪金增长和酒价之间并没有什么直接关系。

原因的混杂也可能导致错误的结论。如有人做过计算，发现在美国经济学学位越高的人，收入越低，笼统地计算学位与收入之间的相关系数会得到负值。但分别对大学、政府机构、企业各类别计算学位与收入之间的相关系数得到的则是正值，即对同一行业而言，学位高，收入也高。

另外，注意不要在相关关系据以成立的数据范围以外推论这种相关关系仍然保持。比如，雨下得多，农作物长得好，在缺水地区、干旱季节，雨是一种福音，但雨量太大，可能损坏庄稼。又如，广告投入多，销售额上涨，利润增加，但盲目加大广告投入，未必使销售额再增长，利润还可能减少。正相关达到某个极限，就可能变成负相关。这个道理似乎人人都明白，但在分析问题时却容易被忽视。

## 模块总结

物业管理统计综合指标包括总量指标、相对指标、平均指标和变异指标，物业管理统计分析是对各项指标的综合分析。动态数列一般由现象所属时间和现象在各个时期所达到的水平两个基本要素构成，研究动态数列可以描述社会经济现象的发展状态和结果，也可以从数量方面研究社会经济现象的发展趋势和发展速度，揭示其发展规律性，还通过不同国家（地区）有关政治、经济、文化等发展情况的动态数列进行比较分析，并能够揭示出不同国家某一现象的发展方向、速度、趋势和规律性。统计指数是研究社会经济现象数量变动情况的一种特有的统计分析方法，进行物业管理统计主要是对综合指数和平均指数的编制与分析。抽样推断是按照随机原则从总体中抽取部分单位组成样本，根据样本单位实际调查结果来推断总体数量特征的一种统计调查方法，属于非全面调查的范畴。抽样推断包括抽样调查与统计推断。相关分析就是对随机变量之间相关关系进行描述与测度的一种统计分析方法，包括散点图的绘制、相关系数的检验等内容。

## 巩固与提高

### 一、填空题

1. 总量指标的表现形式是_____。
2. 按反映总体特征的内容不同，总量指标可分为_____和_____。
3. _____是指两个有联系的指标对比所得到的比值。
4. 与_____类似的还有四分位数、十分位数和百分位数。
5. 在统计中，变异指标的计算方法有_____、_____、_____和_____等几种主要方法。
6. 速度指标主要有_____、_____、_____和_____四种。
7. 根据反应现象的范围不同，统计指数可分为_____和_____。
8. 抽样允许误差是指_____和_____之间允许的最大差异。

### 二、选择题

1. 下列关于时期指标和时点指标的描述错误的是（　　）。
   A. 总量指标按反应的时间状态不同，分为时期指标和时点指标
   B. 时期指标是表明社会经济现象总体在一段时期内累计发展的总量
   C. 时点指标是反映社会经济现象总体在某一时点（时刻或瞬间）上的数量值
   D. 时期指标的特点是不可加性，时点指标的特点是可加性，这也是二者的区别之一
2. 成数是将对比的基础抽象化为（　　）而计算的相对数。
   A. 10　　　　　　　　B. 100　　　　　　　　C. 1 000　　　　　　　　D. 10 000
3. 下列各项中不是数值平均数的是（　　）。
   A. 算数平均数　　　B. 调和平均数　　　C. 几何平均数　　　D. 中位数
4. 关于调和平均数的描述，下列正确的是（　　）。
   A. 调和平均数不同于倒数平均数
   B. 调和平均数分为简单调和平均数和加权调和平均数两种
   C. 在实际中，各指标值相应的标志总量往往不一致，在这种情况下求平均值时必须用调和平均数
   D. 调和平均数和算数平均数毫无关系
5. 关于标准差的描述，下列错误的是（　　）。
   A. 标准差也称均方差
   B. 标准差的平方即方差
   C. 标准差是测定标志变动度的重要指标
   D. 通常都采用加权标准差来表明标志变动程度

### 三、问答题

1. 总量指标统计应遵循哪些原则?

2. 计算和运用相对指标应注意哪些问题?

3. 计算平均指标应注意哪些问题?

4. 综合指数的编制需要解决哪些问题?

5. 简单随机抽样中抽选样本的方法有哪些?

6. 相关分析主要解决哪些问题?

### 四、计算题

1. 2020 年，北京某物业管理公司某产品的产值计划增长 15%，实际增长 12%，计算该企业 2020 年产值计划完成相对指标。

2. 某物业公司将修理工分为五组进行技术考核，合格率分别为 92%、96%、94%、83%、90%，则 5 个组的平均合格率为多少?

# 模块五

# 物业服务企业基础
# 工作统计

教学要求

| 教学内容 | 教学目标 | 教学重难点 | 权重 |
|---|---|---|---|
| 物业管理量统计 | 德育目标：培养学生严肃认真、忠诚统计的职业素养。<br>能力目标：能够进行物业管理实物量统计和价值量统计 | 物业管理项目的个数和面积统计；物业配套设施统计；物业原值、物业净值、物业限值三个指标的计算与运用 | 20% |
| 物业设备统计 | 德育目标：培养学生的质量意识和安全意识<br>能力目标：能够进行物业设备数量统计、物业设备价值统计、物业设备完好统计和物业设备利用程度统计 | 物业设备数量统计、物业设备价值统计、物业设备完好统计和物业设备利用程度统计中各项指标的计算 | 20% |
| 物业从业人员情况统计 | 德育目标：培养实事求是、心思缜密、一丝不苟的科学精神<br>能力目标：能够进行物业从业人数及配备情况统计、物业服务企业劳动生产率统计及物业服务企业劳动报酬和工资总额统计 | 物业从业人数及配备情况统计、物业服务企业劳动生产率统计及物业服务企业劳动报酬和工资总额统计中各项指标的计算 | 20% |
| 物业修缮统计 | 德育目标：培养认真负责，要有安全意识的工作态度<br>能力目标：能够进行维修实物量、价值量的统计并能够根据相关统计指标对房屋状况及维修工程质量进行分析 | 房屋状况统计指标和维修工程质量统计指标的计算 | 20% |
| 物业经营状况统计 | 德育目标：培养学生注重职业操守，坚守职业道德<br>能力目标：能够根据相应指标进行物业经营状况分析 | 资产统计、负债统计、所有者权益统计、营业收入统计、营业成本统计及营业利润统计指标的计算 | 20% |

# 单元一　物业管理量统计

物业管理量是指物业服务企业在一定时期范围内所管理或服务对象的数量，是衡量物业服务企业服务数量和规模的定量指标，物业管理量统计是反映物业服务企业经营成果的重要内容之一，也是物业服务企业上报统计资料中必须的内容之一。

物业管理量统计一般包括物业管理实物量统计和价值量统计。前者包括物业管理项目的个数和面积统计、物业配套设施的个数和面积统计等；而后者则是以货币形式表示的物业服务企业在管项目的总价值。

## 一、物业管理实物量统计

### （一）物业管理项目的个数和面积统计

物业管理项目是指物业服务企业通过招投标获取项目的物业管理任务，按照物业管理合同约定完成合同规定的全部任务。一般一份物业管理合同表现为一个物业管理项目。对于某一个物业管理项目，可以从物业名称、物业地址、物业种类、竣工时间、物业占地面积、土地使用年限、房屋建筑面积、接管时间等反映项目的情况。

## 小提示

一家物业服务企业可以管理一个或多个物业项目，物业服务企业的经营状况、服务质量决定其承接项目的多少。所以，物业管理项目的多少也可以反映物业服务企业的规模和经营业绩。

按照物业用途将物业管理项目分为表 5-1 中的不同类型。

表 5-1　物业管理项目的类型

| 项目 | 内容 |
| --- | --- |
| 住宅 | 住宅是指专供居住的房屋，包括别墅、高档公寓、职工家属宿舍和集体宿舍（包括职工单身宿舍和学生宿舍）等，不包括住宅楼中作为人防用、不住人的地下室等。<br>其中：5 万 $m^2$ 以上的住宅小区是指住宅总建筑面积超过 5 万 $m^2$ 的，被居住区级道路或自然分界线所围合，配建有公共服务设施的居民生活聚居地 |
| 办公楼 | 办公楼是指机关、团体、企业、事业等单位使用的各类办公用房，又称写字楼 |
| 商业营业用房 | 商业营业用房是指用于商业服务活动的房屋建筑。如度假村、饭店、酒店、商场等 |
| 工业仓储用房 | 工业仓储用房是指用于工业生产、储备、供应等使用的房屋。如厂房、仓库等 |
| 其他 | 其他是指不属于上述用途的房屋建筑。如学校教学用房、医院医疗用房、图书馆、体育场馆等 |

### 1. 物理管理项目个数统计

物业管理项目个数统计的指标包括新接物业管理项目个数、本期物业管理项目个数、到期和解除物业管理项目个数、期末物业管理项目个数。

（1）新接物业管理项目个数。新接物业管理项目个数是指物业服务企业在报告期内新签订的物业管理合同从事物业管理的项目个数之和。不包括按合同约定，在本期重新签订合同继续从事物业管理的项目。

（2）本期物业管理项目个数。本期物业管理项目个数是指物业服务企业在报告期内正在管理的物业项目个数之和。其包括上期跨入本期继续履行物业管理合同的物业管理项目个数、本期新接物业管理项目个数。该项指标是反映物业服务企业规模、物业管理量的一个重要内容。其计算公式如下：

本期物业管理项目个数＝本期新接物业管理项目个数＋上期跨入本期的物业管理项目个数 （5-1）

（3）到期和解除物业管理项目个数。到期和解除物业管理项目个数是指物业服务企业在报告期内已完成合同约定的全部任务或解除合同的物业项目个数之和。

（4）期末物业管理项目个数。期末物业管理项目个数是指物业服务企业在报告期末还在管理的物业项目个数之和。其计算公式如下：

期末物业管理项目个数＝本期物业管理项目个数－到期和解除物业管理项目个数 （5-2）

在物业管理项目个数的各项指标统计过程中，应将物业按照用途分类，分别统计住宅项目、办公楼项目、商业项目、工业项目、其他项目各项统计指标。

【例 5-1】 2017—2020 年某物业公司住宅物业管理情况见表 5-2。

表 5-2 某物业公司住宅物业管理情况

| 年份 | 上年度跨入项目个数 | 本年度新接项目个数 | 本年解除项目个数 | 本年到期项目个数 |
| --- | --- | --- | --- | --- |
| 2017 | 12 | 1 | 1 | 1 |
| 2018 | 11 | 4 | 0 | 1 |
| 2019 | 14 | 0 | 1 | 2 |
| 2020 | 11 | 0 | 0 | 1 |
| 合计 | — | 5 | 2 | 4 |

计算该物业公司各年本期物业管理项目个数和期末物业管理项目个数。

**解**：2017 年本期物业管理项目个数＝12＋1＝13（个）

2017 年期末物业管理项目个数＝13－1－1＝12（个）

2018 年本期物业管理项目个数＝11＋4＝15（个）

2018 年期末物业管理项目个数＝15－1＝14（个）

2019 年本期物业管理项目个数＝14＋0＝14（个）

2019 年期末物业管理项目个数＝14－1－2＝11（个）

2020 年本期物业管理项目个数＝11＋0＝11（个）

### 2. 物业管理项目面积统计

（1）在管物业占地面积。在管物业占地面积是指报告期末物业服务企业正在进行管理的物业所占用的全部土地面积。

（2）在管物业房屋建筑面积。在管物业房屋建筑面积是指物业服务企业正在进行管理的物业所占用的全部房屋建筑面积。其包括已签订物业管理合同而尚未竣工交付使用的房屋建筑面积。在管物业房屋建筑面积统计可以按照物业用途统计，即住宅、办公楼、商业营业用房、工业仓储用房和其他用房统计各类房屋建筑面积。也可以按照新接物业管理房屋建筑面积、本期物业管理房屋建筑面积、到期和解除物业管理房屋建筑面积、期末物业管理房屋建筑面积统计。具体采用何种统计分类方法，可根据上级主管部门要求填报的统计报表的内容进行统计。

1)新接物业管理房屋建筑面积。新接物业管理房屋建筑面积是指物业服务企业在报告期内新签订的物业管理合同从事物业管理的房屋建筑面积之和。其包括本期新接住宅面积、办公楼面积、商业营业用房面积、工业仓储用房面积和其他用房面积；不包括按合同约定，在本期重新签订合同继续从事物业管理的房屋建筑面积。

【例 5-2】 2019 年 7 月，某物业公司签订了一份住宅项目管理合同，管理住宅面积 9 万 $m^2$。该物业公司原管理的住宅面积 20 万 $m^2$，其中 8 万 $m^2$ 的住宅在 2019 年 12 月重新签订合同继续从事物业管理。则 2019 年该物业公司新接住宅物业建筑面积为多少？

**解**：2019 年该物业公司新接住宅物业建筑面积为 9 万 $m^2$。

2)本期物业管理房屋建筑面积。本期物业管理房屋建筑面积是指物业服务企业在报告期内正在管理的房屋建筑面积之和。其包括上期跨入本期继续履行物业管理合同的物业管理房屋建筑面积、本期新接物业管理房屋建筑面积。该项指标同样是反映物业服务企业规模、物业管理量的一个重要内容。其计算公式如下：

$$本期物业管理房屋建筑面积 = 本期新接物业管理房屋建筑面积 +$$
$$上期跨入本期的物业管理房屋建筑面积 \quad (5-3)$$

【例】 根据例 5-2 的已知条件，则 2019 年该物业公司管理住宅物业建筑面积为多少？

**解**：2019 年该物业公司管理住宅物业建筑面积 $= 9 + 20 = 29$（万 $m^2$）

3)到期和解除物业管理房屋建筑面积。到期和解除物业管理房屋建筑面积是指物业服务企业在报告期内已完成合同约定的全部任务或解除合同的房屋建筑面积之和。

4)期末物业管理房屋建筑面积。期末物业管理房屋建筑面积是指物业服务企业在报告期末还在管理的房屋建筑面积之和。

$$期末物业管理房屋建筑面积 = 本期物业管理房屋建筑面积 -$$
$$到期和解除物业管理房屋建筑面积 \quad (5-4)$$

【例 5-3】 某物业集团公司 2019 年管理的住宅房屋建筑面积情况见表 5-3。

表 5-3 某物业集团公司 2019 年管理的住宅房屋建筑面积情况     万 $m^2$

| 季度 | 上期跨入本期房屋建筑面积 | 本期新接房屋建筑面积 | 本期解除房屋建筑面积 | 本期到期房屋建筑面积 |
|---|---|---|---|---|
| 1 | 204 | 0 | 2 | 2 |
| 2 | 200 | 40 | 3 | 2 |
| 3 | 235 | 6 | 5 | 7 |
| 4 | 229 | 6 | 6 | 10 |

试计算：(1)2019 年该公司新接管的住宅房屋建筑面积。

(2)2019 年该公司解除和到期的住宅房屋建筑面积。

(3)2019 年各季度在管住宅房屋建筑面积。

(4)2019 年年末该公司在管住宅房屋建筑面积。

**解**：(1)2019 年新接管的住宅房屋建筑面积 $= 0 + 40 + 6 + 6 = 52$（万 $m^2$）

(2)2019 年解除和到期的住宅房屋建筑面积 $= 2 + 2 + 2 + 2 + 5 + 7 + 6 + 10 = 36$（万 $m^2$）

(3)第一季度在管住宅房屋建筑面积 $= 204 + 0 = 204$（万 $m^2$）

第二季度在管住宅房屋建筑面积 $= 200 + 40 = 240$（万 $m^2$）

第三季度在管住宅房屋建筑面积 $= 235 + 6 = 241$（万 $m^2$）

第四季度在管住宅房屋建筑面积 $= 229 + 6 = 235$（万 $m^2$）

(4)2019年年末该公司在管住宅房屋建筑面积＝229＋6－6－10＝219（万 m²）

### (二)物业配套设施统计

物业管理配套设施种类很多，不同地区配套设施也有差异。这里只介绍停车场、绿地、体育场所、会所等统计内容。

#### 1. 停车场

停车场可分为室内停车场和室外停车场。室内停车场是指停车场建在建筑物内，可以是专门建造一栋建筑物作为停车场，也可以建造在建筑物一层或地下的停车场；室外停车场又称为露天停车场，是指规划区内规划建设的专供车辆停泊的场所。无论是室内停车场，还是室外停车场，常用的统计指标有停车场个数、停车场面积、停车场车位数。停车场车位数是指停车场计划最多可停放的车辆数量。

有些住宅小区室内外停车场有限，为了解决业主的停车困难，也会开辟一些临时停车位，这时就需统计临时停车位数量。

#### 2. 绿地

绿地是改善生活、工作、居住环境的重要方式，绿地通常是用面积表示。绿地面积是指居住区内除区级公园外的其他绿地的绿化种植面积，包括屋顶的绿化面积。

#### 3. 体育场所

体育场所可分为室内体育场所和室外体育场所。常见的体育场所有游泳池、篮球场、网球场、羽毛球场、乒乓房等。统计指标一般设置为各种体育场所的个数和面积，用来反映住宅小区体育场所的配置状况。

#### 4. 会所

目前，中高档住宅小区都配备小区会所。会所可以有多种用途，一般可用作健身房、棋牌室、老年活动室、咖啡馆等。统计指标一般用会所面积表示。

## 二、物业管理价值量统计

物业管理价值量是指物业管理企业在一定时点上接受业主委托在管的物业的全部价值。其包括土地、房屋、建筑物和地上附着物的价值。物业管理价值量可以用原值、净值和现值来表示。其是反映物业管理企业管理的对象，即物业的价值。

物业管理价值量的统计指标包括物业原值、物业净值、物业限值。三个指标的运用，需要根据研究目的确定。一般表现物业管理量时，物业现值用得较多。通常也要根据研究目的分别统计房屋现值、土地现值等指标。

#### 1. 物业原值

物业原值是指物业管理企业在一定时点上在管的物业的原始价值，是指各种物业建成后的市场价值之和，常用于反映物业的使用价值量。

#### 2. 物业净值

物业净值一般是指物业的账面价值，是物业管理企业在一定时点上在管的物业的原始价值扣除折旧后的剩余价值，用公式表示为

$$物业净值＝物业原值－累计折旧额 \tag{5-5}$$

物业在使用过程中会逐渐磨损，它的价值损耗会逐渐转移到成本中。物业的这种磨损，在价值中表现为物业的折旧额。采用直线折旧法的计算公式为

$$年折旧额 = \frac{物业原值 - 净残值}{使用年限} \tag{5-6}$$

【例5-4】　某物业服务企业2019年2月15日接管某办公楼项目，同时该办公楼竣工交付使用，其市场价值为2 000万元，可使用40年，残值率为50％，2021年2月5日该物业管理公司统计该办公楼的原值和净值分别为多少？

**解：** 该办公楼的原值＝2 000万元

$$年折旧额 = \frac{物业原值 - 净残值}{使用年限} = \frac{2\,000 \times (1 - 5\%)}{40} = 47.5（万元）$$

$$该办公楼的净值 = 2\,000 - 47.5 = 1\,952.5（万元）$$

### 3. 物业现值

物业现值是指物业管理企业在一定时点上在管的物业的现实价值，它主要是以房地产估价为基础确定物业的价值。

## ××××项目月度工作业务数据汇总统计表

### 一、日常工作数据（月份）

| 序号 | 工作内容 | 统计情况 | 提供人 | 备注 |
|---|---|---|---|---|
| | 业户维修单 | 完成份，未完成份，完成率 | | |
| | 公共维修单 | 完成份，未完成份，完成率 | | |
| | 部门联系单 | 完成份，未完成份，完成率 | | |
| | 物品放行条 | 份 | | |
| | 施工临时出入证 | 份 | | |
| | 电话热线信息登记 | 条 | | |
| | 来访人员信息登记 | 条 | | |
| | 羽毛球场预定场次 | 场 | | |
| | 完成有偿服务次数 | 次 | | |
| | 新进驻企业数量 | 家 | | |
| | 新装修企业数量 | 家 | | |
| | 拜访企业 | 家 | | |
| | 催缴通知发出量 | 份 | | |
| | 物业协议新签订数量 | 家 | | |
| | 档案管理 | 新归档资料份，借阅档案份 | | |
| | 仓库管理 | 入库物资次，出入物资次 | | |
| | 通讯稿发出量 | 份 | | |
| | 通知、温馨提示发出量 | 份 | | |
| | 品质检查问题 | 检查发现项，完成整改项，未完成项 | | |
| | 安全检查问题 | 检查发现项，完成整改项，未完成项 | | |
| | 客服满意率 | | | 6月和12月填写 |
| | 人员变动情况 | 离职人，新入职人 | | |

续表

| 序号 | 工作内容 | 统计情况 | 提供人 | 备注 |
|---|---|---|---|---|
| | 完成会议 | 完成会议场，其中重要会议场 | | |
| | 接待各级参观考察团 | 批次，人次其中重要接待个 | | |
| | 消防设施设备检查情况 | | | |
| | 秩序接待及车辆指挥情况 | 配合接待，使用电瓶车车次，接待客人人次，共投入秩序人员人次。共迎来各方客人人，指引车辆停放辆，共投入秩序人员人次 | | |
| | 业务技能培训 | 客服：场<br>秩序：场<br>工程：场<br>会务：场<br>合计：场 | 各部门 | 每月收集整理成册 |
| | 应急预案演练 | 场 | | 收集整理成册 |
| | 其他 | | | |

## 二、月度收支情况（月份）

| 序号 | 工作内容 | 统计情况 | 提供人 | 备注 |
|---|---|---|---|---|
| 1 | 物业管理费收入 | 应收万元，实收万元，未收万元。收缴率在以上 | | |
| 2 | 有偿服务收入 | | | |
| 3 | 停车场收费 | | | 代收代缴 |
| 4 | 羽毛球场收费 | | | 代收代缴 |
| 5 | 租金收入 | | | 代收代缴 |
| 6 | 租户水电代缴费用 | | | 代收代缴 |
| 7 | 租户空调代缴费用 | | | 代收代缴 |

以上工作业务数据经核实后，由相关提供人签字确认，并提交各部门负责人，同时抄送项目经理处，每月作为工作资料归档，存入档案室内。

确认并签字：

## 单元二　物业设备统计

物业设备是指物业内部附属的和相关的各类市政、公用设备的总称。其包括给水排水、供电、照明、暖通空调、消防报警、电梯、计算机网络、通信设施及生产设备等。物业设备统计是物业设备管理的基础工作。在物业设备管理中，做好物业设备统计，准确反映设备的数量、运行能力、利用程度和设备的效率等，是物业设备统计工作的首要任务。

### 小提示

物业设备的统计范围，包括业主或使用人委托管理的物业设备。不包括属于业主或使用人，但未委托管理的设备；也不包括物业服务企业自身拥有的设备或为经营而租入、借入企业的设备。

### 一、物业设备数量统计

物业设备数量统计是用实物量指标反应物业设备的量。计量单位一般是"台"，统计指标可以用在管设备年末总台数和在管设备平均台数表示。

#### 1. 在管设备年末总台数

在管设备年末总台数是指物业服务企业接受委托在报告期末管理物业设备年末总台数。其包括在用、在修、在库、待修、不配套设备及上级还未批准的报废在管设备。在统计在管设备年末总台数时，一般应分别统计各类物业设备数量。

#### 2. 在管设备平均台数

在管设备平均台数是指物业服务企业接受委托在报告期内平均每天管理设备的数量。在统计在管设备平均台数时，一般也应分别统计各类物业设备平均数量。

$$报告期在管设备平均台数=\frac{报告期每天在管设备台数之和}{报告期日历天数} \tag{5-7}$$

如果报告期每天在管设备变动幅度不大时，也可采用

$$报告期在管设备平均台数=\frac{期初在管设备台数+期末在管设备台数}{2} \tag{5-8}$$

### 二、物业设备价值统计

物业设备价值统计是指用价值量指标反应物业设备的量，计量单位一般为"万元""元"。统计指标可用年末在管设备原值和年末在管设备净值表示。

#### 1. 年末在管设备原值

年末在管设备原值是指物业服务企业接受委托在报告期末管理的物业设备的价值。设备原值中应包含购买设备价格、运输费、包装费、相关税金和安装费等，它能准确地反映在管设备的使用价值。

$$年末在管设备原值=年初在管设备原值+本年新接管的设备原值-$$
$$本年解除管理的设备原值 \tag{5-9}$$

### 2. 年末在管设备净值

年末在管设备净值是指物业服务企业接受委托在报告期末管理的物业设备的净值。设备净值是设备原值扣除设备累计折旧后的余值，它能准确地反映在管设备现有的账面使用价值。

$$年末在管设备净值＝年末在管设备原值－累计折旧额 \qquad (5\text{-}10)$$

【例 5-5】 某物业服务企业 2017 年年末开始管辖某住宅小区，据统计，2020 年末管理小区绿化养护设备共 5 个，每个绿化养护设备原值为 6.5 万元；消防设备共 10 套，每套消防设备原值为 2 万元；变电设备共 4 个，每个变电设备原值为 15 万元；安全防范设备原值为 50 万元。所有设备预使用年限为 10 年，预计残值率均为 2‰。计算该物业服务企业 2020 年年末管理该住宅小区的设原值和净值各为多少？

**解：**2017 年年末管理该住宅小区的设备原值＝6.5×5＋2×10＋15×4＋50＝162.5（万元）

绿化养护设备年折旧费＝6.5×5×98‰÷10＝3.185（万元）

绿化养护设备净值＝6.5×5－3.185×3＝22.945（万元）

消防设备年折旧费＝2×10×98‰÷10＝1.96（万元）

消防设备净值＝2×10－1.96×3＝14.12（万元）

变电设备年折旧费＝15×4×98‰÷10＝5.88（万元）

变电设备净值＝15×4－5.88×3＝42.36（万元）

安全防范设备年折旧费＝50×98‰÷10＝4.9（万元）

安全防范设备净值＝50－4.9×3＝35.3（万元）

2020 年年末管理该住宅小区的设备净值＝22.945＋14.12＋42.36＋35.3＝114.725（万元）

从物业设备数量和价值统计中可以看出，反映物业服务企业在管设备的规模，用物业设备数量统计指标具有直观、具体的特点，但不能综合反映所有在管设备的数量，一般应分类统计物业设备；相反，物业设备价值统计能综合反映所有在管设备总的价值，但不如设备数量统计指标直观、具体。一般应根据具体研究目的，选择相应的物业设备统计指标。

## 三、物业设备完好统计

物业设备管理要保证物业设备的正常使用，首先要保证物业设备处于完好状态。当物业设备不完好时，应尽快进行维修，以保证物业设备的使用不受太大的影响。物业设备种类繁多，一般情况下完好物业设备应具备条件：零部件完整齐全，符合质量要求，功能达到规定要求；设备运转正常，性能良好，功能达到规定要求；设备整洁，无跑冒滴漏现象；防冻、保温、防腐等措施完整有效；设备技术资料及运转记录齐全。

只有保证物业设备完好，才能保证物业设备随时可利用。想充分发挥物业设备的作用，前提是提高物业设备完好率。为了提高完好率，应当尽力缩短保养、修理的时间，加强物业设备的技术管理。

物业设备完好统计的目的是反映物业设备的完好状况，也可以反映物业设备的管理状况，为了反映物业设备完好状况，根据研究任务的不同，物业设备完好率可以分别用物业设备数量完好率、物业设备台日完好率和物业设备台时完好率来反映。

### 1. 物业设备数量完好率

物业设备数量完好率是用报告期末物业设备完好台数与报告期末实有物业设备台数的比值来表示。

$$物业设备数量完好率＝\frac{报告期末物业设备完好台数}{报告期末实有物业设备台数}×100\% \qquad (5\text{-}11)$$

【例5-6】 某物业服务企业2019年年末在管物业设备共256台，其中，处于完好状态的物业设备有186台。统计2019年年末该物业管理公司所管理的物业设备数量完好率。

**解：** 2019年年末物业设备数量完好率$=\dfrac{186}{256}\times100\%=72.65\%$

### 2. 物业设备台日完好率

物业设备台日完好率是用报告期物业设备完好台日数与报告期物业设备日历台日数的比值来表示。

$$物业设备台日完好率=\dfrac{报告期物业设备完好台日数}{报告期物业设备日历台日数}\times100\% \tag{5-12}$$

式中　报告期物业设备日历台日数——在报告期日历天数内每天在管的物业设备数量之和。

报告期物业设备完好台日数——在报告期日历天数内每天处于完好状态的物业设备数量之和，但不包括在修、待修、在库、待报废的物业设备。

### 3. 物业设备台时完好率

物业设备台时完好率是用报告期物业设备完好台时数与报告期物业设备日历台时数的比值来表示。

$$物业设备台时完好率=\dfrac{报告期物业设备完好台时数}{报告期物业设备日历台时数}\times100\% \tag{5-13}$$

报告期物业设备日历台时数=报告期物业设备日历台日数×每天工作小时报告期物业设备完好台时数是指用小时表示的报告期内处于完好状态的物业设备数量之和。

统计物业设备台日完好率和物业设备台时完好率时，可以针对所有物业设备计算完好率，也可以分别计算各类设备的完好率。统计物业设备完好率指标能够反映物业服务企业在管设备的完好状况，便于物业服务企业进行设备管理，提高物业设备的使用效率。

【例5-7】 某物业服务企业2019年2月在所管辖的物业设备中待修台时和检修台时见表5-4。

表5-4　某物业服务企业2019年2月在所管辖的物业设备情况

| 设备名称 | 数量 | 待修台日 | 检修台日 | 待修台时 | 检修台时 |
|---|---|---|---|---|---|
| 电梯 | 56 | 2 | 15 | 100 | 280 |
| 安保设备 | 112 | 18 | 24 | 130 | 302 |

各种物业设备每天工作24 h。分别计算该物业服务企业每种物业设备台日完好率和台时完好率。

**解：** 电梯设备台日完好率$=\dfrac{56\times28-2-15}{56\times28}\times100\%=98.91\%$

电梯设备台时完好率$=\dfrac{56\times28\times24-2\times24-15\times24-100-280}{56\times28\times24}\times100\%=97.90\%$

安保设备台日完好率$=\dfrac{112\times28-18-24}{112\times28}=98.66\%$

安保设备台时完好率$=\dfrac{112\times28\times24-18\times24-24\times24-130-302}{112\times28\times24}\times100\%=98.09\%$

## 四、物业设备利用程度统计

物业设备利用程度对物业服务企业合理利用物业设备起着重要的作用。物业设备有效利用率是指实际可利用的设备与应利用设备的比率。应利用设备中扣除由于不完好、维修、保养暂时不能利用的设备的数量为实际可利用的设备。

物业设备利用程度统计的主要任务是从数量上和时间上来反映各种物业设备利用情况。

### 1. 物业设备数量利用程度统计

物业设备数量利用程度统计可用实有物业设备数量利用率和完好物业设备数量利用率来表示。

（1）实有物业设备数量利用率。实有物业设备数量利用率是指报告期末实际使用的物业设备台数与报告期末实有物业设备台数之比。用公式表示为

$$实有物业设备数量利用率=\frac{报告期末实际使用的物业设备台数}{报告期末实有物业设备台数}\times100\% \qquad (5\text{-}14)$$

（2）完好物业设备数量利用率。完好物业设备数量利用率是指报告期末实际使用的物业设备台数与报告期末完好物业设备台数之比。用公式表示为

$$完好物业设备数量利用率=\frac{报告期末实际使用的物业设备台数}{报告期末完好物业设备台数}\times100\% \qquad (5\text{-}15)$$

【例 5-8】　某物业服务企业 2019 年年末共管理 100 台电梯，年末检查电梯使用状况，其中有 10 台电梯待修理，6 台电梯正在修理，实际使用的电梯数为 80 台。计算 2019 年年末实有电梯数量利用率和完好电梯数量利用率。

解：实有电梯数量利用率 $=\dfrac{80}{100}\times100\%=80\%$

完好电梯数量利用率 $=\dfrac{80}{100-10-6}\times100\%=85.11\%$

物业设备数量利用率可以比较直观地反映出某一时点上物业服务企业所管辖的物业设备利用情况，但不能反映一段时期内物业服务企业所管辖的物业设备利用情况。因此，反映报告期物业设备利用情况可用物业设备时间利用程度统计指标。

### 2. 物业设备时间利用程度统计

物业设备时间利用程度统计可用完好物业设备台日利用率和完好物业设备台时利用率来表示。

（1）完好物业设备台日利用率。完好物业设备台日利用率是指报告期实际使用的物业设备台日数与报告期完好物业设备台日数之比。用公式表示为

$$完好物业设备台日利用率=\frac{报告期实际使用的物业设备台日数}{报告期完好物业设备台日数}\times100\% \qquad (5\text{-}16)$$

（2）完好物业设备台时利用率。完好物业设备台时利用率是指报告期实际使用的物业设备台时数与报告期完好物业设备台时数之比。用公式表示为

$$完好物业设备台时利用率=\frac{报告期实际使用的物业设备台时数}{报告期完好物业设备台时数}\times100\% \qquad (5\text{-}17)$$

式中，报告期完好物业设备台日（时）数指的是在报告期内每天（小时）完好的物业设备台数之和，无论完好物业设备在报告期是否使用，均应计算在内。

【例 5-9】　某物业服务企业 2019 年管理住宅小区的电梯，平均每天管理 100 台。住宅小区一年内每天需要使用电梯，平均每天每台电梯使用 12 h。在应使用的电梯中，待修 18 台日，检修 28 台日，另有 100 台时待修和 60 台时检修。电梯实际使用 28 000 台日。计算 2019 年完好电梯台日利用率和台时利用率。

解：完好电梯台日利用率 $=\dfrac{28\,000}{100\times360-18-28}\times100\%=77.88\%$

完好电梯台时利用率 $=\dfrac{28\,000\times12}{(100\times360-18-28)\times12-100-60}\times100\%=77.91\%$

## 知识链接

### 影响物业设备利用的因素

（1）物业管理企业的原因，主要表现为物业设备管理状况、维修是否及时、物业设备的完好状况。

（2）业主或使用人的原因，主要表现为履约状况，维修资金是否到位、是否节约等。

（3）物业设备种类和设备本身的特点。物业设备种类繁多，用途各异，能够反映出不同物业设备具有相对稳定的设备利用程度。

1）按照用途不同可分为生产设备和非生产设备。对生产设备，当然是利用越充分越好；但对于非生产设备，如电梯、空调、照明设备等，一般是为改善生活条件的物业设备，一旦使用就会消耗，在没必要使用的情况下而使用，必然造成浪费，并不一定是使用越充分越好。

2）物业设备按使用状况可分为经常性使用设备、季节性使用设备和偶然使用设备。经常性使用设备包括给水排水、供电、照明、电梯、计算机网络、网络设施等；季节性使用设备包括暖气空调设备等；偶然使用设备是只有在偶然情况下才使用的设备，如消防报警设备等，但使用率越低越好。

## 单元三　物业从业人员情况统计

物业从业人员是指在物业管理企业工作并取得劳动报酬的全部人员，物业管理企业的重要组成就是物业从业人员，他们负责物业安全保卫工作，保障管理区域内服务对象的人身安全，防范物业的破坏，避免财物被偷盗等。作为物业管理企业应当尽量避免上述问题的发生，否则不仅会给企业带来经济损失，还会对企业的信誉带来极大的损害，对公司的发展极为不利。

## 知识链接

### 物业服务企业人员分类

为分析物业服务企业从业人员的构成状况，需要对从业人员进行分类。常见分类有以下几种：

（1）按从业人员劳动岗位可分为以下几项：

1）经营管理人员。经营管理人员是指物业服务企业中从事市场分析、项目开发、招投标策划、服务内容拓展、企业形象设计和人力资源管理、质量管理、技术管理、财务管理等活动的人员，包括管理处主任和副主任。

2）房屋及设备维护管理人员。房屋及设备维护管理人员是指从事房屋及其配套设施设备维修养护、操作、监控运行等工作的人员。

3）保洁人员。保洁人员是指物业服务企业中从事环境卫生清洁的人员，包括清洁工、清运工等。

4）保安人员。保安人员是指物业服务企业中从事协助维护治安秩序的服务人员。

5）绿化人员。绿化人员是指物业服务企业中从事环境绿化修剪、养护等工作的人员。

6）其他人员。其他人员是指物业服务企业中从事上述工作以外的服务人员。

(2)按从业人员任用期限可分为以下几项：

1)长期从业人员。长期从业人员是指合同期限在一年或一年以上的从业人员。

2)临时从业人员。临时从业人员是指合同期限不到一年的从业人员。

(3)按从业人员学历可分为大学及以上学历、大专学历、中专学历、高中及以下学历。

## 一、从业人员人数及配备情况统计

### 1. 从业人员人数统计

(1)期末人数。期末人数是指报告期末最后一天实有人数，如月末人数、年末人数等。期末人数属于时点指标。期末人数的统计应遵循职工人数统计的原则。一般情况下，本期期末人数等于下期期初人数，因此，它是物业服务企业编制下期从业（或职工）人数计划，考核物业服务企业定员执行情况和劳动力配备情况的依据，也是统计全国从业（或职工）人数总量的重要基础数据资料，常用于制订计划和检查计划执行情况。

(2)平均人数。平均人数指报告期内平均每天实有人数，如月平均人数、季平均人员、年平均人数等。平均人数属于时期指标。其反映了物业服务企业劳动力占用水平，是计算劳动生产率和平均工资的依据，常用于研究工作效率等情况。

$$月平均人数 = \frac{月每天实有人数之和}{本月日历天数} \tag{5-18}$$

如果人数变动幅度不大，也可采用

$$月平均人数 = \frac{期初人数 + 期末人数}{2} \tag{5-19}$$

$$季平均人数 = \frac{季每天实有人数之和}{本季日历天数} = \frac{季内各月平均人数之和}{3} \tag{5-20}$$

$$年平均人数 = \frac{每年每天实有人数之和}{本年日历天数} = \frac{年内各月平均人数之和}{12} = \frac{年内各季平均人数之和}{4} \tag{5-21}$$

计算平均人数时应注意以下几点：

1)每天实有人数，无论是否出勤均应计算在内；

2)节、假日实有人数，按节、假日前一天的人数计算；

3)无论企业在报告期成立天数是少，一律用日历天数作为分母。

**【例5-10】** 2020年4月月初，某物业服务企业有从业人员500人，4月11日从该企业抽出120人，另外组成一个新的物业服务企业。计算原来的物业服务企业4月份平均从业人数和新的物业服务企业4月份的平均从业人数。

**解：** 原来的物业服务企业4月份的平均从业人数 $= \dfrac{500 \times 10 + (500 - 120) \times 20}{30} = 420（人）$

新的物业服务企业4月份的平均从业人数 $= \dfrac{120 \times 20}{30} = 80（人）$

### 小提示

例5-10中，计算均用日历天数作为分母，而不用企业成立天数作为分母，这是因为计算平均人数时，是反映整个时期内平均每天拥有的人数，而不是新企业成立期间平均每天拥有的人数，这样可避免发生劳动力数量上的重复计算。

### 2. 物业服务企业从业(或职工)人数变动统计

物业服务企业由于种种原因,从业(或职工)人数会经常发生变动。从企业来看,一方面,由于企业扩大规模的需要,不断地增加人员;另一方面,由于从业人员(或职工)辞职、退休等原因,从业人数减少,所以需要对劳动力变动情况加以分析。

报告期内,物业服务企业增加和减少的从业(或职工)人数,与其总人数的变动有如下关系:

$$期初人数+期内增加人数-期内减少人数=期末人数 \qquad (5\text{-}22)$$

为了说明从业(或职工)人数的变动程度,可以计算:

$$从业(或职工)人数增减程度=\frac{期末人数-期初人数}{期初人数}\times100\%$$

$$=\frac{期内增加的人数-期内减少的人数}{期初人数}\times100\% \qquad (5\text{-}23)$$

【例5-11】　某物业服务企业2020年年初实有人数300人,本年增加职工15人,减少职工10人,计算该物业服务企业2020年职工人数的变动情况。

**解:**该物业服务企业2020年职工人数增减程度$=\frac{15-10}{300}\times100\%=1.67\%$

该物业服务企业2020年职工人数增加$15-10=5$(人)

### 小提示

职工增加人数和职工人数增减程度只能简单的反映物业服务企业从业(或职工)人数的变化及变化程度,不能详细地反映从业人员变动状况和变动原因。

## 二、物业服务企业劳动生产率统计

劳动生产率是劳动者在单位时间内所提供的劳动成果,物业服务企业劳动生产率反映了企业的劳动效率,是衡量物业服务企业劳动力资源利用程度的技术经济指标。

物业服务企业从业
人员统计范围与
统计原则

### 1. 劳动生产率的表示方法

劳动生产率水平的高低可以从不同角度得到反映。

(1)用单位时间内平均生产的产量表示,即

$$劳动生产率=\frac{合格产品产量}{劳动消耗量} \qquad (5\text{-}24)$$

这是一个正指标,说明该指标值越大,劳动生产率越高,正指标一般用以说明物业服务企业劳动生产率水平。

(2)用生产单位产品平均耗用的劳动时间表示,即

$$劳动生产率=\frac{劳动消耗量}{合格产品产量} \qquad (5\text{-}25)$$

这是一个逆指标,说明指标值越大,劳动生产率越小,逆指标一般用于物业服务企业内部制定劳动定额,安排生产作业计划,加强劳动力管理。

### 2. 劳动生产率指标计算

(1)劳动生产率实物指标。劳动生产率实物指标根据某种产品实物量计算的平均每一从业人员(或职工)在单位时间内生产的产品数量。其反映了劳动者在物业管理中的工作效率。在物业

服务企业中，可用每一工人劳动生产率表示。每一工人劳动生产率是按各主要工种计算的劳动生产率，分别说明各工种的工人在一定时期内所达到的劳动生产率水平。

$$每一工人劳动生产率=\frac{报告期实际完成的工程量}{报告期实用工日数} \tag{5-26}$$

上述劳动生产率指标，常用于反映维修工人、清洁工人等的工作效率。

$$每一工人劳动生产率=\frac{服务对象数量}{工人平均人数} \tag{5-27}$$

该项劳动生产率指标，主要反映提供服务的安全保卫等工作岗位人员的工作效率。

**【例 5-12】** 某物业服务企业 2019 年 4 月完成地面绿化工程 2 280 m²，该月完成地面绿化实际耗用 24 工日。则该企业地面绿化人员的劳动生产率为多少？

**解：** $每一维修人员劳动生产率=\dfrac{报告期实际完成工程量}{报告期实用工日数}=\dfrac{2\ 280}{24}=96(m^2/工日)$

（2）劳动生产率价值指标。劳动生产率价值指标是指物业服务企业平均每一从业人员（或职工）在一定时期内创造的价值量，是综合反映物业服务企业全部从业人员（或职工）工作效率的重要指标，是企业生产技术水平、经营管理水平、职工技术熟练程度和劳动积极性的综合表现。劳动生产率价值指标可以按物业服务企业总产值和增加值分别计算。

$$全员劳动生产率=\frac{报告期总产值（或增加值）}{报告期全部从业人员平均人数} \tag{5-28}$$

$$生产人员劳动生产率=\frac{报告期总产值（或增加值）}{报告期生产人员平均人数} \tag{5-29}$$

全员劳动生产率与生产人员劳动生产率之间的关系：

$$全员劳动生产率=生产工人劳动生产率×生产工人占全员人数的比重 \tag{5-30}$$

**【例 5-13】** 某物业服务企业 2019 年共完成小区内部道路维修工程总产值为 240 万元，该企业全部从业人员平均人数为 120 人，其中维修工人占全部从业人员比重为 25%，计算该物业服务企业 2019 年全员劳动生产率和维修工人劳动生产率。

**解：** $全员劳动生产率=\dfrac{道路维修工程总产值}{全部从业人员平均人数}=\dfrac{240}{120}=2(万元/人)$

$维修工人劳动生产率=\dfrac{全员劳动生产率}{维修工人占全部从业人员的比重}=\dfrac{2}{25\%}=8(万元/人)$

## 三、物业服务企业劳动报酬和工资总额统计

物业服务企业从业人员劳动报酬是指各物业服务企业在一定时期内支付给本单位全部从业人员的劳动报酬总额。其包括在岗职工工资总额和本单位其他从业人员劳动报酬两部分。前者是指各物业服务企业在一定时期内直接支付给本单位全部在岗职工的劳动报酬总额；后者是指各物业服务企业在一定时期内支付给本单位其他从业人员的全部劳动报酬，包括支付给再就业离退休人员的劳动报酬和外籍、港、澳、台人员的劳动报酬等其他从业人员的劳动报酬总额。

（1）计算工资总额应遵循的原则。

1）只要是本企业职工都应统计；

2）凡是劳动报酬都应统计，包括工资科目支出和其他科目支出；

3）按一定时期内的工资应发数统计。

（2）平均工资统计。平均工资是报告期内平均每一职工的工资收入水平。

$$平均工资 = \frac{报告期工资总额}{报告期职工平均人数} \qquad (5\text{-}31)$$

工资总额受平均工资和平均职工人数的影响，平均工资越高，职工人数越多，则工资总额就越大。

### 知识链接

#### 工资总额的构成

(1)计时工资。计时工资是按照计时工资标准以货币形式支付给职工的劳动报酬。

(2)计件工资。计件工资是按照计件单价以货币形式支付给职工的劳动报酬。

(3)基本工资。基本工资是按照大体维持本企业在岗职工基本生活费为标准的劳动报酬。

(4)职务工资。职务工资是按照本企业职工职务高低、责任大小、工作繁简和业务技术水平确定的劳动报酬。

(5)奖金。奖金是为了对职工额外劳动的奖励和对在生产、工作中有优良成绩的职工奖励，在基本工资以外支付给职工的劳动报酬。

(6)津贴。津贴是为了补偿职工额外或特殊的劳动消耗，以及补偿职工工作年限长短，而以津贴形式支付给本企业在岗职工的劳动报酬。

(7)加班工资。加班工资是在国家规定的工作时间以外工作的在岗职工，以货币形式支付其劳动报酬。

(8)其他。其他包括保留工资、补发工资、附加工资、住房补贴、副食品价格补贴、伙食补贴、防暑降温补贴等。

## 单元四　物业修缮统计

物业修缮是指对物业进行维修、养护，保障物业发挥正常的使用功能或延长使用寿命。其是使物业保值或增值的重要手段，也是改善生活、工作环境的重要方式，是物业管理的一项基本工作。

物业修缮根据修缮对象不同可分为建筑物修缮和设备设施修缮。建筑物修缮包括房屋的修缮、构筑物的修缮、道路的修缮、配套设施(如运动场地、停车场等)的修缮；设备设施修缮包括给水排水、供暖、通风空调、照明、通信设施、消防报警、计算机网络、电梯等的维修和保养。这类修缮是通过工业性作业来完成的。

房屋修缮是物业修缮的主要内容，本节主要介绍房屋修缮的统计指标。房屋修缮是对已建成的房屋进行拆改、翻修和维护，以保障房屋的住用安全，保持和提高房屋的完好程度与使用功能。这类修缮是通过施工作业来完成的。

### 一、反映维修工程的实物量指标

实物量指标是以物理或自然计量单位表示的物业服务企业在一定时间内完成的各种维修工程量的数量。实物量统计可以从使用价值角度反映物业服务企业维修工程的数量和维修工程的规模，可以反映物业服务企业的发展现状和管理成果。

### 1. 房屋建筑面积

可按照房屋完损等级分别统计完好房、基本完好房、一般损坏房、严重损坏房和危险房的建筑面积；也可按照维修工程量分别统计小修、中修、大修、翻修和综合维修工程的建筑面积。

### 2. 维修工程量

可以按照分项工程分类汇总实际完成的各种维修工程量，如屋面维修工程 100 m²，管道维修工程 200 m，维修卫生洁具 50 套等。

## 二、反映维修工程的价值量指标

实物量指标可以较形象地说明物业服务企业各种维修工程的数量，但不能综合说明物业服务企业维修工程总量，也不能与财务成本核算联系起来，而价值量指标可以用货币形式表示，通过各维修工程的价值量加总来说明物业服务企业维修工程的总量。常用的价值量指标有维修工程产值。

维修工程产值是指物业服务企业在一定时期范围内从事房屋维修完成的工程量的货币表现。其包括维修使用的人工费、材料费、机械使用费，以及一定比例的管理费、利润和税金。

**【例 5-14】** 某物业服务企业预估 2019 年第 1 季度维修屋面工程 64 000 元，其中人工费 24 000 元；预估维修墙面工程 40 000 元，其中人工费 18 000 元。2019 年 1 月实际维修屋面支付人工费 10 000 元，维修墙面实际支付人工费 12 000 元。计算 2019 年 1 月维修工程产值。

**解：** 维修工程产值＝(64 000÷24 000)×10 000＋(40 000÷18 000)×12 000
$$＝53 333.34(元)$$

## 三、反映房屋状况的统计指标

### 1. 房屋完好率

房屋完好率是指完好房屋和基本完好房屋建筑面积与全部房屋建筑面积之比。其是反映房屋完好程度的相对指标。用公式表示为

$$房屋完好率＝\frac{完好房屋建筑面积＋基本完好房屋建筑面积}{全部房屋建筑面积}×100\%　　　(5-32)$$

### 2. 房屋完好增长率

房屋完好增长率是指新增完好和基本完好房屋建筑面积与期初完好和基本完好房屋建筑面积之比。其反映报告期房屋完好程度的变动情况。用公式表示为

$$完好房屋增长率＝\frac{期末完好和基本完好房屋建筑面积－期初完好和基本完好房屋建筑面积}{期初完好和基本完好房屋建筑面积}×100\%　　　(5-33)$$

房屋完好增长率为正，表示房屋完好状况在变好；反之，房屋完好增长率为负，表示房屋完好状况在变差。

### 3. 危房率

危房率是指危险房屋的建筑面积与房屋建筑总面积之比。其是从另一个侧面反映房屋状况。用公式表示为

$$危房率＝\frac{危险房屋的建筑面积}{房屋建筑总面积}×100\%　　　(5-34)$$

**【例 5-15】** 某物业服务企业 2019 年在管物业完好状况见表 5-5。

**表 5-5　某物业服务企业 2019 年在管物业完好状况**

| 房屋状况 | 年初建筑面积/万 m² | 年末建筑面积/万 m² |
|---|---|---|
| 完好房 | 100 | 110 |
| 基本完好房 | 56 | 64 |
| 一般损坏房 | 26 | 14 |
| 严重损坏房 | 18 | 8 |
| 危险房 | 10 | 4 |
| 合计 | 200 | 200 |

根据上述统计资料，计算 2019 年年末该物业服务企业在管房屋完好率、危房率及房屋完好增长率。

**解：** 年末在管房屋完好率 $=\dfrac{110+64}{200}\times100\%=87\%$

年末危房率 $=\dfrac{4}{200}\times100\%=2\%$

房屋完好增长率 $=\dfrac{110+64-100-56}{100+56}\times100\%=11.5\%$

## 四、反映维修工程质量的统计指标

在物业管理评优或达标活动中，衡量维修工程质量常用的指标是大、中修工程质量合格品率，大、中修工程质量优良品率和小修养护及时率。

### 1. 大、中修工程质量合格品率

大、中修工程质量合格品率是指报告期大、中修工程质量经验收达到合格品标准的单位工程数量（或建筑面积）与报告期验收的单位工程数量（或建筑面积）之比。用公式表示为

$$大、中修工程质量合格品率=\frac{报告期评为合格品的单位工程数量（或建筑面积）}{报告期验收鉴定的单位工程数量（或建筑面积）}\times100\%$$

$$(5\text{-}35)$$

大、中修工程质量合格品率要求达到 100%。

### 2. 大、中修工程质量优良品率

大、中修工程质量优良品率是指报告期大、中修工程质量经验收达到优良品标准的单位工程数量（或建筑面积）与报告期验收的单位工程数量（或建筑面积）之比。用公式表示为

$$大、中修工程质量优良品率=\frac{报告期评为优良品的单位工程数量（或建筑面积）}{报告期验收鉴定的单位工程数量（或建筑面积）}\times100\%$$

$$(5\text{-}36)$$

大、中修工程质量优良品率要求达到 30%～50%。

### 3. 小修养护及时率

小修养护及时率是指物业服务企业报告期在全部管理区域内实际小修养护户次数与实际检修、报修户次数之比。该项指标一般按月或季度进行统计。用公式表示为

$$小修养护及时率=\frac{报告期实际小修养护次数}{报告期实际检修、报修户次数}\times100\%\qquad(5\text{-}37)$$

小修养护及时率一般要求达到 99% 以上。该指标反映物业服务企业为业主提供服务的及时程度。

【例5-16】　2019年第一季度，某物业服务公司屋面维修统计资料见表5-6。

表5-6　2019年第一季度某物业服务公司屋面维修统计资料

| 屋面维修 | 验收面积/m² | 合格面积/m² | 优良面积/m² | 报修户次数 | 养护户次数 |
|---|---|---|---|---|---|
| 大修 | 1 500 | 1 500 | 800 | — | — |
| 中修 | 5 000 | 5 000 | 2 500 | — | — |
| 小修 | — | — | — | 75 | 70 |

试评价2019年第一季度该物业服务公司屋面维修工程的质量和服务质量。

**解：**大、中修工程质量合格率$=\dfrac{1\,500+5\,000}{1\,500+5\,000}\times100\%=100\%$

大、中修工程质量优良率$=\dfrac{800+2\,500}{1\,500+5\,000}\times100\%=50.77\%$

小修养护及时率$=\dfrac{70}{75}\times100\%=93.33\%$

**房屋修缮分类**

2019年第一季度，该物业服务公司在屋面维修工程中，大、中修工程质量合格率达到100%，大、中修工程质量优良率达到50.77%，小修养护及时率达到93.33%，说明屋面维修工程的质量很好，物业服务企业为业主提供服务的及时程度较好。

## 单元五　物业经营状况统计

物业经营状况主要是反映物业服务企业的资产、负债及所有者权益，以及营业收入、成本和利润等经营状况。物业经营的意义是保证物业经济效益得到充分发挥或使物业能够增值。

### 知识链接

#### 物业经营的意义

(1)物业经营保证物业增值。物业管理企业作为专门从事物业管理的经济组织，具有相应的专业技术人员、熟悉物业经营市场现状，根据资产评估结果，对物业进行营销策划、销售和租赁等专业化工作，保证物业的增值，实现业主的投资意愿。

(2)物业经营保证物业发挥更大的社会效益。社会在发展过程中，物业所处的环境也是不断发展的。物业的用途对物业的价值影响巨大。根据需要，一种用途的物业可以通过装饰、装修转化为更具价值的其他用途的物业。

(3)物业经营提高物业管理企业的经济效益。物业经营在我国物业管理企业中的开展将得到迅速发展。随着社会经济的发展，它将是很多业主最需要的一种专业化服务。作为物业管理企业，在提高自身素质的前提下，开展物业经营活动，在保证物业得到较大幅度增值的同时，企业也将获得丰厚的回报，从而提高企业的经济效益。

### 一、资产统计

资产是指由于过去的交易或事项形成的，由企业拥有或控制的，预期会给企业带来经济利益的资源。其包括流动资产、长期投资、固定资产、无形资产和其他资产。

### 1. 流动资产统计

流动资产是指可以在 1 年或超过 1 年的一个营业周期内变现或耗用的资产。其包括货币资金、短期投资、应收及预付款项、待摊费用和存货等。流动资产的价值形态为流动资金。流动资金是指企业用于购买材料、支付工资和其他各项费用等日常周转所占用的资金。流动资金是物业服务企业进行物业维修和物业管理活动必不可少的物质条件。合理使用流动资金是物业服务企业正常运行的前提，反映流动资金利用程度的指标主要有流动资金周转速度。

为了反映流动资金的周转速度，通常用流动资金周转次数和流动资金周转天数来表示。

(1)流动资金周转次数。流动资金周转次数是指流动资金在一定时期内的周转次数。在一定时期内流动资金周转次数越多，说明流动资金利用得越充分。

$$流动资金周转次数 = \frac{报告期企业总产值}{报告期平均流动资金} \qquad (5-38)$$

(2)流动资金周转天数。流动资金周转天数是指流动资金每周转一次需要的天数。在一定时期内流动资金周转天数越少，说明流动资金利用得越充分。

$$流动资金周转天数 = \frac{报告期天数}{流动资金周转次数} \qquad (5-39)$$

#### 小提示

在统计中，为了简化起见，一般年度按 360 天，季度按 90 天，月度按 30 天计。

【例 5-17】 2019 年第三季度，某物业服务企业已完维修工程产值为 750 万元，上一季度维修工程所用流动资金额为 120 万元，2019 年各月维修工程所用流动资金额为：7 月月末 140 万元，8 月月末 150 万元，9 月月末 200 万元。计算该物业服务企业 2019 年第三季度维修工程流动资金周转次数和周转天数。

**解**：7 月份平均流动资金＝(120＋140)÷2＝130(万元)

8 月份平均流动资金＝(140＋150)÷2＝145(万元)

9 月份平均流动资金＝(150＋200)÷2＝175(万元)

第三季度月平均流动资金＝(130＋145＋175)÷3＝150(万元)

$$流动资金周转次数 = \frac{报告期维修工程产值}{报告期平均流动资金} = \frac{750}{150} = 5(次)$$

$$流动资金周转天数 = \frac{报告期天数}{流动资金周转次数} = \frac{90}{5} = 18(天)$$

### 2. 长期投资统计

长期投资是企业向其他单位投出的、持有时间在 1 年以上的有价证券及超过 1 年的其他投资。其包括债券投资和股权投资等。

### 3. 固定资产统计

固定资产是指使用期限在 1 年以上，单项价值在规定的限额以上，并在使用过程中保持原有物质形态的资产。按用途可分为经营用固定资产和非经营用固定资产。

(1)固定资产统计指标。固定资产按照不同的研究目的，可选用固定资产原值和固定资产净值。固定资产原值是指固定资产在购置和建造当时处于全新状态的价值。其包括购置某项固定资产实际支付的金额及以后在改建、扩建时所追加的金额。固定资产净值是指固定资产原值减去固定资产累计折旧后的净剩价值量。也就是固定资产原值扣除因使用磨损而转移到产品中的那部分价值以后的价值。

$$固定资产净值 = 固定资产原值 - 累计折旧额 \qquad (5\text{-}40)$$

（2）固定资产的变动和折旧统计。物业服务企业固定资产总量也会经常变动，如原有固定资产在使用过程中会逐步产生磨损、增置新的固定资产、减少或报废旧的固定资产等。因此，需要进行固定资产变动及折旧统计。

1）固定资产动态指标。固定资产动态指标主要反映固定资产总量变动的程度。用公式表示为

$$动态指标 = \frac{报告期末固定资产原值或净值}{基期末固定资产原值或净值} \times 100\% \qquad (5\text{-}41)$$

【例 5-18】　2019 年年末，某物业管理公司固定资产原值为 1 590 万元，2018 年年末固定资产原值为 1 500 万元，计算该物业管理公司 2019 年固定资产比 2018 年增长多少？

**解：** $动态指标 = \dfrac{报告期末固定资产原值或净值}{基期末固定资产原值或净值} \times 100\% = \dfrac{1\,590}{1\,500} \times 100\% = 106\%$

计算结果表明：该物业管理公司 2019 年固定资产比 2018 年增长了 6%，增长量为 90 万元。

2）固定资产折旧指标。固定资产在使用过程中会逐渐磨损，它的价值的损耗会逐步转移到成本中。固定资产的这种磨损在价值中表现为固定资产折旧额。采用直线折旧法的计算公式为

$$年折旧额 = \frac{固定资产原值 - 净残值}{使用年限} \qquad (5\text{-}42)$$

### 小提示

固定资产年折旧额越大，说明固定资产磨损而转移到产品中的价值量越大，磨损程度越大。

【例 5-19】　2018 年年末，某物业管理集团公司建成并拥有办公大楼，该办公大楼的价值为 5 000 万元，预计该大楼折旧年限为 30 年，30 年后的残值为固定资产原值的 5%。计算该办公大楼年折旧额和 2021 年年末的净值。

**解：** $年折旧额 = \dfrac{固定资产原值 - 净残值}{使用年限} = \dfrac{5\,000 \times (1 - 5\%)}{30} = 158.33（万元）$

2021 年年末该办公大楼的净值 $= 5\,000 - 158.33 \times 3 = 4\,525.01（万元）$

### 知识链接

**计算固定资产折旧一般有四种方法**

1. 年限平均法，又称直线法，是指将固定资产的应记折旧额均衡得分谈到固定资产预计使用寿命内的一种方法。计算公式：

$$年折旧率 = (1 - 预计净残值率) \div 预计使用寿命（年） \times 100\%$$

$$月折旧率 = 年折旧率 / 12$$

$$月折旧额 = 固定资产原价 \times 月折旧率$$

2. 工作量法，是根据实际工作量计算每期应提折旧额的一种方法。计算公式：

$$单位工作量折旧额 = 固定资产原 \times (1 - 预计净残值率) / 预计总工作量$$

某项固定资产月折旧额＝该项固定资产当月工作量×单位工作量折旧额

3. 双倍月递减法，是指再不考虑固定资产预计净残值的情况下，根据每期期初固定资产原价减去累计折旧后的余额的双倍的直线法折旧率计算固定资产折旧的一种方法。计算公式：

$$年折旧率＝2/预计使用寿命（年）×100\%$$

$$月折旧率＝年折旧率/12$$

$$月折旧额＝固定资产账面净值×月折旧率$$

4. 年数总和法，计算公式：

$$年折旧率＝尚可使用年限/预计使用寿命的年数总和×100\%$$

$$月折旧率＝年折旧率/12$$

$$月折旧额＝（固定资产原价－预计净残值）×月折旧率$$

### 4. 无形资产统计

无形资产是指不具有实物形态，但可供企业长期使用并能够给企业带来经济利益的经济资源，如专利权、商标权、著作权、土地使用权、特许权、非专利技术和商誉等。

### 5. 其他资产统计

其他资产是指不能计入以上各类资产的其他资产，如临时设施和长期待摊费用等。

## 二、负债统计

负债是企业所承担的能以货币计量、需以资产或劳务偿还的债务。按偿还期限的长短可分为流动负债和长期负债。

### 1. 流动负债统计

流动负债是指偿还期限在 1 年以内的债务，如短期借款、应付票据、应付账款、应交税金、应付利润等。其反映企业偿付流动负债能力的指标有流动比率和速动比率。

（1）流动比率。流动比率是指流动资产与流动负债之比。反映企业短期偿债的能力。用公式表示为

$$流动比率＝\frac{流动资产}{流动负债}×100\% \tag{5-43}$$

流动比率高，一般说明企业短期偿债能力强。通常认为流动比率大于 200%，表明企业有足够的能力偿还流动负债。但也不能认为流动比率越大越好，因为过高的流动比率意味着企业持有过多的货币资金、存货和应收账款等，说明企业不善于理财或购销业务的经营管理不善。

（2）速动比率。速动比率是指扣除存货后的流动资产与流动负债之比。同样，反映企业短期偿债的能力。用公式表示为

$$速动比率＝\frac{流动资产－存货}{流动负债}×100\% \tag{5-44}$$

速动比率是用来反映企业流动资产中可以迅速变现用于偿付流动负债的能力。通常认为速动比率需要达到 100% 以上。同样，速动比率也不能认为越大越好。

### 2. 长期负债统计

长期负债是指企业从金融机构或其他单位借入的，偿还期在 1 年以上的债务，如长期借款、应付债券、长期应付款等。根据《物业服务企业财务管理规定》，代管基金作为企业长期债务管理。

代管基金是指企业接受业主管理委员会或物业产权人、使用人委托代管的房屋共用部位维

修基金和共用设施设备维修基金。其反映企业长期偿债能力的指标有资产负债率。

资产负债率是指企业负债总额与资产总额之比。用公式表示为

$$资产负债率 = \frac{负债总额}{资产总额} \times 100\% \tag{5-45}$$

资产负债率越低，表明企业偿债能力越强。但是资产负债率的高低同时还反映了企业利用负债资金的程度，因此该指标水平应适当，通常认为资产负债率在50%左右较适合。

【例5-20】　2019年年末，某物业服务企业资产总额为4 846.36万元，其中流动资产总额为634.24万元，存货为370万元；2019年年末负债总额为2 002.48万元，其中，流动负债总额为340.65万元。计算资产负债率、流动比率和速动比率。

**解：** 资产负债率 $= \dfrac{负债总额}{资产总额} \times 100\% = \dfrac{2\ 002.48}{4\ 846.36} \times 100\% = 41.32\%$

流动比率 $= \dfrac{流动资产}{流动负债} \times 100\% = \dfrac{634.24}{340.65} \times 100\% = 186.19\%$

速动比率 $= \dfrac{流动资产 - 存货}{流动负债} \times 100\% = \dfrac{634.24 - 370}{340.65} \times 100\% = 77.57\%$

## 三、所有者权益统计

所有者权益是指企业投资人对企业净资产的所有权。其包括实收资本（注册资本）、资本公积金、盈余公积金和未分配利润，见表5-7。

表5-7　所有者权益统计内容

| 序号 | 项目 | 内容 |
|---|---|---|
| 1 | 实收资本 | 实收资本是指投资者实际投入企业经营活动中的各种财产物资 |
| 2 | 资本公积金 | 资本公积金是指投入资本等活动中产生的资本增值 |
| 3 | 盈余公积金 | 盈余公积金是指企业按照规定从净利润中提取的积累资金。其包括法定盈余公积金、法定公益金、任意盈余公积金 |
| 4 | 未分配利润 | 未分配利润是指留于以后年度分配的利润或待分配利润 |

### 小提示

资产、负债和所有者权益三者之间的关系为

$$资产 = 负债 + 所有者权益 \tag{5-46}$$

## 四、营业收入统计

营业收入是指企业从事物业管理和其他经营活动所取得的各项收入。其包括主营业务收入和其他业务收入。主营业务收入是指企业在从事物业管理活动中，为物业产权人、使用人提供维修、管理和服务所取得的收入。其包括物业管理收入、物业经营收入和物业大修收入。其他业务收入是指企业从事主营业务以外的其他业务活动所取得的收入。其包括房屋中介代销手续费收入、材料物资销售收入、废品回收收入、商业用房经营收入及无形资产转让收入等。

### 1. 报告期主营业务收入

报告期主营业务收入＝报告期物业管理收入＋报告期物业经营收入＋报告期物业大修收入　　(5-47)

报告期物业管理收入＝报告期公共性服务费收入＋报告期公众代办性服务费收入＋

报告期特约服务收入　　(5-48)

报告期物业经营收入＝报告期房屋出租收入＋报告期经营共用设施收入　　(5-49)

物业大修收入是指企业接受业主管理委员会或物业产权人、使用人的委托，对房屋共用部位、共用设施设备进行大修取得的收入。

### 2. 营业收入同比百分数

营业收入同比百分数是指报告期营业收入与去年同期营业收入的比率。

$$营业收入同比百分数＝\frac{报告期营业收入}{去年同期营业收入}\times100\%$$ 　　(5-50)

## 五、营业成本统计

营业成本是指企业在从事物业管理活动中发生的各项直接支出和支付的其他有偿使用费。

$$营业成本＝直接人工费＋直接材料费＋间接费用＋其他有偿使用费$$ 　　(5-51)

其中，直接人工费包括企业直接从事物业管理活动等人员的工资、奖金及职工福利费等；直接材料费包括企业在物业管理活动中直接消耗的各种材料、辅助材料、燃料和动力、构配件、零件、低值易耗品、包装物等。

间接费用包括企业所属物业管理单位管理人员的工资、奖金及职工福利费、固定资产折旧费及修理费、水电费、取暖费、办公费、差旅费、邮电通信费、交通运输费、租赁费、财产保险费、劳动保护费、保安费、绿化维护费、低值易耗品摊销及其他费用等。

其他有偿使用费包括企业经营共用设施设备、管理用房、对管理用房进行装饰装修等支付的费用。

## 六、营业利润统计

物业服务企业的盈利能力是指企业赚取利润的能力。通过各项利润分析指标来考核企业的盈利能力。物业服务企业利润统计和分析指标主要有以下几项。

### 1. 营业利润

营业利润是指企业从事生产经营活动所产生的利润。用公式表示为

$$营业利润＝主营业务利润＋其他业务利润$$ 　　(5-52)

主营业务利润＝主营业务收入－增值税金及附加－营业成本－管理费用－财务费用其他业务利润

＝其他业务收入－其他业务支出－其他业务缴纳的税金及附加　　(5-53)

### 2. 营业利润率

营业利润率是指报告期已实现的营业利润与同期营业收入之比。用公式表示为

$$营业利润＝\frac{报告期营业利润}{报告期营业收入}\times100\%$$ 　　(5-54)

营业利润率反映企业营业收入的获利水平。

**小提示**

营业利润指标越大，表明企业经营活动的经济效益越好。

### 3. 资金利润率

资金利润率是指报告期已实现的利润总额与同期全部资金平均余额之比。其是反映物业服务企业资金运用的经济效益，分析资金投入效果的综合性指标。用公式表示为

$$\text{资金利润} = \frac{\text{报告期利润总额}}{\text{报告期流动资金平均余额} + \text{报告期固定资产净值平均余额}} \times 100\% \quad (5\text{-}55)$$

其中：

$$\text{利润总额} = \text{营业利润} + \text{补贴收入} + \text{投资净收益} + \text{营业外收支净额} \quad (5\text{-}56)$$

**【例 5-21】** 2019 年，某物业管理公司共管理甲、乙、丙三个住宅小区和一幢办公用房出租。具体情况见表 5-8。

表 5-8　2019 年某物业管理公司对所管辖住宅小区和办公用房出租统计情况

| 管理项目 | 总建筑面积 /万 m² | 物业管理平均收费 /[元·(m²·月)⁻¹] | 物业服务人员工资、设备保养等费用支付 /[元·(m²·月)⁻¹] |
|---|---|---|---|
| 甲住宅小区 | 6 | 1 | 0.7 |
| 乙住宅小区 | 10 | 1.8 | 1.2 |
| 丙住宅小区 | 4 | 2.4 | 1.5 |
| 办公用房 | 0.5 | 出租收入 3.5 元/m²·天，每天支出的费用约 2.5 元/m² | |

2019 年，该物业管理公司缴纳的增值税金及附加为 56.83 万元，管理费用为 20.66 万元。计算 2019 年该物业管理公司营业收入、营业成本、营业利润和营业利润率。

**解：**营业收入 $= (1 \times 60\,000 + 1.8 \times 100\,000 + 2.4 \times 40\,000) \times 12 + 3.5 \times 5\,000 \times 360$

$\qquad\qquad = 10\,332\,000(\text{元})$

营业成本 $= (0.7 \times 60\,000 + 1.2 \times 100\,000 + 1.5 \times 40\,000) \times 12 + 2.5 \times 5\,000 \times 360$

$\qquad\qquad = 7\,164\,000(\text{元})$

营业利润 $=$ 营业收入 $-$ 增值税金及附加 $-$ 营业成本 $-$ 管理费

$\qquad\qquad = 10\,332\,000 - 568\,300 - 7\,164\,000 - 206\,600$

$\qquad\qquad = 2\,393\,100(\text{元})$

$$\text{营业利润率} = \frac{\text{报告期营业利润}}{\text{报告期营业收入}} \times 100\% = \frac{2\,393\,100}{10\,332\,000} \times 100\% = 23.16\%$$

**知识链接**

### 房屋租赁统计指标

反映房屋租赁的统计指标主要包括租赁房屋总量、租赁房屋完好率、房屋出租总量、房屋出租率和房屋收缴率。

（1）租赁房屋总量。租赁房屋总量是指投入出租经营的房屋建筑面积，该指标反映了一定时点上能为社会提供租赁房屋的量。其包括在一定时点上已出租的房屋建筑面积和用于出租但未

出租的房屋建筑面积。租赁房屋总量也可以用价值量来反映。

（2）租赁房屋完好率。租赁房屋完好率是指租赁经营房屋中使用功能与质量完好或基本完好的房屋占租赁房屋总量的比重。该指标反映经营单位对房屋的维修保养状况，也反映出经营单位对存量资产的利用能力。其计算公式为

$$租赁房屋完好率 = \frac{租赁房屋中完好和基本完好的房屋建筑面积}{租赁房屋建筑面积} \times 100\% \qquad (5-57)$$

（3）房屋出租总量。房屋出租总量是指房屋租赁经营单位在一定时点上已出租的房屋数量，可以用房屋建筑面积或价值量来反映。房屋出租总量表明一定时点上向社会提供的房屋的数量。

（4）房屋出租率。房屋出租率是反映房屋出租状况的结构相对指标，用房屋出租总量除以可租赁房屋总量。其计算公式为

$$房屋出租率 = \frac{房屋出租总量}{可租赁房屋总量} \times 100\% \qquad (5-58)$$

该指标也反映物业经营单位房屋租赁的经营效果。

（5）租金收缴率。租金收缴率是指报告期实收租金总额占应收租金总额的比重。该指标反映了经营单位的经营管理水平。其计算公式为

$$租金收缴率 = \frac{报告期实收租金总额}{报告期应收租金总额} \times 100\% \qquad (5-59)$$

该指标同时也反映了经营单位的管理、服务企业和承租人的配合与支持情况。

## 模块总结

　　本模块主要介绍了物业服务企业基础工作统计，包括物业管理量统计、物业设备统计、物业从业人员情况统计、物业修缮统计及物业经营状况统计。其中，物业管理量是指物业服务企业在一定时期范围内所管理或服务对象的数量，是衡量物业服务企业服务数量和规模的定量指标；物业设备是指物业内部附属的和相关的各类市政、公用设备的总称，包括给水排水、供电、照明、暖通空调、消防报警、电梯、计算机网络、通信设施以及生产设备等。物业设备统计是物业设备管理的基础工作；物业从业人员是指在物业管理企业工作并取得劳动报酬的全部人员；物业修缮是指对物业进行维修、养护，保障物业发挥正常的使用功能或延长使用寿命；物业经营状况主要是反映物业服务企业的资产、负债及所有者权益，以及营业收入、成本和利润等经营状况。本模块的学习重点是掌握各项统计指标的计算与运用。

## 巩固与提高

### 一、填空题

1. 物业管理量统计一般包括物业管理_____和_____。

2. 物业管理项目个数统计的指标包括_____、_____、_____、_____。

3. 物业设备数量统计是用_____指标反应物业设备的量。

4. 物业设备数量完好率是用_____和_____来表示。

5. 物业设备利用程度统计的主要任务是________。

## 二、选择题

1. 下列各项中，不能用来表示物业管理价值量的是(　　)。

A. 原值　B. 净值　C. 现值　D. 残值

2. (　　)反映了劳动者在物业管理中的工作效率。

A. 工作完成率　B. 劳动生产率　C. 完成工作的数量　D. 执行速度

3. 物业修缮根据修缮对象不同可分为(　　)修缮和设备设施修缮。

A. 建筑物　B. 构筑物　C. 房屋　D. 园区道路

4. 流动资产是指可以在(　　)的一个营业周期内变现或耗用的资产。

A. 1年或超过1年　B. 3年或超过3年

C. 5年或超过5年　D. 7年或超过7年

## 三、简答题

1. 物业设备价值统计指标有哪些？具体内容是什么？
2. 计算物业从业人员平均人数时应注意哪些问题？
3. 什么是物业服务企业从业人员劳动报酬？包括哪些内容？
4. 简述反映维修工程质量的统计指标。
5. 什么是营业收入？包括哪些内容？

# 模块六

# 物业管理前期工作统计

| 教学内容 | 教学目标 | 教学重难点 | 权重 |
|---|---|---|---|
| 物业管理公司的招投标 | 德育目标：培养学遵纪守法、遵守国家相关标准和行业标准，高度责任心，培养学生具有诚实守信、公平公正的良好品质<br><br>能力目标：能够进行房地产招投标工作的统计 | 物业管理招投标工作的原则与程序 | 30% |
| 物业的接管验收统计 | 德育目标：培养质量先行，安全意识，实事求是的精神。<br><br>能力目标：能够物业接管验收的统计 | 物业接管验收统计标准及物业接管验收统计实施 | 35% |
| 房地产权属登记统计 | 德育目标：培养学生耐心细致严谨的工作作风和实事求是的工作态度，与人合作，沟通交流能力。<br><br>能力目标：能够进行房地产权属登记 | 房地产权属登记内容；房地产权属登记原则；房地产权属登记实施 | 35% |

## 单元一 物业管理公司的招投标

物业管理公司是指对住宅小区、公共商业楼宇等进行全面综合的管理，实行有偿服务，独立核算，自负盈亏、自我经营、自我发展、自我约束的企业法人。物业管理行业的快速发展和物业管理企业、业主委员会的诞生，使物业管理市场逐步活跃，这也为物业管理企业通过竞争取得物业的管理权提供了可能。物业管理企业只有通过市场才能真正走上企业化经营的道路，通过招投标达到企业和业主之间的双向选择，实现优胜劣汰。物业管理的招投标工作是活跃物业管理市场的基础工作，是物业管理公司进入市场的必然趋势。

### 一、物业管理公司简介

#### 1. 物业管理公司的性质

物业管理公司是从事物业管理与物业经营的企业，是以住宅小区、写字楼宇、商业大厦、综合市场等管理服务为核心的经营服务型企业。物业管理公司应具有法人资格，是实行独立经营、自负盈亏、独立核算、享有民事权利和承担民事责任的合法企业。

### 2. 物业管理公司的宗旨

(1)为房地产开发企业服务，完成房地产企业的售后服务工作，造就房地产业的健康发展和良性循环；

(2)坚持"用户至上，服务第一"的原则，为用户提供多项目、全方位的优质服务，做用户的后勤部、总管家；

(3)做城市管理的一分子，履行社会管理的义务，为城市的建设、城市的管理与城市的文明进步做贡献。

### 3. 物业管理公司的目的

(1)使业主(使用人)得到比较实惠的优质服务，使业主(使用人)工作或生活在一种整洁、舒适、安全、宁静、优雅的环境之中；

(2)使业主的物业在妥善的管理、维护、保养下，保持良好的面貌和完好的使用状态，延长其使用寿命，促进物业的增值；

(3)通过物业管理公司的多种经营活动与便民服务，以创造更多的经济效益，以减轻业主(使用人)和政府的经济负担；

(4)通过物业管理公司的专业化管理，为所在的城市创建更多、更好的"优秀住宅小区和优秀示范小区"，增强城市的活力，促进城市的"两个文明"建设。

### 4. 物业管理公司的主要工作内容

物业管理公司的工作内容涉及经营、管理两个方面，包含服务与发展两个部分，涉及面比较广泛，工作内容也相当复杂，综合起来有以下两个部分：

(1)属于管理与服务方面的工作内容。

1)房屋管理：主要是对房屋外立面、内部结构、室内装修进行严格的管理和控制；

2)环境秩序管理：维护环境的美观，制止乱搭乱建、乱停乱放、违章占地，保持幽雅、宁静的良好环境秩序；

3)清洁卫生管理：落实城市和住宅小区的卫生管理制度，清扫清运垃圾，对住宅小区实行 12 h 的保洁，保持清洁卫生及良好的村容区貌；

4)绿化管理：对管理区域的绿化，进行管理养护，做好日常的淋水、施肥、喷药除虫、补种更新，保持良好的绿化效果；

5)治安管理：招聘、培训保安人员，配合当地派出所做好治安管理工作，负担管理区域内的治安巡逻，保证治安防范区的安全，为住户解除后顾之忧；

6)设备管理：对各种水、电、机械、电子设备实施管理和维护，按照设备的技术要求，定期进行检查维护，保证各种设备的正常运转；

7)财务管理：建立物业档案，掌握产权变更及各类档案资料，记录重大活动；

8)制定及贯彻执行各项管理制度及居民公约；

9)处理居民投诉，调解居民邻里关系；

10)配合好市、区、街道等上级安排的各项工作任务，贯彻执行国家的有关法令；

11)组织开展好各种社区文化娱乐活动，搞好管理范围内的精神文明建设；

12)其他管理与服务工作。

(2)属于经营性的工作内容。物业管理公司不但要做好日常的管理工作，更重要的是要做好经营的活动，既增加公司的财务收入，为广大居民提供多方面的服务，又可以弥补管理费用的不足，减轻居民负担。作为物业管理公司，其主要经营项目有以下几项：

1）物业租赁与经营；

2）业主住宅物业的看管与养护；

3）业主家庭设备的修理；

4）小区内三车（自行车、摩托车、汽车）的保管与经营；

5）为业主代购、搬运大件家具等；

6）为业主雇请保姆、家庭教师等；

7）为业主代收、代交电话、煤气费等；

8）其他项目的委托服务。

物业管理公司
服务注意事项

## 二、物业管理公司招投标工作原则与程序

物业管理招投标实质上是围绕着物业管理权的一种交易形式。物业管理的招标是物业所有权人或法定代表的开发商或业主委员会在为物业选择管理者时，通过制定招标文件，向社会公布招标信息，由物业管理企业竞投，从中选择最佳者，并与之订立物业管理合同的过程，也是物业的业主、开发商（或业主）运用价值规律和市场竞争来组织物业委托管理的基本方式。招标就是竞争信号。物业管理投标是指符合招标文件中要求的物业管理企业，根据公布的招标文件中确定的各项管理服务要求与标准，根据国家有关法律、法规与本企业管理条件和水平，编制投标文件，积极参与投标活动的整个过程。也即物业管理企业依据委托方的招标文件的要求组织编制标书，争取获得物业管理资格的一种竞争行为。它是物业管理公司前期介入的基本前提和经常工作。

## 小提示

根据国家有关规定，住宅小区已交付使用且入住率达到50％以上时，物业管理主管部门应会同开发建设单位召集全体业主举行全体业主选举大会，选举产生业主委员会。业主委员会在业主大会的监督下，通过公开招标选定物业管理公司，与物业管理企业订立、变更或解除物业管理合同。物业管理公司根据与业主委员会的合同，承担住宅小区的物业管理工作。

### 1. 物业管理公司招投标工作原则

物业管理招投标的目的就是物业管理企业和业主利用市场竞争机制，找到自己最理想的物业管理企业。开发商或业主要想吸引尽可能多的物业管理企业参与投标并从竞争性投标中得益，招投标就必须贯彻"公平、公正、公开、合理"的原则。

### 2. 物业管理公司招投标工作程序

（1）物业管理主管部门发布《招标书》《标书的项目和要求》。

（2）物业管理公司提交营业执照复印件（正本交审）、投标申请书及公司情况介绍等资料。

（3）招标领导小组对报名参加投标的单位进行资质审查，根据具体情况，确定数家管理力量雄厚、经验丰富、水平先进、信誉好的物业管理公司参加投标，并书面通知各参加投标单位。

物业管理招投标的
意义

（4）参加投标的单位根据《招标书》《标书的项目和要求》编制标书，密封后

在指定的时间前送达投标地点。

（5）评标委员会将由招标人代表和物业管理方面专家组成。

（6）由评标委员会采用会议形式开标、定标。评标人员在开标会上对各参加投标单位的标书逐项进行无记名评分。记分时每个项目去掉最高分和最低分，然后算出其总分，总分最高者中标。

## 单元二　物业的接管验收统计

物业的接管验收是指物业管理企业接管开发企业、建设单位或个人托管的新建房屋或原有房屋等物业时，以主要结构安全和满足使用功能为主要内容的接管检验。对新建房屋，接管验收是竣工验收的再检验。物业接管验收过程中材料的收集、整理、分析等统计工作，是物业管理过程中不可缺少的一个重要环节。

### 小提示

物业接管验收不同于竣工验收。接管验收房管部门、物业管理公司、建设单位自身及个人对物业的接管验收。

## 一、物业接管验收统计原则

物业的接管验收是一个比较复杂的过程，它不仅涉及建筑工程技术，而且牵涉到许多法律法规问题，常常出现一些实际结果与理论要求不一致之处。为了处理好接管验收过程中发现的问题，需掌握以下基本原则。

#### 1. 规范性接管原则

在物业接管过程中，要用制度来保证接管验收的规范性，应对验收中检查出的各种问题做非常详细的记录，该返工的要责成施工单位返工，属无法返工的问题就应索赔。返工没有达到规定要求的，不予签字，直到达到要求。但是，对于大规模的物业，难免出现一些不尽人意之处，接管验收人员就要针对不同问题分别来采取不同的相应解决办法。不能把验收双方置于对立状态，而应共同协商，力争合理、圆满的解决物业接管验收过程中发现的问题。

#### 2. 细致入微与整体把握相结合

工程质量问题对物业产生不良影响的时间是相当久远的，给管理带来的障碍是巨大的，所以，物业管理公司在进行工程验收统计时必须细致入微，任何一点忽视都会给自己日后的管理带来无尽的困难，也将严重损害业主的利益。大的方面如给水排水管是否通畅，供电线路的正确与否及各种设备的运行是否正常；细微之处如所用材料的性能，供电线路的容量是否恰当；电梯、空调、发电机组等大型设备的检测和验收统计必须在其负载运行一段时间以后进行。

## 二、物业接管验收统计标准

物业接管验收标准的内容见表6-1。

表 6-1　物业接管验收标准的内容

| 项目 | | | 具体标准 |
|---|---|---|---|
| 质量功能与使用功能检测 | 新建房屋 | 主体结构 | (1)地基基础的沉降不得超过《建筑地基基础设计规范》(GB 50007—2011)的允许变形值，不得引起上部结构的开裂或相邻房屋的损坏。<br>(2)钢筋混凝土结构产生变形、裂缝，不得超过《混凝土结构设计规范(2015 年版)》(GB 50010—2010)的规定。<br>(3)木结构节点牢固，支撑系统可靠，无蚁害，其构件的选材必须符合《木结构工程施工质量验收规范》(GB 50206—2012)的有关规定。<br>(4)砖石结构必须有足够的强度和刚度，不允许有明显的裂缝。<br>(5)凡应抗震设防的房屋，必须符合《建筑抗震设计规范(2016 年版)》(GB 50011—2010)的有关规定 |
| | | 外墙 | 不得漏水 |
| | | 屋面 | (1)各类屋面必须符合《屋面工程技术规范》(GB 50345—2012)的规定，排水畅通，无积水，不渗漏。<br>(2)平屋面应有隔热保温措施，三层以上房屋在公用部位设置屋面检修孔。<br>(3)阳台和三层以上房屋的屋面应有组织排水，出水口、檐落水管应安装牢固，接口严密，不渗漏 |
| | | 楼地面 | (1)面层与基层必须粘结牢固，不空鼓。整体面层平整，不允许有裂缝、脱皮和起砂等缺陷；块料面层应表面平整，接缝均匀顺直，无缺棱掉角。<br>(2)卫生间、阳台、盥洗间地面与相邻地面的相对标高应符合设计要求，不应有积水，不允许倒泛水和渗漏。<br>(3)木楼地面应平整牢固，接缝密合 |
| | | 装修 | (1)钢木门窗应安装平整牢固，无翘曲变形，开关灵活，零配件装配齐全，位置准确，钢门窗缝隙严密，木门窗缝隙适度。<br>(2)进户门不得使用胶合板制作，门锁应安装牢固。<br>(3)木装修工程表面光洁，线条顺直，对缝严，不露钉帽，与基层必须钉牢。<br>(4)门窗玻璃应安装平整，油灰饱满，粘贴牢固。<br>(5)抹灰应表面平整，不应有空鼓、裂缝和起泡等缺陷。<br>(6)饰面砖应表面洁净，粘贴牢固，阴阳角与线脚顺直，无缺棱、掉角。<br>(7)油漆、刷浆应色泽一致，表面不应有脱皮、漏刷现象 |

| 项目 | | | 具体标准 |
|---|---|---|---|
| 质量功能与使用功能检测 | 新建房屋 | 电气 | （1）电气线路安装应平整、牢固、顺直，过墙应有导管。导线连接必须紧密、可靠，使管路在结构上和电气上均连成整体并有可靠的接地。回路导线间和对地绝缘电阻值不小于 1 MΩ/kV。<br>（2）应按套安装电表或预留表位，并有电器的接地装置。<br>（3）照明器具等低压电器安装支架必须牢固、部件齐全，接触良好，位置正确。<br>（4）各种避雷装置的所有连接点必须牢固可靠，接地电阻值必须符合电气装置安装工程有关规范的要求。<br>（5）电梯应能准确地启动运行、选层、平层、停层，曳引机噪声和振动声不得超过有关规范的规定值，制动器、限速器及其他安全设备应动作灵敏可靠，安装的隐蔽工程、试运转记录、性能检测记录及完整的图纸资料均应符合要求。<br>（6）对电视信号有屏蔽影响的住宅，电视信号场强、微、弱或被高层建筑遮挡及反射波复杂地区的住宅，应设置电视共用天线。<br>（7）除上述要求外，同时应符合地区性"低压电气装置规程"的有关要求 |
| | | 水、卫、防潮 | （1）管道应安装牢固，控制部件启闭灵活、无滴漏。水压试验及保温、防腐措施必须符合《建筑给水排水及采暖工程施工质量验收规范》（GB 50242—2002）的要求。应按套安装水表或预留表位。<br>（2）高位水箱进水管与水箱检查口的设置应便于检修。<br>（3）卫生间、厨房内的排污管应分设，出户管长不宜超过 8 m，并不应使用陶瓷管、塑料管，地漏、排污管接口、检查口不得渗漏，管道排水必须流畅。<br>（4）卫生器具质量良好，接口不得渗漏，安装应平正、牢固、部件齐全、制动灵活。<br>（5）水泵安装应平稳，运行时无较大振动。<br>（6）消防设施必须符合《建筑设计防火规范（2018 年版）》（GB 50016—2014）的要求，并且有消防部门检验合格签证 |
| | | 采暖 | （1）采暖工程的验收，必须在采暖期以前两个月进行。<br>（2）锅炉、箱罐等压力容器应安装平正、配件齐全，不得有变形、裂纹、磨损、腐蚀等缺陷。安装完毕后，必须有专业部门的检验合格签证。<br>（3）炉排必须进行 12 h 以上试运转，炉排之间、炉排与炉壁之间不得相互摩擦，且无杂音，不跑偏，不受卡，运转应自如。<br>（4）各种仪器、仪表应齐全精确，安全装置必须灵敏、可靠，控制阀门应开关灵活。<br>（5）炉门、灰门、煤斗闸板、烟、风挡板应安装平正，启闭灵活，闭合严密，隔墙不得透风漏气。<br>（6）管道的管径、坡度及检查井必须符合《建筑给水排水及采暖工程施工质量验收规范》（GB 50242—2002）的要求，管沟大小及管道排列应便于维修，管架、支架、吊架应牢固。<br>（7）设备、管道不应有跑、冒、滴、漏现象，保温、防腐措施必须符合《建筑给水排水及采暖工程施工质量验收规范》（GB 50242—2002）的规定。<br>（8）锅炉辅机应运转正常，无杂音。消烟除尘、消声减振设备齐全，水质、烟尘排放浓度应符合环保要求。<br>（9）经过 48 h 的连续试运行，锅炉和附属设备的热工、机械性能及采暖区室温必须符合设计要求 |

续表

| 项目 | | | 具体标准 |
|---|---|---|---|
| 质量功能与使用功能检测 | 新建房屋 | 附属工程及其他 | （1）室外排水系统的标高、检查井设置、管道坡度、管径必须符合《室外排水设计规范》（GB 50014—2021）的要求，管道应顺直且排水畅通，井盖应搁置稳妥并设置井圈。<br>（2）化粪池应按排污量合理设置，池内无垃圾杂物，进出水口高度差不得小于5 cm，立管与粪池间的连接管道应有足够坡度，并不应超过两个弯。<br>（3）明沟、散水、落水沟头不得有断裂、积水现象。<br>（4）房屋入口处必须做室外道路，并与主干道相通，路面不应有积水、空鼓和断裂现象。<br>（5）房屋应按单元设置信报箱，其规格、位置必须符合有关规定。<br>（6）挂物钩、晾衣架应安装牢固，烟道、通风道、垃圾道应通畅、无阻塞物。<br>（7）单体工程必须做到工完、料净、地清，临时设施及过渡用房拆除清理完毕，室外地面平整，室内外高差符合设计要求。<br>（8）群体建筑应检验相应的市政、公建配套工程和服务设施，达到应有的质量和使用功能要求。 |
| | 原有房屋 | | （1）以《危险房屋鉴定标准》（JGJ 125—2016）和国家有关规定为检验依据。<br>（2）从外观检查建筑物整体的变形状态。<br>（3）检查房屋结构、装修和设备的完好与损坏程度。<br>（4）检查房屋使用情况（包括建筑年代、用途变迁、拆改添建、装修和设备情况），评估房屋现有价值，建立资料档案。 |
| 质量问题及其处理 | 新建房屋 | | （1）影响房屋结构安全和设备使用安全的质量问题，必须约定期限由建设单位负责进行加固补强返修，直到合格。<br>（2）影响相邻房屋的安全问题，由建设单位负责处理。<br>（3）对于不影响房屋结构安全和使用安全的质量问题，可约定期限由建设单位负责维修，也可采取费用补偿的办法，由接管单位处理。 |
| | 原有房屋 | | （1）属有危险的房屋，应由移交人负责排险解危后，始得接管。<br>（2）属损坏的房屋，由移交人和接管单位协商解决，既可约定期限由移交人负责维修，也可采用其他补偿形式。<br>（3）属法院判决没收并通知接管的房屋，按法院判决办理。 |

## 三、物业接管验收统计实施

### 1. 物业接管验收统计资料准备

（1）新建房屋接管验收统计应准备的资料包括以下几项：

1）产权资料。

①项目批准文件；

②用地批准文件；

③建筑执照；

④拆迁安置资料。

2）技术资料。

①竣工图——包括总平面、建筑、结构、设备、附属工程及隐蔽管线的全套图纸；

②地质勘察报告；

③工程合同及开、竣工报告；

④工程预决算；

⑤图纸会审记录；

⑥工程设计变更通知及技术核定单（包括质量事故处理记录）；

⑦隐蔽工程验收签证；

⑧沉降观察记录；

⑨竣工验收证明书；

⑩钢材、水泥等主要材料的质量保证书；

⑪新材料、构配件的鉴定合格证书；

⑫水、电、采暖、卫生器具、电梯等设备的检验合格证书；

⑬砂浆、混凝土试块试压报告；

⑭供水、供暖的试压报告。

（2）原有房屋接管验收统计应准备的资料包括以下几项：

1）产权资料。

①房屋所有权证；

②土地使用权证；

③有关司法、公证文件和协议；

④房屋分户使用清册；

⑤房屋设备及其附着物清册；

2）技术资料。

①房地产平面图；

②房屋建筑平面图；

③房屋及设备技术资料。

### 小提示

物业接管验收统计应满足以下条件：

（1）新建房屋接管验收统计的条件。新建房屋的接管验收是在竣工验收合格的基础上，以主体结构安全和满足使用功能为主要内容的再检验。接管验收统计应具备以下条件：

1）建设工程全部施工完毕，并经竣工验收合格；

2）供电、采暖、给水排水、卫生、道路等设备和设施能正常使用；

3）房屋幢、户编号经有关部门确认。

（2）原有房屋的接管验收统计的条件。

1）房屋所有权、使用权清楚；

2）土地使用范围明确。

### 2. 接管验收统计程序

（1）新建房屋的接管验收统计程序如下：

1）由建设单位书面提请接管单位接管，接管单位按接管验收应具备的条件和接管验收应验交的产权资料及技术资料进行审核。对具备条件的，在15日内签发验收通知、约定验收时间并进行相应的统计。

2)接管单位会同建设单位对房屋的主体结构、外墙、屋面、楼地面、装修、电气、水、卫、消防、供暖、供气、电梯、附属工程及其他项目进行质量与使用功能的检验，并填写详细、全面的统计记录。

3)对验收统计中发现的影响房屋结构安全及设备使用安全的质量问题，约定期限由建设单位负责进行加固补强返修，直到合格。影响相邻房屋的安全问题，由建设单位负责处理。

4)对于不影响房屋结构安全和设备使用安全的质量问题，可约定期限由建设单位负责维修，也可采用费用补偿的办法，由接管单位处理。

5)房屋检验合格后，接管单位根据接管验收统计记录，签署验收合格凭证，签发接管文件。

(2)原有房屋接管验收统计程序如下：

1)移交人书面提请接管单位接管验收；

2)接管单位按接管验收条件和应提交的资料逐次进行审核，对具备条件的，应在15日内签发验收通知、约定验收时间并进行相应的统计；

3)接管单位会同移交人对原有房屋的质量与使用功能进行检验，并填写详细、全面的统计记录；

4)对检验中发现的危损问题，按危险和损坏问题的处理办法处理；

5)交接双方共同清点房屋、装修、设备和定、附着物，核实房屋使用状况；

6)经检验符合要求的房屋，接管单位根据接管验收统计记录，签署验收合格凭证，签发接管文件，办理房屋所有权转移登记(若无产权转移，则无须办理)。

### 3. 接管验收统计报表

(1)拟接收物业考察表(表6-2)。

表6-2  拟接收物业考察表

| 种类 | 项目 | 信息 | 项目 | 信息 |
|------|------|------|------|------|
| 新物业 | 物业名称 | | 法人代表姓名 | |
| | 物业发展商 | | 总投资 | |
| | 物业性质 | | 地点 | |
| | 总占地面积 | | 总建筑面积 | |
| | 楼宇占地面积 | | 住宅总面积 | |
| | 商场总面积 | | 写字楼总面积 | |
| | 管理用房面积 | | 员工宿舍面积 | |
| | 绿化占地面积 | | 联系人及电话 | |
| | 机电设施概况： | | | |
| | 其他情况： | | | |
| 旧物业 | 管委会成立情况： | | | |
| | 管委会主任情况： | | | |
| | 管委会退出原因： | | | |
| | 该物业社会、治安环境： | | | |

(2)物业统计表(表6-3)。

表 6-3　物业统计表

| 项目＼物业名称 | | | | | | | |
|---|---|---|---|---|---|---|---|
| 竣工时间 | | | | | | | |
| 开发商 | | | | | | | |
| 物业位置 | | | | | | | |
| 物业性质 | | | | | | | |
| 工程总造价/万元 | | | | | | | |
| 占地面积/m² | | | | | | | |
| 总建筑面积/m² | | | | | | | |
| 总住宅面积/m² | | | | | | | |
| 楼栋数量/栋 | | | | | | | |
| 单元数/单元 | | | | | | | |
| 最高层数/层 | | | | | | | |
| 套房/套 | | | | | | | |
| 公寓/套 | | | | | | | |
| 楼道灯/盏 | | | | | | | |
| 商业用房/m² | | | | | | | |
| 管理用房/m² | | | | | | | |
| 停车场　个 | | | | | | | |
| 停车场　m² | | | | | | | |
| 单位/个 | | | | | | | |
| 室内车棚　个 | | | | | | | |
| 室内车棚　m² | | | | | | | |
| 文化中心/m² | | | | | | | |
| 游泳池/m² | | | | | | | |
| 网球场/m² | | | | | | | |
| 小学/m² | | | | | | | |
| 中学/m² | | | | | | | |
| 幼儿园/m² | | | | | | | |
| 综合楼/m² | | | | | | | |
| 小区道路/m | | | | | | | |
| 雕塑/个 | | | | | | | |
| 沟渠/m | | | | | | | |
| 雨、污水检查井/个 | | | | | | | |
| 沙井/个 | | | | | | | |

**续表**

| 项目 ＼ 物业名称 | | | | | | | | | |
|---|---|---|---|---|---|---|---|---|---|
| | | | | | | | | | |
| | | | | | | | | | |
| | | | | | | | | | |
| | | | | | | | | | |
| | | | | | | | | | |
| | | | | | | | | | |
| | | | | | | | | | |
| | | | | | | | | | |
| | | | | | | | | | |
| 化粪池 | 个 | | | | | | | | |
| | m² | | | | | | | | |
| 屋顶水箱 | 个 | | | | | | | | |
| | m² | | | | | | | | |
| 停车场 | 个 | | | | | | | | |
| | m² | | | | | | | | |

（3）房屋接管验收表（表 6-4）。

**表 6-4　房屋接管验收表**

栋号：　　　　　　　　　　　　　　　　接管验收时间：　　年　月　日

| 编号 | 存在问题 | | | | | 备注 |
|---|---|---|---|---|---|---|
| | 土建设施 | 照明 | 给水排水 | 门窗 | 其他 | |
| | | | | | | |

验收人：　　　　　　　　　　　　　　　　　　　　　　　　移交人：

（4）房屋接管验收遗留问题统计表（表 6-5）。

**表 6-5　房屋接管验收遗留问题统计表**

遗留项目名称：　　　　　　　　　统计人：　　　　　　　　日期：

| 栋号房号 | 遗留问题简述 | 备注 |
|---|---|---|
| | | |

(5)公共配套设施接管验收表(表6-6)。

**表6-6 公共配套设施接管验收表**

接收项目名称: 统计人: 日期:

| 设施名称 | 存在问题简述 | 备注 |
|---|---|---|
|  |  |  |
|  |  |  |

验收人: 移交人:

(6)公共配套设施接管验收遗留问题统计表(表6-7)。

**表6-7 公共配套设施接管验收遗留问题统计表**

遗留项目名称: 统计人: 日期:

| 设施名称 | 遗留问题简述 | 备注 |
|---|---|---|
|  |  |  |
|  |  |  |

(7)楼宇接管资料移交清单(表6-8)。

**表6-8 楼宇接管资料移交清单**

日期:

| 序号 | 移交资料名称 | 单位 | 数量 | 备注 |
|---|---|---|---|---|
|  |  |  |  |  |
|  |  |  |  |  |
|  |  |  |  |  |
|  |  |  |  |  |
|  |  |  |  |  |
|  |  |  |  |  |

接收人: 移交人:

知识链接

**物业接管验收统计的作用**

作为百年大计的任何一个物业,其质量优劣将对物业本身产生永久的影响,因此,物业接管验收统计是物业管理过程中必不可少的一个环节。物业管理企业不仅要尽早地介入物业建设,

而且要充分利用其接管验收中的地位严格把关，如果在接管验收统计中马虎从事，得过且过，物业管理企业就可能遭到损失。因为一旦合同生效，物业管理企业就必须承担合同中规定的义务和责任，所以，物业管理企业应该充分重视接管验收统计。接管验收统计的作用主要体现在以下几个方面：

(1)明确在物业接管验收中交接双方的责权利。在市场经济条件下，交接双方是两个独立的经济体。通过接管验收并进行相应的统计，签署一系列文件，实现权利和义务的同时转移，从而在法律上界定清楚交接双方的关系。

(2)确保物业使用的安全和正常的使用功能。物业接管验收统计有相应的标准，通过这一程序促使施工或开发企业依标准进行规划设计和建设，否则，该物业将作为不合格产品不允许进入使用阶段或市场营运。

(3)为实施专业化、社会化、企业化管理创造条件。通过接管验收统计，一方面使工程质量达到要求，减少管理过程中的维修、养护工作量；另一方面，根据接管物业有关的统计资料，可以了解物业的性能与特点，预测管理事务中可能出现的问题，计划安排好各管理事项，建立物业管理系统，发挥专业化、社会化、企业化的管理优势。

## 单元三　房地产权属登记统计

房地产产权主要是指对房屋的所有权及对房屋所占基地、院墙、院落等所占用土地的使用权。由于房屋是建筑在一定土地上的，房屋和土地二者不可分割，在管理上两者的权利主体具有一致性，所以，房地产产权实际上是包括对房屋的所有权和对土地的使用权。房地产权属登记主要是通过对产权的审查和确认，颁发土地使用权证和房产证等手段，保证公民、法人对房屋及附属物的所有权和对房屋所占有土地的使用权得到法律上的认可，从而使公民、法人的合法权益受到法律保护。

### 一、房地产权属登记的内容

房地产权属登记也就是通常所说的房屋所有权登记，除具有涉及面广、工作量大、政策性强、专业性强的特点外，还具有时间长的特点。房地产权属登记包括房地产的所有权登记和房地产的他项权利登记。

(1)房地产的所有权登记是指申请人按照国家规定到房屋所在地的人民政府房地产行政主管部门申请房屋权属登记，领取房屋权属证书的行为。

(2)房地产他项权利是指由房屋的所有权衍生出来的典权、典质权、租赁权等权利。

1)典权。典权是指房屋所有权拥有者将其房屋典当给他人以获得利益的权利。房屋典当是指承典人用价款从房屋所有人手中取得使用房屋的权利的行为。承典人与出典人(房屋所有人)要订典契，商定回赎期限(即存续期)，一般期限是 3 ～10 年。到期由出典人还清典价，赎回房屋。典价无利息，房屋无房钱。

2)典质权。典质权是在不转移房屋所有权的条件下，将标的物的权利置于他人控制之下，作为担保的一种方式。典质人仍享有标的物使用与收益的权利，但无权处置。典质权人也不可以随意处置典质物。当合同到期时，典质人未能达到合同商定，典质权人可以将典质物拍卖，并优先获得补偿。

3)租赁权：租赁权是指房屋所有权人有将其房屋租赁给他人的权利。房屋租赁是指房屋的所有人作为出租人将其房屋出租给承租人使用，由承租人支付房钱的行为。承租人取得房屋使用权后，未经出租人同意不得随便处置所承租的房屋，除非租赁合同另有规定，否则就是违法行为。

## 小提示

有些国家对房地产的产权管理是通过合同来控制的，而我国是通过产权证来控制的，以此确定房地产的权属关系。根据我国的有关规定，业主置产后必须到政府主管部门注册登记，办理土地使用证和房屋所有权证。房地产是消费期限较长的固定财产，在长期的使用过程中，需要有一个合法的证明，来说明业主与物业之间的权属关系。房地产权属登记是法律规定的管理机构对房地产权属状况进行的持续记录。

## 二、房地产权属登记的工作程序

房地产权属登记是一项比较复杂的工作，每个环节都非常重要。登记工作是房地产脱离生产领域后，所要做的第一项工作。房地产权属登记统计资料的真实性和全面性，对房地产的开发经营和消费管理都至关重要。房地产权属登记的统计程序如下。

### 1. 登记收件

登记收件包括检验证件、填写申请书与"墙界表"及收取证件三项内容。

（1）检验证件。产权管理机构需检验的证件主要是产权人身份证明和权属关系证明。检验身份证件的目的是确认申请人是否有申请资格。产权申请人必须是房屋产权人（包括共有人），申请登记时应出示本人的居民身份证或户口簿，并使用与户籍姓名一致的图章。申请人必须是具有完全民事行为能力的人，无民事行为能力的人或限制民事行为能力的人，应由其法定代理人代理。申请人不在本地，不能亲自来办理登记手续的，应书面委托在本地的亲友代理。申请房屋产权登记的单位，必须具有法人资格，未取得法人资格的不能申请房屋产权登记，须交验经主管机关核准的证件或证明，须用单位的全称及与之相一致的公章。检验产权证件，是认定申请人申请登记是否具有合法的事实依据，以便确定是否具备成熟的登记条件。房屋产权人应根据产权来源的不同，分别提交契约、合同和有关证明。提交的各种产权证件、证明等均须是原件，不能提交影印件、复印件。单位房屋的栋数较多，各栋房屋的来源也不尽相同，应根据每栋房屋的不同来源提供不同的证件。

（2）填写申请书与"墙界表"。所谓申请书实际上是一种表格式的书面申请，是产权申请人向登记机关陈述合法产权来源和房屋状况，请求对其房地产给予法律承认和保护的一种文件。"墙界表"是房屋产权人向房屋管理机关提供其房屋四邻墙体归属的自我认定，以及有利害关系的相邻住户对其认定的承认和证明的书面申报，这是认定墙界，确认产权的重要依据。

## 小提示

房屋产权人申请房屋产权登记时，除填写"申请书"外，无论是私房、单位自管房、直管公房及代管房均须同时填报"墙界表"。

（3）收取证件。申请书写好后，连同应交验的其他资料一起交给工作人员。工作人员查验无误后，办理收件手续，并给申请人收件收据，作为领取户权证的凭证。所有资料收齐后，将资料及收据存根装入档案袋。

### 2. 勘丈绘图

勘丈绘图是对申请登记的房地产进行实地勘察。勘察时要以产权人为单位，清查房屋状况、丈量面积、核实归属、确认范围四至，同时绘制分户平面图，补测或修改房屋平面图，为产权审查和制图发证提供依据。

勘丈绘图主要任务主要有以下三项：

（1）核实修正房屋情况。按照"申请书"房屋状况栏内规定的项目，逐项调查认定，修正填写错误的项目。参照摘录房屋普查表或产权档案、卡片中的房屋状况，对照申请登记房屋的建筑结构、层数、建成年份、用途、使用情况、建筑面积等逐项核实和丈量，如有变化，应询问产权人，弄清原因，加以注记，并在丈量计算面积后，修正房屋平面图。

（2）核实墙界。核实时，必须由房屋产权人逐一实地指界，以验证与其"墙界表"填写是否一致，不一致时要追问原因，并做注记，以便进一步处理。经核实，应对四面墙界进行最后认定，原则上相邻两户意见一致，当房屋平面图墙界和实况一致，即可认定。

（3）绘制分户房产平面图。在实地对房屋全面勘察和核实墙界的基础上，丈量绘制以一户房屋产权为单位的分户房产平面图，这是制发产权证平面图的依据，必须精确绘制。

### 3. 房地产权属审查

房地产权属审查是以产权、产籍档案的历史资料和实地调查勘察的现实资料为基础，以现行国家的政策、法律和有关的行政法规为依据，对照申请人提交的"申请书""墙界表"、产权证件、证明，逐户、逐栋认真审查其申请登记的房屋产权来源是否清楚，产权转移和房屋变动是否合法的整个复杂细致的工作过程，是一项具有法律效力，涉及国家机关声誉的严肃工作。

房地产的权属审查一般分四步进行，即初审、公告、复审和审批。

（1）初审。工作人员首先对申请登记的房地产有关资料和申请人提交的各种证件进行详细审查。核实房屋的墙界和土地使用权的四至范围，弄清楚产权来源及产权变动情况。对符合有关法律、法规和国家政策的产权申请进行确认，并提出审查的初步意见。

（2）公告。公告的目的主要是征询非申请人对确认房地产权属关系的意见，如有异议可向管理部门提出。公告是通过媒体将申请人申请的房地产状况及其权属状况和初步核定的有关情况公布于众。在规定的时间内，对产权有异议者，可书面向房地产行政主管部门提出，并提出重新申请复核。如在规定时间内未发现有人提出异议，即可准予确认产权。

（3）复审。经公告后，产权无异议的由复审人员进行全面复核审查，发现问题立即进行调整处理。

1）进行权属登记的原因是否清楚，产权的取得是否有依据；

2）审查申请人交来的各种证件、证明是否有效，各项手续是否完备；

3）对于不符合要求的"证件"不能确认，应令其补齐手续、证件或重新调查核实后，再予复审。

（4）审批。审批是对经过初审、复审、初步确认房屋产权和经过公告无异议的案件进行最后的审查，并且决定是否批准房屋产权和发放产权证的一项重要程序，也是产权审查的最后程序。审查批准是权属登记中的关键环节，只有经审查批准才能确认权属关系，才能准予发给证件。经审查合格可以确认其权属关系的报件，应在"审批栏目"中签署肯定性的意见。

## 小提示

　　对申请登记的房屋，经过认真细致的实地勘察和丈量绘图，掌握了房屋全部实况资料后，即可转入房地产的权属审查。

### 4. 绘制权证

　　对申请登记的房地产，经审查批准准予发给权属证件后，即可进行绘制权证工作。权证是具有法律效力的证件，是产权人与所申请登记的房地产之间权属关系的证明。

　　发放产权证的种类有以下两种：

　　(1)房屋产权证。房屋产权确认为一人所有，或某单位所有，发放房屋产权证；

　　(2)房屋共有产权保证证。房屋确认为二人以上的共有产，除发给房屋产权证一份，由产权人收执外，另加发房屋共有产权保证证，由共有人收执。

### 5. 收费发证

　　房地产权属登记收费属行政收费，应由登记申请的产权人交纳。如属买卖转移登记应由交易双方分别负担。属于买卖转移登记应以买卖房价总值为基数乘以千分之几的比率作为收费标准。继承登记、分析登记和更名登记以标准房价总值为基数，改、扩建登记以投资额为基数，商品房登记以房屋造价为基数，房地产抵押登记以房地产抵押价款为基数，在此基础上分别乘以不同的比率来确定收费的数额。登记收费除收取登记费外，还有工本费、勘察测量费等，收费标准必须经当地政府批准。

## 三、房地产权属登记统计的实施

　　房地产权属登记统计是将产权所人情况、证书发放情况、房屋性质等进行记录，房地产权属登记是房地产权属登记统计的依据，房地产权属登记统计时应填写房地产权属登记表(表6-9)和业主(住户)入住登记表(表6-10)。

表 6-9　房地产权属登记表

日期：

| 序号 | 栋号及房号 | 产权所有人 | 证书发放日期 | 证书编号 | 联系电话 | 备注 |
|---|---|---|---|---|---|---|
|  |  |  |  |  |  |  |
|  |  |  |  |  |  |  |
|  |  |  |  |  |  |  |
|  |  |  |  |  |  |  |

表 6-10　业主(住户)入住登记表

| 序号 | 日期 | 房屋性质 | 业主名称 | 使用人姓名 | 身份证(暂住证)号码 | 联系电话 | 备注 |
|---|---|---|---|---|---|---|---|
|  |  |  |  |  |  |  |  |
|  |  |  |  |  |  |  |  |
|  |  |  |  |  |  |  |  |
|  |  |  |  |  |  |  |  |

### 知识链接

#### 房地产权属登记的作用

权属登记的主要作用有三个，即产权确认、产权公示和产籍管理。

(1)产权确认是指确认房地产的权属状态，赋予房地产以法律效力，建立房地产与其权利人之间的法律支配关系。经过登记的房地产权利受到国家强制力保护，可对抗权利人以外的任何主体的侵害。对于异产毗连房屋也包括互相侵害和对公有财产的侵害。物业管理公司受权利人团体的委托管理物业，就要依此保护每个业主所拥有的物业不受权利人以外任何主体的侵害。也就是说物业管理公司要加强保安工作，避免外来人员破坏物业。同时也要注意到某些业主对其他业主拥有的物业或业主共有物业的破坏，如野蛮装修、拆改主体结构等。

(2)产权公示是指将房地产权利变动的事实向社会公开，以标示房地产变化的过程和结果。物业管理正是利用了权属登记的这一作用，使了解产权变化信息成为可能。

(3)产籍管理是对权属登记所形成的房地产产权登记档案的管理，它反映出房地产权属的现状和历史情况。

### 模块总结

物业管理招投标实质上是围绕着物业管理权的一种交易形式，物业管理企业通过招投标达到企业和业主之间的双向选择，实现优胜劣汰，物业管理招投标须贯彻"公平、公正、公开、合理"的原则。物业的接管验收是指物业管理企业接管开发企业、建设单位或个人托管的新建房屋或原有房屋等物业时，以主要结构安全和满足使用功能为主要内容的接管检验。房地产权属登记包括房地产的所有权登记和房地产的他项权利登记。物业管理企业须做好物业管理招投标工作、物业接管验收工作及房地产权属登记工作进行统计工作，更好的服务业主。

### 巩固与提高

**一、填空题**

1.物业接管验收过程中材料的_____等统计工作，是物业管理过程中不可缺少的一个重要环节。

2.由房屋的所有权衍生出来的权利包括_____等。

3.房地产权属登记的登记收件工作包括_____、_____及_____三项内容。

4.房地产的权属审查一般分四步进行，即_____、_____、_____和_____。

**二、问答题**

1.物业管理公司的工作内容是什么？

2.简述物业管理公司招投标工作的程序。

3.新建房屋接管验收统计应准备哪些资料？

4. 原有房屋接管验收统计应准备哪些资料？

5. 简述新建房屋的接管验收程序。

6. 简述原有房屋接管验收程序。

7. 房地产权属登记的勘丈绘图工作需完成哪些内容？

## 模块七

# 电梯的运行、保养和维修统计

| 教学内容 | 教学目标 | 教学重难点 | 权重 |
|---|---|---|---|
| 电梯运行统计 | 德育目标：培养精益求精的大国工匠精神、质量安全意识，良好的职业道德和职业精神。<br>能力目标：能够做好电梯接管验收和电梯设备运行统计 | 电梯设备接管验收统计；电梯设备技术资料、安全管理统计 | 45% |
| 电梯保养和维修统计 | 德育目标：树立工作诚信、认真负责和职业态度；良好的职业道德和规范操作的意识。<br>能力目标：能够做好电梯保养和维修统计 | 电梯设备小修、中修、大修的统计；其他有关电梯保养和维修的统计 | 55% |

## 单元一　电梯运行统计

　　电梯也称升降机，是服务于规定楼层的固定式提升设备，是一种具有高科技含量的专用设备。其由机房部分、井道及底坑部分、轿厢部分、层站部分组成。电梯设备运行正常与否，在很大程度上决定着房屋的利用状况，直接影响到人们的生产和生活。做好电梯设备运行的统计工作，是电梯正常运行，人们生产、生活正常进行的有利保障，也是物业管理工作的一项重要内容。

## 一、电梯接管验收统计

　　验收统计工作是由设备安装转入使用的一个重要过程，把住这个关口，对日后的管理和使用有着重要的意义。应对每部电梯进行个别验收。物业管理企业接到建设企业的"接管通知"后，即应组织验收统计小组，其成员应包括物业管理企业主管负责人及若干技术人员，验收统计时应有原施工单位负责人参加。物业管理企业若无技术力量，可委托"质量监督站"进行验收。第一次验收为初验，在登记发现问题的同时商定解决意见并确定复验时间。复验仍不合格的应限定解决期限。对设备的缺陷及不影响使用的问题，可作为遗留问题与建设单位签订协议保修或赔款补偿，但这类协议必须在设备能用，不致出现重大问题时方可签订。验收后的验收单等统计资料应由物业管理企业签署。

电梯接管验收统计的内容及要求见表7-1。

**表 7-1　电梯接管验收统计的内容及要求**

| 项目 | 要求 |
|---|---|
| 曳引机 | (1)运行平稳。<br>(2)振动与噪声不超标。<br>(3)油箱无渗漏 |
| 轨道 | 轨距与垂直度偏差不超标 |
| 钢丝绳 | 张力应均衡不超标 |
| 轿厢 | (1)运行平稳。<br>(2)平层准确。<br>(3)噪声不超标 |
| 各部位安全装置 | 最主要的是门锁、限速器、限位与极限开关必须动作灵敏、准确、可靠 |
| 电器装置 | (1)接地良好。<br>(2)绝缘合格 |
| 其他有关问题<br>(在验收时协商决定) | (1)保修期。按规定，产品在出厂1年半内保修，安装质量在1年内保修，特殊要求可与施工单位协商决定。<br>(2)司机休息室与维修间。按常规每幢独立的塔楼单梯应在首层配一居室的值班休息室，双通梯及三通梯均只设1间休息室。每维修1~10部电梯应配一个维修点(相当于两居室面积)，但附近建有集中维修用房的除外。<br>(3)通向楼顶的楼梯口未设计梯门的应补装铁栅栏门，并装防盗报警装置。<br>(4)提供高档电梯贵重的易损件和备件费 |

### 知识链接

#### 电梯设备管理组织机构

物业管理企业可设置专门的机构进行集中的专业化管理，也可委托社会上专业机构进行管理，对于楼宇多、电梯数量大、种类多的物业管理公司组织专业队伍直接进行集中管理，有利于提高服务水平和经营效益。电梯设备管理的组织机构如图7-1所示。

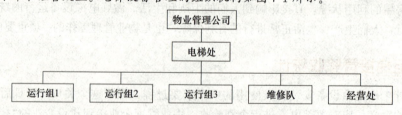

**图 7-1　电梯设备管理的组织机构**

## 二、电梯设备技术资料统计

### 1. 设备档案统计

每部电梯均应接管后建成独立的档案，应按以下内容进行统计：

(1)电梯验收文件：包括验收记录、测试记录、产品与配套件的合格证、电梯订货合同、安装合同、设备安装与建筑结构图、使用维护说明书、遗留问题处理协议与会议纪要等。

(2)设备登记表：主要记载设备的基本参数与性能参数，如型号、功率、载重量等。

(3)大、中修工程记录：记载大、中修时间、次数、维修内容与投资额及工程预决算文件等。

(4)事故记录：记载重大设备事故、人身事故发生的时间、经过与处理结论等。

(5)更新记录：记载电梯更新时间、批准文件。

### 2. 维修资料统计

(1)报修单：每梯专用的报修单每次维修坚持填写，每月统计1次，每季装订1次，由维修部门保管以备查阅。

(2)运行记录：每梯每月记录1册，每年装订1次，电梯运行管理人员应把运行记录交给物业管理工程部妥善保管以备存查。

(3)普查记录：每年进行1次普查，该记录由管理部门统一保管存查。

(4)运行月报：由管理单位每月上报，每年装订1次以备存查。

(5)技术改造资料：运行的改进、设备的革新、技术改进措施等资料，应按每部电梯单独记录。

(6)考评资料：各类检查记录、奖惩情况、先进班组、个人事迹材料，每年归纳汇总装订成册以备存查。

## 三、电梯设备安全管理统计

电梯作为高层建筑中的一种交通运输设备，本身就具有一定的危险性，对它的使用必须有严格的安全管理统计制度。电梯的安全管理统计首先是司机、维修人员的安全操作训练统计，其次是对设备安全的统计。

### 1. 对司机、维修人员的安全操作的统计内容

(1)持证上岗。根据政府有关规定，电梯作业属特种作业，电梯司机和维修工要经统一考核后持证上岗。

(2)制定安全操作规程。制定《司机安全操作规程》《电梯维修安全操作规程》，人手一册，严格执行。

(3)组织对司机的培训。对司机的培训主要是讲授和操作两部分。

1)讲授内容。电梯各部件的名称、作用；对控制图的初步理解，对电梯性能的熟悉；遇到安全突发事件时的应急处理方式。

2)操作训练。在授课基础上进行实际操作训练，除掌握操作规程外，还要模拟一些紧急情况并学会相应的处理方法。

3)岗前训练。司机正式上岗前应经过两周的岗前训练，由有经验的司机带班，熟练地掌握操作程序，服务规范后才能单独上班操作。

4)定期考核。对所有司机每半年要进行一次安全规程的考核。可以口试、笔试，同时考核"实际操作"，考核成绩记录在册以作为评比、晋级的依据。

(4)企业对维修工的培训。

1)定期学习《电梯维修安装安全操作规程》。

2)上岗前严格培训，使维修人员熟悉维修的基本程序与技术标准、故障的检查及排除方法。

3)培训后应进行严格的考核。合格者发给"维修操作执照"，不合格者只能发给"学习工执照"，待下一个考核年度再考，通过后换照。

4)开展经常性技术培训。经常进行技术培训，不断提高维修技术水平，另外，还须经常对

维修人员进行职业道德教育，提高为人民服务和遵纪守法的自觉性。

### 2. 设备安全管理统计

为了运行安全，电梯设备本身在设计和制造上已设置了多种安全装置。在使用中必须经常检查这些装置的可靠性，定期进行安全机构动作试验与整体性能试验。这些在维修使用说明中有明确的规定，关键是严格执行、认真做好有关资料的登记。

## 小提示

对电梯的生产、安装、使用和维修，政府有关部门都制定了严格的资质审查制度和监督措施。

## 四、电梯运行统计报表

为掌握电梯运行状况和搞好经营，应建立起填写运行记录与报表制度。各种表格应由物业管理公司统一印发，其中包括以下几项：

(1)电梯运行记录表(表 7-2)。电梯运行记录表是对电梯运行情况的记录，由司机每天填写，一式二联。一联存班组，二联交统计，每月应统计一次。

表 7-2　电梯运行记录表

电梯编号：　　　　　　　　　　　　　　　　　　　　　　　　　　　　　　　日期：

| 班次 | 计划运行/h | 实际运行/h | 故障停梯 | | 事故停梯 | | 司机姓名 | 备注 |
|---|---|---|---|---|---|---|---|---|
| | | | 次数 | 时间/h | 次数 | 时间/h | | |
| 早班 | | | | | | | | |
| 中班 | | | | | | | | |
| 晚班 | | | | | | | | |

(2)电梯运行报修单(表 7-3)。电梯运行报修单是对电梯零修情况的记录，由维修工填写，报修人(司机)签字验收，一式三联。一联由司机保存，二联由维修班保存，三联交核算员。

表 7-3　电梯运行报修单

电梯编号：　　　　　　　　　制单编号：　　　　　　　　年　月　日

| 报修地点 | 段楼门 | 报修时间 | 日时 | 报修人 | |
|---|---|---|---|---|---|
| 报修项目 | | 修理时间 | 日时 | 修理工时 | 工时 |
| | | 完工时间 | 日时 | 工时金额 | ¥： |
| 修理情况 | 耗用材料 | 名称 | 规格 | 数量 | 金额 |
| | | | | | |
| | | | | | |
| | | | | | |
| | | 小计 | ¥： | | |
| | 备注 | | | 合计 | ¥： |

维修组长：　　　　　　　　　修理人：　　　　　　　　　　　验收：

(3)电梯运行月报表(表7-4)。电梯运行月报表是对电梯每个月运行基本情况的报表,是考核本单位(或每部)电梯运行率、故障率指标的依据。月报有统计员填报。

表7-4　电梯运行情况月报表

编号:

| 使用单位 | 地址 | 数量 | | | 停站方式 | | 日历时间 | | 计划停梯检修 | | 计划运行 | | 实际运行 | | 运行率 | | 故障停梯 | | 事故停梯 | | | 故障率 | 备注 |
|---|---|---|---|---|---|---|---|---|---|---|---|---|---|---|---|---|---|---|---|---|---|---|---|
| | | 小计 | 交流 | 直流 | 层站 | 有无通道 | 天数 | h | 天数 | h | 天数 | h | 正常天数 | h | % | | 发生天数 | 次数 | h | 天数 | 天数 | h | % | |
| 甲 | 乙 | 1 | 2 | 3 | 4 | 5 | 6 | 7 | 8 | 9 | 10 | 11 | 12 | 13 | 14 | | 15 | 16 | 17 | 18 | 19 | 20 | 21 | |
| 总计 | | | | | | | | | | | | | | | | | | | | | | | | |

单位负责人:　　　　　　　　　　　　统计:　　　　　　　　　　　　填表人:

(4)电梯设备年报表(7-5)。

表7-5　电梯设备年报表

编号:　　　　　　　　　　　　　　　　　　　　　　　　　　　年　　月　　日

| 序号 | 使用单位 | 地址 | 数量 | | | 层站 | 型号 | 载重量/kg | 速度/(m·s⁻¹) | 开门形式 | 产地 | 安装单位 | 开始使用日期 | 备注 |
|---|---|---|---|---|---|---|---|---|---|---|---|---|---|---|
| | | | 小计 | 交流 | 直流 | | | | | | | | | |
| | | | | | | | | | | | | | | |
| | | | | | | | | | | | | | | |
| | | | | | | | | | | | | | | |
| | | | | | | | | | | | | | | |
| | | | | | | | | | | | | | | |
| | | | | | | | | | | | | | | |
| | | | | | | | | | | | | | | |
| | | | | | | | | | | | | | | |
| | | | | | | | | | | | | | | |
| | | | | | | | | | | | | | | |
| | | | | | | | | | | | | | | |

单位负责人:　　　　　　　　　　　　统计:　　　　　　　　　　　　填表人:

(5)电梯日巡视统计表(表7-6)。

表 7-6　电梯日巡视统计表

大厦名称：　　　　　　　　　　　　　　　　　　　　　　　　　年　　月　　日

| 巡查项目 | | 电梯号 | | | | | | |
|---|---|---|---|---|---|---|---|---|
| | | 1 | 2 | 3 | 4 | 5 | 6 | 7 |
| 机房 | 机房各部清洁 | | | | | | | |
| | 油镜、油杯油位 | | | | | | | |
| | 盘车工具、救援规程 | | | | | | | |
| | 应急灯、灭火器 | | | | | | | |
| | 控制柜内继电器、接触器 | | | | | | | |
| | 照明、通风设备 | | | | | | | |
| | 警告牌及门窗、门锁 | | | | | | | |
| | 牵引电动机 | | | | | | | |
| | 减速箱及绳轮 | | | | | | | |
| | 安全装置 | | | | | | | |
| | 机房温度 | | | | | | | |
| 轿厢 | 轿厢门联锁 | | | | | | | |
| | 安全触板及开关 | | | | | | | |
| | 轿内显示器、按钮 | | | | | | | |
| | 对讲电话及警铃 | | | | | | | |
| | 顶棚、壁板、地面 | | | | | | | |
| | 通风扇 | | | | | | | |
| | 照明灯 | | | | | | | |
| | 异声、异感(启动、行车、加减速的平稳性、振动、噪声、平层差等) | | | | | | | |
| 井道 | 厅门按钮及显示 | | | | | | | |
| | 钥匙开关及消防按钮 | | | | | | | |
| | 厅门联锁 | | | | | | | |
| | | | | | | | | |

说明：良好打"√"，不良打"×"，并填写《电梯维修登记表》。

## 知识链接

### 电梯运行的类型

　　物业公司在保证服务的前提下，根据所管辖楼房的类型、客流量和节约的原则确定运行制度，目前有 18 小时制(即早 8：00～晚上 12：00)和 24 小时制。24 h 连续运行制可分为单梯、并列双梯和有通道的双梯、三梯有通道电梯及无司机运行电梯，见表 7-7。

**表 7-7　24 h 连续运行制电梯的类型**

| 项目 | 内容 |
|---|---|
| 单梯（包括有备用梯的单梯） | 24 h 运行，夜间值班（即司机不在轿厢内，在值班室随叫随到或预约开梯）运行。司机上、下午吃饭时间有人替班，运行不间断。如运行梯发生故障时备用梯投入运行 |
| 并列双梯和有通道的双梯 | 按设计客流量应为双梯同时运行，但可以执行一部 24 h，另一部 18 h，即夜间只设一部电梯值班运行，白天吃饭时间错开，保证全天任何时间都有电梯可用。为省电也可以执行一部 24 h，另一部高峰运行。高峰时间为早、中、晚 3 个高峰。高峰时间的长短按具体情况确定，每日不超过 4 h |
| 三梯有通道电梯 | 执行 1 部 24 h 制，2 部 18 h 制，白天 3 部电梯同时运行，夜间只有一部电梯值班运行。吃饭时间不停梯。此电梯也可以执行一部 24 h，一部 18 h，一部高峰梯 |
| 无司机运行电梯 | 严格执行巡逻制度，夜间设值班工人，同样执行按时开关梯制度。写字楼、商厦、宾馆等高层建筑电梯的运行时间与制度，可根据实际需要确定 |

注：单梯（包括有备用梯的单梯）、并列双梯和有通道的双梯及三梯有通道电梯白天运行时间均为 6：00～24：00。

## 单元二　电梯保养和维修统计

电梯是一种使用相当频繁的设备。电梯设备在整个运行过程中，其主机与各零部件都在发生不同程度的自然损耗，而良好的维修保养可减少损耗，提高可靠性，确保安全，延长电梯的使用寿命，节约资金。

### 一、小修统计

小修也称零修，是指日常的维修保养，其中包括排除故障的急修和定时的常规保养，因故障停梯接到报修后应在 15 min 内到达现场抢修。常规保养可分为周保养、半年保养和一年保养。

(1)周保养：每梯每周一次，每次不少于 4 h。

(2)半年保养：每梯每半年一次，每次不少于 8 h，侧重于重点部位的保养。

(3)一年保养：每梯每年一次，每次不少于 16 h，是较全面的检查保养。

### 小提示

为不影响电梯运行，保养工作应安排在低峰或夜间进行，同时可连续工作分阶段进行。

小修保养项目与统计内容见表 7-8。

表 7-8　小修保养项目与统计内容

| | 检查部位和项目 | 保养与维修统计内容 |
|---|---|---|
| 机房 | 1. 控制柜：(包括励磁柜)各电器元件的性能、触头烧蚀情况、电器连接导线外观与端子等<br>☆2. 曳引机：油位、油质、油温；制动器闸间隙与磨损；蜗杆窜量与啮合绳槽磨损等<br>☆3. 电动机与发电机组：轴承油位、油温、油环带油情况。铜头与刷架积炭电刷与电刷压力<br>△4. 选层器：传动机构的动作钢带有无裂纹、电气动、静触头的可靠性<br>☆5. 限速器：安全绳与楔块间隙、螺栓紧固开关动作的可靠性<br>△6. 极限开关：熔断器与动作机构<br>○7. 检查以上各部位的接地线 | 开关接触器、继电器、熔断器等各种元件的修理、调整与更换。调整接触器、噪声、继电器延长时间，紧固松动的螺钉与接线<br>调整抱闸间隙、蜗杆窜量；修理与更换轴承；定期加油换油，紧固松动的螺栓<br>调整、修理、更换电刷刷架、修磨整流子，消除积炭，润滑部位添加与更换润滑油，测速机调整更换传动带、张紧轮<br>调整、修理、更换传动部件、钢带、动静触头；润滑部位加油<br>调整、修理与更换限速器部件或整机润滑部位加油<br>更换熔丝，清除铅炭，调整与更换部件<br>定期检测接地电阻值，紧固松动的接地线 |
| 轿厢 | 一、检查以下部位所列各项<br>☆1. 轿顶轿底：导靴间隙、靴衬磨损情况。接线盒的电线与端子有无松动，轿内操纵盘元件动作与显示<br>△2. 感应器：位置与平层精确度<br>△3. 开门机：电动机碳刷磨损量，皮带的松紧，电气开关完好情况<br>○4. 安全钳：拉杆机构与电器开关安全间隙<br>△5. 开关门速度：开门刀与安全触板的位置 | 调导靴间隙、更换靴衬；调修与更换操作显示与元件照明、电扇警铃等器件；检查各部位螺钉、螺栓的紧固<br>感应器各部件的调修与更换<br>开门机开关及传动部件的调修与更换<br>调整安全钳间隙，调修动作机构，更换部件<br>调整开关门速度，调修轿门各部件，更换轴承、吊门轮、开关等 |
| | 二、各部位螺栓紧固情况，转动部分润滑情况，轿厢各部位卫生 | 以上各项润滑部分加油与保洁工作 |
| 井道 | 一、检查以下各部件中所列各项<br>○1. 轨道：接道板、压道板、支架螺栓有无松动与锈蚀<br>☆2. 厅门：吊门轮、挡轮、门锁的门滑道<br>○3. 钢丝绳：张力、磨损情况<br>☆4. 对重：导靴间隙、靴衬磨损情况，螺栓紧固情况<br>△5. 器具与管线路：中线各层灯呼梯盒是否完好，显示是否正确，端子压线盒无松动<br>△6. 各安全开关：位置有无位移<br>○7. 随线：外观与线芯<br>☆8. 底坑：有无积水、垃圾<br>☆9. 缓冲器：油压式缓冲器、油标、渗漏情况<br>10. 接地线连接情况 | 紧固各处松动的螺栓，消除锈蚀，定期加注润滑油清洗轨道<br>调整厅门各部件间隙、门、把手与杠杆，修换吊门轮、拉绳开关、门锁钩、滑道清洗加油<br>调整张力、长度(截绳)等<br>调整导靴间隙，更换靴衬，紧固螺栓<br>调整与更换楼层按钮层灯电锁及部件线路，改变零星配件配管、遥测绝缘，清扫接线盒<br>各安全开关的调修与更换、销轴部位加油<br>紧固电缆架螺栓，位移复位<br>清除积水与垃圾，钢带胀紧轮，保险轮加油<br>加油，检查水平度，紧固螺栓<br>定期遥测接地电阻 |
| | 二、检查以上各项的润滑情况与卫生 | 以上各项的保洁工作和润滑部位加油 |

注：带"☆"者为周保养项目，带"△"为半年保养项目，带"○"为一年保养项目。

## 二、中修统计

　　中修是指运行较长时间后进行的全面检修保养，周期一般定为 3 年，但第 2 个周期是大修期，如需进行大修可免去中修。

　　中修保养项目与统计内容见表 7-9。

**表 7-9　中修保养项目与统计内容**

| 序号 | 工程项目 | 内容 | 技术统计内容 |
|---|---|---|---|
| 1 | 减速机 | 各部位拆卸清洗，损坏部件的修换、换油、更换各部位油封，各部件螺栓紧固，组装位置调整，水平调整与测试 | 1. 拆卸过程中避免人为损坏，各部件齐全。清洁光亮无油污<br>2. 装配精度：<br>(1)轴心歪斜度公差 $\Delta l \leqslant 42\ \mu m$；<br>(2)齿面接触斑点按齿长不少于 50%，齿高不少于 50%；<br>(3)侧隙应略低于初次装配精度，在 190～250 $\mu m$；<br>(4)蜗轮轴向窜动在中心距为 200～300 mm 时应在 0.02～0.04 mm，中心距大于时应在 0.03～0.05 mm；<br>(5)蜗杆轴向窜量当中心距在 200～300 mm 时应在 0.1～0.15 mm，中心距大于 300 mm 时应在 0.12～0.17 mm；<br>(6)蜗杆径向跳动应不大于 30 $\mu m$；<br>(7)蜗杆与电机连接不同心度允许误差：刚性连接为 0.02 mm，弹性连接为 0.1 mm；<br>(8)油类应符合本机种的要求，注油量为油标上下限的中间；盘根式轴头漏油允许 3～5 min 漏一滴，并备有接油盒，轴头温升不高于 75 ℃，油温不高于 85 ℃ |
| 2 | 制动器 | 拆卸、清洗、修换易损件(闸瓦)，组装、调整、测试线圈绝缘电阻 | (1)各部件清洗无油污，闸瓦应不偏磨，闸瓦与制动轮应保证中心接触，接触面不少于 70%；<br>(2)闸瓦不得有铆钉摩擦制动轮现象；<br>(3)运行时两侧闸瓦与制动轮间隙应不大于 0.7 mm；<br>(4)铁芯润滑尽量采用石墨粉，保证动作灵敏可靠；<br>(5)线圈温升不超过 60 ℃，线圈的绝缘电阻不低于 0.5 $M\Omega$ |
| 3 | 电动机与发动机 | 抽芯检查，清洗各部位油污(轴承油池、油环端盖、绕组、电枢等)；更换易损件(轴承、油封、碳刷、刷握弹簧等)；组装、调整、测试绝缘、测量转速等 | (1)拆装过程中应小心，严禁碰损绝缘，各部位清洗光亮无油污，发现损坏元件应更换，易损件应彻底检查；<br>(2)滑动轴承椭圆度不大于 0.023 mm；组装后电机转动自如平稳，润滑正常；<br>(3)轴窜量不大于 4 mm，电机温升不高于铭牌规定；<br>(4)轴头温度不大于 65 ℃；<br>(5)绕组绝缘电阻不低于 0.5 $M\Omega$；<br>(6)碳刷压力适当，电枢应无明显划痕和烧蚀；<br>(7)在额定电压供电时转速应不低于额定转速，各相电流平衡；<br>(8)接地线压接牢固，电阻值不大于 4 $\Omega$ |

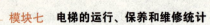

| 序号 | 工程项目 | 内容 | 技术统计内容 |
|---|---|---|---|
| 4 | 主绳轮与抗绳轮 | 主绳轮、抗绳轮拆卸、清洗，轮槽检测、轮槽重车或更换，其他部件的修整或更换，安装调整，注润滑油 | (1)各部分清洗无油污，油路通畅；<br>(2)轴与滑动轴承表面应无损(尼龙绳套须常更换)；<br>(3)轮缘绳槽无偏磨，磨损程度均匀，无明显压痕；<br>(4)装配后转动自如，位置偏差前后不超过±3 mm，左右不超过±1 mm，铅垂度不大于 0.5 mm；<br>(5)油量注足 |
| 5 | 曳引钢丝绳 | 曳引钢丝绳拆挂、清洗，根据需要换绳，截绳垂挂(24 h)，调整张力 | 钢丝绳清洁，绳头背母紧固，并装配开口销，截绳工艺应符合有关规定，对垂下平面空程应在 200～350 mm 之间，钢丝绳之间张力相等，偏差不大于 5% |
| 6 | 限速系统 | 限速器、涨绳轮、安全钳解体清洗，检测零部件磨损情况，磨损较严重的部件要更换；检验限速器的性能，清洗各油路，使其润滑良好，无异响，使用安全 | (1)限速器组装完毕，达到润滑良好，动作灵敏，机械电气性能安全可靠，动作速度不低于额定转速的 115%，不高于额定转速的 140%；<br>(2)涨绳轮底部距地应符合有关规定；<br>(3)安全绳清洁无油污，涨绳轮安装后要自然垂直；<br>(4)安全连杆机构螺栓紧固，但应保证动作灵活可靠，调整紧定器(防跳器)，使拉力不小于 150 N，不大于 500 N；<br>(5)安全钳楔块距导轨侧平面不大于 3 mm，对称均匀 |
| 7 | 控制柜与励磁装置 | 修配检修接触器、继电器动作机构，严重烧蚀的触点要更换，线扎子号全部校对重描，遥测绝缘电阻和接地电阻 | (1)柜内电气元件齐全，各种接点清洁，无烧蚀；<br>(2)接触器工作时噪声不超过 50 dB；<br>(3)柜内无积尘，导线排列整齐，线扎子清晰，端压线牢固；<br>(4)接地电阻不大于 4 Ω；<br>(5)仪表显示灯正常，各线路绝缘电阻不低于 0.5 MΩ |
| 8 | 选层系统 | 传动部位解体清洗，更换损坏零件，位置调正，触头调整修正 | (1)润滑部位油量充足，转动灵活；<br>(2)触头清洁；<br>(3)传动链条松紧适当；<br>(4)各开关灵敏可靠；<br>(5)钢带轮与张紧轮横向垂直中心不大于 3 mm；<br>(6)张紧轮底平面与底坑平面距离应在 300～400 mm；<br>(7)支撑臂灵活可靠，各部位螺钉紧固；<br>(8)接地电阻不大于 4 Ω |
| 9 | 操作与显示系统 | 检查操纵盘、层灯呼梯系统、检查零件并进行更换，电扇解体检修 | (1)操作元件完整、正确，灵活可靠；<br>(2)各种显示正常；<br>(3)风扇清洁牢固，噪声在 60 dB 以下，运行平稳，必须加设牢固可靠的安全护网 |

| 序号 | 工程项目 | 内容 | 技术统计内容 |
|---|---|---|---|
| 10 | 轿厢 | (1)各部位螺钉紧固、除锈；<br>(2)轿门活动部位解体清洗加油；<br>(3)导靴解体清洗，更换靴衬，调整间隙，弹簧疲劳要更换；<br>(4)门导靴磨损要更换；<br>(5)开关门电机：解体清洗加油，并检查附加电阻；<br>(6)安全触板解体清洗调整；<br>(7)各开关检查更换；<br>(8)轿顶线路整理更换，轿底线盒清洁，压线检查除尘，紧固螺钉，检查接地装置；<br>(9)电缆支架、补偿装置链检查紧固；<br>(10)超载装置检查调整 | (1)各部位螺钉牢固，吊门轮、轴承油量充足，转动自如，磨损严重要更换；<br>(2)轿门安装要求：轿门门扇垂直度误差≤0.5 mm，下端距地坎应在(6±2)mm；吊门轮底下的偏心轮与滑道下端距离≤0.5 mm，中分式门扇对口缝隙≤1 mm，在整体门扇高度上≤2 mm；轿门打开时应与厅门口垂直误差≤5 mm，安全触板夹力≤5 N，运行时平稳无噪声；皮带轮传动皮带无损伤，松紧适当，保证在断电情况下司机一人能将轿门扒开；<br>(3)轿顶护栏安全可靠；<br>(4)轿顶水平线路一律用金属管敷设，管口使用绝缘套管；<br>(5)轿厢各导靴清洁，活动自如，间隙符合标准；<br>(6)轿底"老虎口"与导轨轨面间隙均匀；<br>(7)轿厢接地线不少于2根，随线接地电阻小于4 Ω；<br>(8)调整平层感应器相对位置，修换损坏的元件；<br>(9)开门电机电阻值型号应符合设计规定 |
| 11 | 厅门 | 解体清洗吊门轮轴承钢丝绳轨道，轨道、吊门轮轴承导靴块磨损严重的应更换，检修门锁，调正厅门门扇 | (1)厅门设备齐全，各层厅门完整，紧固件齐全；<br>(2)厅门间隙同轿门；<br>(3)钢丝绳松紧适当；<br>(4)行走时噪声不超过65 dB；<br>(5)门锁电气触点接触良好；<br>(6)保证从厅门外扒不开厅门；<br>(7)厅门本身间隙与建筑物的间隙应符合设计规定 |
| 12 | 轨道 | 轨道清洗、调正、紧固螺栓 | 轨道清洁，无变形、无损伤，偏差应基本符合有关规范的要求，轨距大道≤1 mm，小道≤2 mm，接口处平直误差≤0.5 mm，轮道在高度为50 m以内的垂直度误差≤5 mm，50 m以外≤10 mm |
| 13 | 对重 | 紧固并调正对重块；检修对重测钢丝绳绳头、补偿链部位，导靴解体清洗，修换零部件，检查补偿装置是否有刮碰、开焊断环现象 | (1)各部位螺栓牢固；<br>(2)曳引绳绳头应有双螺母和开口销，对重块压板牢固；<br>(3)补偿链运行无噪声；<br>(4)导靴间隙符合要求 |
| 14 | 安全装置 | 检查调整电气机械安全装置，更换损坏零部件 | (1)各安全装置设备齐全，性能可靠，转动部位灵活；<br>(2)限位开关越程50～150 mm，极限开关越程150～250 mm，均以厅门地坎距轿厢地坎为准；<br>(3)机械缓速开关位置在换速准确的前提下应滞后于电梯电气换速，并保证制动过程完整 |

续表

| 序号 | 工程项目 | 内容 | 技术统计内容 |
|---|---|---|---|
| 15 | 线路 | 各线盒除尘，端子螺钉紧固，整理线扉子号，摇测绝缘，检查接地装置，更换部分老化残损线路，多股线测锡 | (1)各线盒完整、清洁。线路排列整齐，线扉子号清晰，导线压接牢固，测锡饱满(严禁使用盐酸及焊油等高强度腐蚀物)；<br>(2)线路绝缘≥0.5 MΩ，接地电阻≤4 Ω；螺栓齐全牢固 |
| 16 | 缓冲器 | 检查弹簧、液压缓冲器，运作试验是否符合要求 | 清洁、无锈蚀，动作可靠，零件齐全 |
| 17 | 性能测试 | 对电梯的负载、运行、平层、舒适感、外呼、截车、记忆、超载、电压、电流、绝缘、接地等进行测试，并填写测试记录 | (1)电梯运行平稳、舒适；<br>(2)平层应符合有关规定；<br>(3)噪声应符合有关规定 |

## 三、大修统计

大修是指在中修后继续运行 3 年时间。因设备磨损严重需要更换主机和较多的机电设备配套件以恢复设备原有性能而进行的全面彻底的维修。如设备性能良好，周期可适当延长。

大修保养项目与统计内容见表 7-10。

### 表 7-10　大修保养项目与统计内容

| 序号 | 项目 | 内容 | 技术统计内容 |
|---|---|---|---|
| 1 | 减速机 | 减速机大修：解体、清洗、修理、测量、组装、校正、注油、试运转、磨合，更换和修理油封、减震垫等易损件，轴承与其他部件或整机视需要进行更换，整机位置调整 | 整机安装和调整后的位置偏差应符合有关规范规定的要求，其他要求同中修 |
| 2 | 抱闸 | 同中修 | 同中修 |
| 3 | 电动机与发电机组 | 抽芯检查、清洗、更换油封、电动机的滑动轴承、刷握弹簧、碳刷等；修理电枢，组装调整，遥测绝缘，测量转速等 | 同中修 |
| 4 | 导绳轮 | 拆卸清洗，轮槽检测，修换轴承或轴，安装调整、重车严重磨损的轮槽或更换绳轮 | 同中修 |
| 5 | 钢丝绳 | 曳引钢丝绳的更换，钢丝绳的拆挂、清洗、截绳、垂挂、调整张力<br>注：更换钢丝绳的鉴定标准，钢丝绳在各绳股之间一个捻距内最大的断丝数量超过 32 根时，断丝集中在一个或两个绳股中一个捻距内最大断丝超过 16 根，或有较大的磨损和锈蚀，钢丝绳严重磨损后其直径小于或等于原直径 90% 时，符合以上要求予以更换 | 更换钢丝绳的工艺应符合有关规范的规定，其他同中修 |

## 四、其他有关电梯保养和维修的统计

### 1. 专项修理

专项修理是指不到中、大修周期而又超过零修范围的某些需及时修理的项目，如较大的设备故障或事故造成的损坏。

**2. 更新改造**

电梯连续运行 15 年以上，如主机和其他配套件磨损耗蚀严重，不能恢复又无法更换（旧型号已淘汰或已更换）时，就需要进行更新或改造。

**3. 维修工程的审批统计**

除零修外，中、大修与改造更新均列为电梯维修工程。电梯应每年进行一次全面普查，从而制订大、中修，改造、更新计划，经上级物业管理部门批准实施，具体内容如下：

(1)施工要严格把住工程质量关，竣工后要按规范组织验收并进行全面、系统的登记。

(2)对工程费用也应实行预决算审批制，以降低成本，加强施工管理。

(3)为了缩短施工中的停梯时间，方便用户，中修工程全月停梯天数最好不超过 7～10 天，大修不超过 2 周。其余施工日可在低峰、客疏或夜间进行。

**4. 维修队伍的统计**

电梯是集机械、电气于一体的高技术设备，电梯维修工同样是一种技术密集型工种。他们既要有一定的文化理论知识，又要有较高的操作技艺。电梯的高效和安全性能不但取决于先进的技术和制造，安装人员的经验，还取决于维修保养人员的知识和技巧。因此，对维修人员的统计包括以下内容：

(1)懂技术要求，按有关质量标准、验收规范进行修理组装、调试和鉴定。

(2)精通电梯设备的原理与构造，熟悉所管电梯的性能及有关图纸。

(3)当接到故障通知时，应快速赶到现场，正确分析故障原因，排除故障，使电梯尽快恢复运行。

## 五、电梯保养和维修统计报表

(1)电梯维修登记表（表 7-11）。

表 7-11　电梯维修登记表

大厦名称：　　　　　　　　　　　　　　　　　　　　　　　日期：

| 序号 | 日期 | 报告人/记录人 | 故障电梯编号 | 维修内容 | 维修人 | 维修结果 | 确认人 | 备注 |
|---|---|---|---|---|---|---|---|---|
| | | | | | | | | |
| | | | | | | | | |
| | | | | | | | | |
| | | | | | | | | |
| | | | | | | | | |
| | | | | | | | | |
| | | | | | | | | |
| | | | | | | | | |
| | | | | | | | | |
| | | | | | | | | |
| | | | | | | | | |

(2)电梯维修记录（表 7-12）。

表 7-12 电梯维修记录

大厦名称：

| 电梯编号 | 故障位置 | 开始时间 | 结束时间 | 维修人员 |
|---|---|---|---|---|
|  |  |  |  |  |

故障原因及内容：

维修过程及安全措施：

检验结论：

备注：

(3)电梯保养项目及记录(表 7-13)。

表 7-13 电梯保养项目及记录

电梯编号：　　　　　　　　　　位置：　　　　　　　　　　　日期：

| 序号 | 保养项目 | 清洁 | 检查 | 调整 | 不良情况记录 |
|---|---|---|---|---|---|
|  |  |  |  |  |  |
|  |  |  |  |  |  |
|  |  |  |  |  |  |
|  |  |  |  |  |  |
|  |  |  |  |  |  |
|  |  |  |  |  |  |
|  |  |  |  |  |  |
|  |  |  |  |  |  |
|  |  |  |  |  |  |
|  |  |  |  |  |  |

注：表中的保养项目可依据《电梯维修保养的标准》《自动扶梯维修保养的主要标准》及有关电梯国家标准进行检验。

保养人：　　　　　　　　　　　　　　　　　　　　　　　　验证人：

(4)电梯定期保养检验报告及记录(表 7-14)。

表 7-14　电梯定期保养检验报告及记录

电梯编号：　　　　　　　　　　　　　　　　　　　　　　　　　日期：

| 项目编号 | 检验项目 | 检查结果 | 检验人 | 审核人 | 备注 |
|---|---|---|---|---|---|
|  |  |  |  |  |  |
|  |  |  |  |  |  |
|  |  |  |  |  |  |
|  |  |  |  |  |  |
|  |  |  |  |  |  |
|  |  |  |  |  |  |
|  |  |  |  |  |  |
|  |  |  |  |  |  |
|  |  |  |  |  |  |
|  |  |  |  |  |  |
|  |  |  |  |  |  |

（5）电梯维修保养单位月考评表（表 7-15）。

表 7-15　电梯维修保养单位月考评表

电梯保养单位：　　　　　　　　　　　　　　　　　　　　　　　　日期：

| 项目 | 内容 | 检查情况 | 检查人 | 得分 |
|---|---|---|---|---|
| 1. 完成工作情况（20 分） |  |  |  |  |
| 2. 完成工作的质量（20 分） |  |  |  |  |
| 3. 记录情况（5 分） |  |  |  |  |
| 4. 故障处理情况（10 分） |  |  |  |  |
| 5. 劳动纪律态度（5 分） |  |  |  |  |
| 6. 照明、指示信号灯（5 分） |  |  |  |  |
| 7. 清洁分（5 分） |  |  |  |  |
| 8. 巡视时提出的整改项目（10 分） |  |  |  |  |
| 9. 安全（15 分） |  |  |  |  |
| 10. 其他（5 分） |  |  |  |  |
| 备注 |  |  |  | 总分 |

**知识链接**

### 电梯寿命期内可靠性的变化

电梯在日常的使用过程中的故障发生率也是随着使用时间的不同而呈现出不同的趋势，从"浴盆"曲线来看，电梯寿命期内可靠性的变化可分为以下 3 个阶段：

（1）初期失效期。初期失效期位于曲线的左边部分，它是电梯在安装完毕开始投入运行的时期，特别是电气部件在此期间失效率随电梯运行时间的增长而迅速下降，因此，这部分曲线向下倾斜。对电梯来讲，造成初期失效的原因主要是元器件质量不高、有缺陷、加工工艺措施不当、操作人员粗心大意和质量检验不严格等，例如，印刷电路板上电子元器件锡焊不好、电线接头处接触不良等。有关解决电气部件初期失效的问题可以从严把质量检验关等着手，从而提高电梯的可靠性。

（2）偶然失效期。偶然失效期位于曲线中部宽阔的"盆底段"，其特点是电梯运行故障少、失效率低且稳定，近似为常数，与时间的变化关系不大。这个时期的失效是偶然因素引起的，可以看作是在某一时刻电气部件中元器件所积累的应力超过了本身所能耐受的强度。电梯的偶然失效期是产品可靠工作的时期。

（3）耗损失效期。耗损失效期位于曲线的右边部分，往往出现在电梯使用的后期，是主要产生耗损失效的时期。其特点是失效率随时间增加而上升，因此这部分曲线向上倾斜，它的终点就是产品维修或更换的时刻。耗损失效主要是由于电气部件的老化、疲劳、损耗造成的。对电气部件来讲，改善损耗失效的方法是不断提高元器件的电气寿命和机械寿命。对寿命短的元器件，在电梯安装时就要和厂家制订一套预防性检修和更新措施，在它们到达耗损失效期前就及时予以更换。

## 模块总结

做好电梯设备运行的统计工作，是物业管理工作的一项重要内容，包括电梯设备接管验收统计、电梯设备技术资料（设备档案、维修资料）、安全管理（人员、设备）统计。电梯的养护与维修包括小修、中修、大修及专项修理、更新改造等工作。物业管理企业应做好电梯安全运行和保养维修的统计工作，保证服务质量。

## 巩固与提高

**一、填空题**

1. 电梯设备验收后的验收单等统计资料应由_____签署。

2. 对电梯司机的培训主要是_____和_____两部分。

3. 电梯连续运行时，就需要进行_____更新或改造。

**二、问答题**

1. 电梯设备档案统计包括哪些内容？

2. 电梯维修资料统计包括哪些内容？

3. 电梯中修的周期是如何规定的？

# 模块八

# 物业空调和供电系统管理统计

## 教学要求

| 教学内容 | 教学目标 | 教学重难点 | 权重 |
|---|---|---|---|
| 空调系统管理和维修统计 | 德育目标：质量意识、服务意识、爱岗敬业的职业品格。<br>能力目标：能够做好空调系统运行管理和维修、保养的统计工作 | 空调系统运行管理和维修、保养统计 | 50% |
| 供电系统管理统计 | 德育目标：安全意识、节能环保意识、吃苦耐劳的精神。<br>能力目标：能够做好电力系统的日常管理和维修统计工作。 | 供电系统管理统计内容、统计制度和故障维修统计 | 50% |

## 单元一　空调系统管理和维修统计

空调即空气调节器，是指用人工手段，对建筑物或构筑物内环境空气的温度、湿度、流速等参数进行调节和控制的设备。为了达到让空调更好地为用户服务的目的，要对不同形式的空调系统进行分类统计。

### 一、空调设备日常管理统计制度

空调设备设施的管理统计是物业管理统计中的一项重要工作，空调系统的设备工艺技术复杂，造价比较昂贵，运行中能源消耗也很大，因此，无论是空调系统的日常操作、日常运行还是维修养护管理，都要建立必要的统计规章制度，以便准确的、及时的、系统的、全面的记录有关数据信息，为提供高质量的服务创造条件。常见的规章制度有以下几项：

（1）统计人员岗位责任制。

1）对空调岗位负责人、操作人员和保障工作人员履行职责的情况进行统计；

2）对空调运行过程中所出现问题的性质进行统计；

3）对故障的处理情况进行统计。

（2）空调运行统计制度。空调运行统计制度包括对值班守则、寻检守则和测试守则等的遵守执行情况进行记录。

（3）重要设备操作统计制度。对冷水机组、组合式空调、水泵等重要机械设备，应监督操作人员按照生产厂家提供的使用说明书制定符合要求的开机、停机、中间巡检和异常现象处理，并对处理结果进行统计。

（4）安全操作和事故报告统计制度。对空调的安全操作和事故报告情况及时进行统计。

（5）业务培训和信息交流统计制度。

（6）用户走访统计制度。

（7）重要设备台账统计制度。

（8）运行期和维修期工作日记统计制度。以上这些统计制度，各物业管理企业统计机构，可依照空调系统的规模，合理予以增减，关键在于对上述各项统计制度持之以恒地贯彻执行。

## 二、空调设备设施运行管理统计

### 1. 巡视检查统计

开机成功后，为了保证空调系统的良好运行，中央空调设备设施在正常运行过程中，值班管理员应每隔2 h巡视一次中央空调机组，并做好记录。如发现情况应及时采取措施，若处理不了的异常情况，应报给工程部管理组，请求支援。管理组派维修组人员及时到场，运行组人员协助维修组人员处理情况。并如实填写设备维修单，便于今后查询。空调设备巡视检查见表8-1。

表8-1 空调设备巡视检查

| 巡视检查项目 | | 内容 |
|---|---|---|
| 巡视检查部位 | | 中央空调的主机、冷却塔、控制柜及管道、闸阀附件 |
| 巡视检查的内容 | 电压表 | 指示是否正常，正常情况下为380 V，不能超过额定值的±10% |
| | 三相电流 | 是否平衡，是否超过额定电流值 |
| | 油压表 | 是否正常，油压的正常范围100～150 Pa |
| | 冷却水 | 进水、出水温度(进水温度正常<35 ℃，出水温度正常<40 ℃) |
| | 冷冻水 | 进水、出水温度(正常进水温度10 ℃～18 ℃，出水正常温度6 ℃～8 ℃) |
| | 主机 | 在运转过程中是否有异常振动或噪声 |
| | 冷却塔 | 冷却塔风机运转是否平稳，冷却塔水位是否正常 |
| | 管道、阀门 | 是否渗漏，冷冻保温层是否完好 |
| | 控制柜各元件 | 动作是否正常，有无异常的气味或噪声 |

### 2. 空调运行统计报表

对于空调运行情况，当班的管理员应及时、准确、完整、清晰地记录在《空调运行日记》表内，并由工程部空调运行组组长负责装订成册，上交工程部管理组存档，以便管理处掌握各种设备设施的运行情况，制定严格的运行及操作管理规定，采取预防措施，调整维修养护制度，提供可靠的技术资料。

（1）空调水泵运行记录表(表8-2)。

表 8-2　空调水泵运行记录表

| 编号 | 启动时间（时分） | 停机时间（时分） | 电压/V | | | 电流/A | | | 压力/MPa | 年　月　日　星期　天气 |
|---|---|---|---|---|---|---|---|---|---|---|
| | | | AB | BC | CA | A | B | C | | |
| | | | | | | | | | | |
| | | | | | | | | | | 运行状态 |
| | | | | | | | | | | |
| | | | | | | | | | | |
| | | | | | | | | | | 当值： |
| | | | | | | | | | | |
| | | | | | | | | | | 年　月　日　星期　天气 |
| | | | | | | | | | | |
| | | | | | | | | | | 运行状态 |
| | | | | | | | | | | |
| | | | | | | | | | | |
| | | | | | | | | | | 当值： |
| | | | | | | | | | | |
| | | | | | | | | | | 年　月　日　星期　天气 |
| | | | | | | | | | | |
| | | | | | | | | | | 运行状态 |
| | | | | | | | | | | |
| | | | | | | | | | | |
| | | | | | | | | | | 当值： |

（2）空调运行记录表（表8-3）。

表 8-3　空调运行记录表　　　　　年　　　　月　　　　日

| 参数\单位\机组编号 | 压力 | | 冷却水压力 | | 冷却水温度 | | 室内外温度 | | 开机时间 | 停机时间 | 记录人 |
|---|---|---|---|---|---|---|---|---|---|---|---|
| | 高压 | 低压 | 入口 | 出口 | 入口 | 出口 | 室内 | 室外 | | | |
| | MPa | | MPa | | ℃ | | ℃ | | 时　　分 | | |
| | | | | | | | | | | | |
| | | | | | | | | | | | |
| | | | | | | | | | | | |
| | | | | | | | | | | | |
| | | | | | | | | | | | |
| | | | | | | | | | | | |
| | | | | | | | | | | | |
| | | | | | | | | | | | |
| 备注： | | | | | | | | | | | |

## 知识链接

### 中央空调管理要求

为确保中央空调系统设备设施正常运行，中央空调设备设施运行组负责组织实施中央空调的运行管理，除对中央空调系统设备、设施检查维护等技术方面的要求外，还有一些其余的管理要求。主要包括以下几项：

(1)非值班人员不准进入中央空调机房，若需要进入，需经过工程部主管的同意，并在值班人员的陪同下方可进入中央空调机房。

(2)中央空调机房为了防止出现异常事故，严禁存放易燃、易爆危险品。

(3)为了在出现异常情况时及时采取措施，中央空调机房内应备齐消防器材，防毒用品，并放置在方便显眼处。

(4)为了防止火灾的发生，还应禁止在机房内吸烟。

(5)为了保证机房内的环境，应有严格的清洁制度，每班值班员打扫一次中央空调机房的卫生，每周机房运行组人员清洁一次中央空调机房内的设备设施，按照要求，应做到地面、天花板、门窗、墙壁、设备设施表面无积尘、无油渍、无锈蚀、无污物，表面油漆完好、整洁光亮，并且门窗开启灵活，通风良好、光线充足。

(6)为了保证不出意外事故，机房应随时上锁，钥匙由当值管理员保管，管理员不得私自配钥匙。

(7)为了保证管理员的职责明确，应有严格的交接班制度要求，接班人员应准时到岗，并应认真听取交班人员交代，并查看《中央空调运行日记》，清点工具、物品是否齐全，确定无误后，在《中央空调运行日记》表上签名。当出现下列情况时，不准交接班：上一班的运行情况未交代或交代不清，记录不完整、不规范、不清晰，交班人员没有打扫中央空调机房，接班人未按时到岗，或遇异常情况正在处理中，事故仍由交班人处理，接班人协助进行。

## 三、空调设备保养与维修统计

### 1. 空调设备保养与维修统计内容

(1)操作规程。根据空调设备的工作原理及操作调整方法，制定出相应的操作规程并严格监督执行。

(2)定期巡查统计。记录设备运转情况，使设备的润滑、水、制冷剂等保持在正常范围内。

(3)仪表读数统计。机组运行时应注意观察仪表读数，是否处于正常范围内。如果不正常，应及时记录下来予以调整，必要时可关机，防止事故发生。

(4)水处理统计。定期进行水处理情况的记录，以便及时消除水垢，提高空调制冷效率。

(5)运转情况统计。定期检查记录各风机、水泵的运转情况，观察其有无杂声、振动、渗水情况，并定时加润滑油及检修。

(6)皮带松紧统计。定期检查统计各风机、冷却塔皮带的松紧情况，当磨损数字太大时应及时作出处理。

(7)除炭统计。记录定期消除锅炉燃烧室及烟道的炭灰情况，以防炭灰过多。

(8)水管通畅统计。对各管网有无裂缝或漏水及堵塞情况的检查结果定时记录，以利于及时排除故障，保证水管通畅。

(9)清理过滤统计。定时统计检查清理过滤中积存的尘污和杂物、定期统计检查风管中的各种风阀，防止卡死。

(10)进行制冷机的维护和保养统计，不仅可以提高空调的制冷效果，延长其使用寿命，还可以节约能源，使之更好地服务于业主和用户。对制冷机的维护和保养统计主要是以下几个方面：

1)经常检查空调制冷机的安全用电设施，记录熔断器更换是否严格按操作规程进行；定期检查电路系统的保护器，防止烧毁、受潮和漏电。

2)记录清洗过滤网板的情况。因为过滤网板积灰过多会引起堵塞，使气流流通不畅而影响制冷效果。所以，应每20天清理一次，并予以记录。

3)定期检查机体的清洗情况，记录电气元件是否受潮。

4)检查是否按时进行机体的润滑保养，记录是否按规定的方法加油。

5)进行空调长期停机之前保养情况的统计。

6)熟悉空调设备的工作原理及操作调整方法，统计记录相应的操作规程准则和执行标准。

7)定期统计设备的运转情况，使设备的制冷剂等保持在正常的范围内。

8)机组在运行时，记录仪表的读数是否处于正常的范围，若不正常则及时通知有关人员进行处理。

**2. 空调设备保养与维修统计报表**

(1)中央空调月保养记录(表8-4)。

表8-4 中央空调月保养记录

大厦名称： 　　　　　　　　　　　　　　　　　　　　年　　月　　日

| 项目 | 保养项目 | 保养情况及记录 | 保养人 | 日期 | 检查人 |
|---|---|---|---|---|---|
| 水系统 | 水塔内水质检查、更换 | | | | |
| | 塔盘、塔体清洗 | | | | |
| | 清洁过滤器 | | | | |
| | 加缓蚀剂 | | | | |
| | 补水浮球网 | | | | |
| 盘管风机 | 清洁过滤网 | | | | |
| | 风机传动部位注油 | | | | |
| | 电动开关、阀门 | | | | |
| | 凝水盘清理 | | | | |
| 电控部分 | 触点检查 | | | | |
| | 开关良好 | | | | |
| | 线路良好 | | | | |
| | 清洁卫生 | | | | |
| 水泵 | 水泵月保养记录 | | | | |
| 备注： | | | | | |

(2)空调半年保养记录(表 8-5)。

**表 8-5　空调半年保养记录**

大厦名称：　　　　　　　　　　　　　　　　　　　　　　　　　　　　　　年　　月　　日

| 项目 | 保养项目 | 保养情况及记录 | 保养人 | 日期 | 检查人 |
|---|---|---|---|---|---|
| 水系统 | 阀门注油补填料 | | | | |
| | 保温层修补 | | | | |
| | 冷却水加药除水垢、水藻 | | | | |
| | 冷冻水加药 | | | | |
| | 电动阀门检修 | | | | |
| 冷却塔 | 风叶螺栓紧固 | | | | |
| | 齿轮箱换油 | | | | |
| | 布水器检查 | | | | |
| | 塔体螺栓坚固，校正 | | | | |
| 备注： | | | | | |

## 四、空调常见故障统计

空调常见故障大致可分为电器故障、机械故障、制冷系统故障及其他原因引起的故障。引起故障的原因是多种多样的，三类故障有时相互影响，因此，及时对这些故障原因进行统计分析，进而排除故障是十分重要的。

### 1. 电器故障

空调的电器结构比较简单，故障的现象比较明显，引起的原因比较清楚。因此，对各种故障原因进行分类统计，以使电器故障在排除时比较有序。常见的电器故障可分为电源、工作电器、保护电器三种。

(1)电源故障统计。对电源故障现象进行统计时，要分清楚故障属于下列哪一类原因造成的，才能采取相应的维修手段。

1)停电；

2)电源线断线；

3)插头接触不良；

4)熔丝烧断；

5)漏电保护器失灵；

6)选择开关接触不良。

(2)工作电器故障统计。对电器不工作故障进行统计时，要明确故障类别，进而提供出有针对性的统计资料以利于故障的排除。电器不工作故障如下：

1)电源电压低；

2)电容损坏；

3)风扇损坏；

4)压缩机损坏；

5)超载使保护器失灵;

6)温度控制器失灵;

7)制冷系统故障。

(3)保护电器故障统计。对保护电器故障进行统计时,要弄清楚压缩机频繁启动故障出现的原因,以便为采取相应的处理措施提供依据。保护电器故障主要有以下几项:

1)电压不足启动困难;

2)温度控制器位置失灵;

3)电流过载保护器频繁工作;

4)冷凝器通风不畅而影响散热性能。

### 2. 机械故障统计

空调的机械部分故障,除压缩机损坏外,其余故障排除都比较简单。对机械部分常见故障的统计可分为以下几项:

(1)压缩机不工作故障统计。对压缩机的机械故障进行统计时,区分下列原因:风叶紧而螺钉松、风卡被卡而打滑、风道堵塞等。记录这些故障出现的次数。

(2)振动声大故障统计。对该类故障出现的原因做以下统计:防振螺钉位置错误、机脚螺钉或橡胶圈损坏、压缩机内部部件被卡、座簧断裂等故障各自出现的时间、频率,向维修人员及时提供准确的信息。

(3)运行噪声大故障统计。主要对下列原因做详细记录:风扇碰撞机壳、支架共振、制冷系统管路碰撞机壳、风扇叶片变形等,以便作出相应处理。

(4)冷凝水外流室内故障统计。对造成冷凝水外流室内故障,如空调水平位置不对、接水盘和水管堵塞渗漏等,作出相应统计,为及时修理提供准确的时间和地点。

### 3. 制冷系统故障统计

空调制冷系统故障情况较复杂,有空调环境因素,也有空调本身的故障,常需对下列故障进行统计:

(1)冷气不足故障统计。室外温度过高使空调制冷量下降、室内热源增加、室外热传入室内、空气滤网进灰太多、蒸发冷凝表面灰化太严重、电源电压偏低、空调房外环境变化、制冷剂不足、压缩机效率下降、制冷系统内过滤器不畅、新风门漏气。

(2)无冷气故障统计。制冷系统破损、制冷系统内过滤器堵塞、压缩机气阀坏、蒸发器冻结、制冷系统堵塞。

(3)空气循环不良故障统计。风力受阻、风机运转慢、风机风叶打滑。

(4)空调制热不足故障统计。电磁换向阀不正常、电磁阀线圈烧坏、换向阀失灵、室外温度太低、温度控制器失效等。

### 4. 其他原因引起的故障

(1)中央空调机房内发生水浸。当中央空调机房值班员发现这种情况时,应按程序首先关掉中央空调机组,拉下总电源开关,然后查找漏水源并堵住漏水源。如果漏水比较严重。在尽力阻滞漏水时,应立即通知工程部主管和管理组,请求支援。漏水源堵住后应立即排水。当水排除完毕后,应对所有湿水设备进行除湿处理,可以采用干布擦拭、热风吹干、自然通风或更换相关的管线等办法。然后确定湿水已消除,绝缘电阻符合要求后,开机试运行。没有异常情况可以投入正常运行。

(2)发生火灾。发生火灾时,应与水泵房的处理一样,按相关规程操作。

对以上几种空调设备运行管理中异常情况的发生及处理方法做好统计记录，便于今后随时查询。另外，对上述内容的统计，要严格按相应的统计制度、操作规程、故障原因及检查标准执行，以确保其反映的信息客观、有效。同时，应用信息统计分析技术，对问题作出正确的判断，使得统计真正有效地行使其在提供信息、服务咨询、监督控制方面的职能。

## 知识链接

### 空调系统的分类

(1)空气调节系统按其处理设备配置情况分类。空气调节系统按其处理设备配置情况来分，可分为集中式空调、半集中式空调和分散式空调三种。

1)集中式空调。集中式空调也称为中央空调，是把所有的空气处理设备都设置在一个集中的空调机房里，空气经过集中处理后，再送往各个空调房间。目前，我国具备集中供冷设备的住宅还不多，但对一些高级公寓、商厦、高档办公商住楼、宾馆、饭店才安装中央空调，这样才能更有效率。

2)半集中式空调。半集中式空调系统除设有集中空调机房外，还设有分散在各个空调房间里的二次空气处理设备，常见的有风机盘管新风系统，这是最常见的空调系统形式。半集中式空调集中了集中式和分散式空调系统的优点，是一种混合式空调系统。

3)分散式空调。分散式空调是把冷、热源和空气处理、输送设备集中在一个箱体内，就是通常所说的窗式、柜式空调器。

(2)空气调节系统按其结构分类。空气调节系统按其结构来分，可分为窗式空调、分体式空调两种。

1)窗式空调。窗式空调(单机式)是一个完整而独立的整体。其适合安装在窗台或墙孔位置上，空调的操作面板朝向室内，主体大部分在室外。窗式空调的优点是价格低，安装简单，使用方便；缺点是工作时噪声较大。

2)分体式空调。分体式空调又称为分离式空调，可将空调分为室内、室外机组两部分。空调的噪声源，部分安装在室外，空调的控制部分，如蒸发器、毛细管等部分构成室内机组，安装在室内，两个机组之间用铜管相连。分体式空调克服了窗式空调噪声大的缺点，它的室内机组噪声通常小于 35 dB，是理想的空调结构形式。另外，分体式空调比窗式空调利用效率高，一个室外机组可以供几个房间使用，而室内机组可以独立工作，互不影响。分体式空调使用于宾馆、厂矿等大面积、多房间的空调。目前，分体式空调室内组有落地型(柜式)、挂壁型、吊顶型三种形式。

(3)空气调节系统按其利用回风的程度不同分类。空气调节系统按其利用回风的程度不同来分，可分为直流式空调、封闭式空调、回风式空调三种。

1)直流式空调。空调系统全部使用室外新鲜空气(简称新风)，空气经处理后送入房间，与室内空气进行热湿交换后，全部排出室外，不再循环使用。这种空调系统卫生条件好，但费用较高，耗能较大，适用于不允许采用室内回风的情况。

2)封闭式空调。空调系统全部使用室内再循环空气(即室内回风)，不补充新风。这种空调系统耗能较小，但卫生条件也最差，适用于库房及无菌室。

3)回风式空调。空调系统送入房间的空气是室外新风(为满足卫生要求)和室内回风的混合物。回风式空调是结合了上述两种空气处理方式的优点而设计的，适用于大多数工业与民用建筑使用。

## 单元二　供电系统管理统计

在现代城市中，电能被视为人类生产和生活的生命线的核心。供电系统管理的目的是保障供配电系统的安全运行，以确保管理区域内的安全用电。

### 一、供电系统管理统计原则

物业管理统计部门在对供电系统进行统计时，应掌握以下原则：

(1)低压供电。以供电接户线的最后支持物(该支持物属于供电部门)为分界点作为物业管理部门的统计范围。

(2)高压供电。以用户区外或配电室前的第一断路器或进线套管(其维护责任有双方商定)为分界点进行统计。

(3)电缆供电。采用电缆供电的，应由供电部门与物业管理部门协商解决其统计范围。

(4)线路产权属于业主。产权属于业主的线路，以分支点或以供电部门变电所的第一基电杆(其维护责任由双方议定)为分界点予以统计。

(5)计费电度表等。计费电度表及附属件的购置、安装、移动、更换、校验、拆除、加封、启封等的统计范围属于供电部门。

### 二、供电系统管理统计内容

供电设备设施的管理是按照国家法规和物业管理公司的管理规范，对已验收并投入使用的供电设备，运用现代化的管理方式和先进的维修养护技术，进行的管理和服务，以保证物业小区或楼宇的供电系统正常、安全运行，给辖区内的人们提供一个良好的生活、工作环境。

供电系统管理的统计主要内容见表8-6。

**表8-6　供电系统管理的统计主要内容**

| 项目 | 内容 |
| --- | --- |
| 供电设备的安全管理 | (1)普及安全知识，使用安全用具，提高安全意识；<br>(2)供电设施工程建设安全管理；<br>(3)供电设备安全操作管理；<br>(4)供电设备超负荷的安全管理等 |
| 供电设备的运行管理 | 巡视监控管理统计，异常情况处置管理统计，变配电室的设备运行管理统计和档案管理统计等内容 |
| 供电设备的维修管理 | 对设备经常性的养护和故障的修理等管理活动进行统计 |
| 其他统计内容 | (1)统计供电范围内各建筑物的构造方式，用电内容及主要的要求情况；<br>(2)统计供电方式、电压等级、用电容量、分配方案、配线方法(如高压、低压重点保护单位，单、双路供电)等；<br>(3)记录全部电器平面图、系统图和原理图，所有专用设备的产品说明书、配件图、个类产品的出厂合格证明、有关设备的试验、检验报告单等； |

续表

| 项目 | 内容 |
|---|---|
| 其他统计内容 | (4)填制施工中的各级、各阶段的验收证明书，变更洽谈记录(如绝缘遥控测记录、接地电阻值的测定、单全负荷试验结果报告、各支路的负荷电流实测记录、电压变化情况)等。<br>(5)核对实际安装线路及设备的数量、规格、型号、位置是否与图纸要求一致，记录地下埋设管路的具体位置与平面图是否一致。<br>(6)统计正式使用后，各用户内的主要用电数量、容量及使用规律与负荷变动情况等。 |

## 三、供电系统管理统计制度

### 1. 建立用电统计档案

为掌握供电设备的过去，以便正确使用供电设备，对供电设备应建立档案进行管理。较大用电设备均应按台分别编号、记录功率、用电要求、建立档案(锅炉内的风机、水泵、空调、厨房内机具等)。一般住宅区或高层楼宇以每幢楼为单位建立档案。对整个管理范围内的用电情况进行统计，其内容见表8-7。

表 8-7　用电统计档案需统计的内容

| 项目 | 内容 | 处理方式 |
|---|---|---|
| 相关数据 | 电压、频率、功率、实测电流等 | (1)做好《运行记录》《维修记录》《巡视记录》及大修后的《试验报告》等各项记录，以便随时查看、了解。<br>(2)《运行记录》《巡视记录》由值班电工每周上报供电设备管理员一次。<br>(3)《维修记录》及大修后的《试验报告》则在设备修理、试验完成后由值班电工及时上报供电设备管理员 |
| 相关图纸 | 电气平面图、设备原理图、接线图等图纸 | 粘在工程管理部墙上，以便随时查看、了解 |

### 2. 配电房统计规定

(1)配电房应有机电技术人员负责管理和值班情况记录、送停电情况记录。

(2)对室内照明、通风情况进行记录，室温控制在40℃以下，墙上配挂温度计。

(3)建立配电运行记录，每班巡查1次，半年大检修1次，查处问题及时处理，不能解决的问题要及时书面上报主管部门。

(4)检查供电回路操作开关的标志、检修停电拉闸时的挂牌标志是否明显，以向非有关人员标识。

(5)对房内乱接乱拉线路、供电线路严禁超载情况及时记录，书面报告有关主管人员处理。

(6)对配电房内设备及线路的更改情况随时记录下来，报经主管部门同意作出处理。

(7)严格做好交接班、安全、防火、清洁、卫生等情况的记录。

(8)监督岗位责任制执行情况，以及供电系统有关各项规定的执行情况。

(9)对各种设备安全操作规程的执行情况进行统计。

(10)对操作及检修时是否按规定使用电工绝缘工具、绝缘鞋、绝缘手套等进行记录。

(11)做好在恶劣的气候环境下对设备的特巡、事故发生时按操作规程及时排除故障的记录工作。

(12)对配电房必须配备消防灭火装置并配备应急照明灯情况进行统计。

## 四、供电系统故障维修统计

（1）供电系统故障原因及处理方式统计。线路的常见故障包括短路、断路、接触不良及漏电几种。在统计时，应根据情况作出统计分析，寻找出故障的原因以利于故障的排除，见表8-8。

**表8-8 供电系统故障原因及处理方式统计**

| 项目 | 内容 |
|---|---|
| 断路 | 断路可分为相线断路和中性线断路两种，出现此类问题，应换新线 |
| 短路 | 发生短路，是指相线与相线、相线与中性线或相线与接地线之间出现短接现象（即电阻等于或接近于零），此时，应换线或重新包扎 |
| 接触不良 | 在正常使用中发现电压有较大的波动或照明灯发光、发暗或忽明忽暗，这种情况属于接触不良 |
| 漏电 | 漏电是因导线老化、受潮、绝缘层损坏或受环境破坏而造成电流泄漏，严重的能造成人身事故，或造成不能正常用电。检查方法是用兆欧表测量线路或设备的绝缘电阻，然后记录下来并按具体情况予以修复或更换 |
| 管子配线的绝缘电阻的测量及换线 | 由于管子里导线在导线处在长期不通风、散热极差的状态下工作，导线的绝缘层极易发生粘连、变脆、老化，导线绝缘电阻下降。此时，要及时进行统计并对管内导线进行更换 |

（2）配电运行日常巡视工作统计（表8-9）。

**表8-9 配电运行日常巡视工作统计**

| 系统及项目 | 巡视统计内容 | 时间 |
|---|---|---|
| 低压配电屏 | 仪表指示是否正确，线路负荷是否过量，指示信号是否正确，隔离开关、出线开关、联络开关等的状态、位置是否正确，各供电线路有无过热 | 每小时一次 |
| 强电井 | 开关状态是否正常，线路有无过热，打扫卫生 | 每日巡视一层或数层，每月完成所有强电井巡视 |
| 变压器 | 温度是否正常，有无异常响声，是否漏油，油位是否正常 | 每日一次 |
| 发电机系统 | 充电系统工作是否正常，蓄电池电压、电解液比重是否正常，信号指示是否正常，各控制开关状态是否正常 | 每日一次 |

注：1. 每小时巡视与抄录用电量同时进行，巡视检查结果需计入《巡视保养日志》；

2. 因故在规定时间内不能进行上述项目的检查，值班人员须在当日另找时间做，但不能过夜。

（3）巡视保养日志（表8-10）。

**表8-10 巡视保养日志**

| 巡视日期 | | 具体巡视时间 | |
|---|---|---|---|
| 巡视人员 | | 巡视位置 | |
| 巡视情况： | | | |

续表

| 处理意见： |
| --- |
| 处理结果： |

（4）电力变压器每日巡视统计维护保养规程（表8-11）。

表 8-11　电力变压器每日巡视统计维护保养规程

| 序号 | 部位 | 巡视统计内容 | 要求 |
| --- | --- | --- | --- |
| 1 | 外壳 | (1)检查顶盖；<br>(2)检查壳体、散热器、连同阀等各结合面 | 清洁，无杂物，四周无渗油，密封良好；<br>无渗漏，温度均匀 |
| 2 | 温度计 | (1)检查是否完好；<br>(2)观察温度指示(上层油温) | 无损坏；<br>油温不超过 75 ℃ |
| 3 | 瓷套管 | (1)检查是否完好；<br>(2)检查导电杆引出接头；<br>(3)检查瓷套管根部及固定底座 | 无裂纹、无放电痕迹、无渗漏 |
| 4 | 呼吸器 | (1)检查干燥剂；<br>(2)检查本体 | 白色(指示剂蓝色)无变形碎裂、破损、底部不积水，不结垢 |
| 5 | 油枕 | (1)检查油标；<br>(2)检查防爆玻璃 | 油色透明，油位正常无裂纹，无破损；<br>无渗漏 |
| 6 | 声响 | 监听器四周响声：<br>(1)检查房顶、四壁、地面、门窗；<br>(2)检查通风道，通风设施 | 应有轻微嗡嗡声，无其他杂声，放电声；<br>无损坏，无杂物，不漏水，能防止小动物进入，干净整洁，功能正常；<br>通风良好，无锈蚀 |
| 7 | 变压器室 | (1)检查室内照明设施；<br>(2)检查室内消防设施 | 开关灯具功能正常；<br>配备无缺损 |

## 知识链接

### 电力设备分类

物业管理公司须对整个管辖区内的电力设备情况进行分类统计。电力设备主要由以下设备构成：

（1）室外供电设备。室外供电设备是指室外设备中的供电系统。其包括铁盒子、电表、总开关、供电线路、户外型负荷开关、漏电保护自动保护开关、室外照明器等。

（2）室外弱电设备。室外弱电设备是指室外设备中的弱电设备系统。其包括广播设备、电线、电缆及电话设备、共用天线电视系统设备等。

电力系统包括弱电和强电两个系统。生活用电属于弱电系统。目前，强电系统仍属于供电部门的"独家经营"。电力系统包括有总电表、总开关、分电表、电源外线、进户线；入户电话、电视天线等系统设备；避雷设备；通信设备等。作为物业管理公司，发生弱电故障时，应及时进行检修并予以记录。当发生强电事故时，有必要采取应急措施并向供电部门及时反映以便作出处理。

## 模块总结

空调设备设施的管理统计是物业管理统计中的一项重要工作，无论是空调系统的日常操作、日常运行还是维修养护管理，都要建立统计人员岗位责任制、空调运行统计制度、重要设备操作统计制度及安全操作和事故报告统计制度等规章制度，以便准确的、及时的、系统的、全面的记录有关数据信息，为提供高质量的服务创造条件。物业管理统计部门还要对供电系统进行统计，建立用电统计档案，对供电系统的运行、维修及保养进行统计。

## 巩固与提高

**一、填空题**

1. 空调系统中，常见的电器故障分为_____、_____、_____三种。

2. 供电系统管理的目的是_____。

3. 一般住宅区或高层楼宇以_____为单位建立统计档案。

**二、选择题**

1. 开机成功后，为了保证空调系统的良好运行，中央空调设备设施在正常运行过程中，值班管理员应每隔（　　）巡视一次中央空调机组，并做好记录。

　　A. 2 h　　　　　　　B. 4 h　　　　　　　C. 6 h　　　　　　　D. 8 h

2. 对于电力系统中变压器的日常巡视工作应（　　）进行一次。

　　A. 12 h　　　　　　 B. 24 h　　　　　　 C. 48 h　　　　　　 D. 72 h

**三、问答题**

1. 常见的空调设备日常管理统计制度有哪些？

2. 对制冷机的维护和保养统计应统计哪些内容？

3. 空调机械部分常见故障的统计内容有哪些？

4. 物业管理统计部门在对供电系统进行统计时，应遵循哪些原则？

5. 空调制冷系统故障统计内容有哪些？

# 模块九

## 物业供暖、 给水排水设备管理统计

| 教学内容 | 教学目标 | 教学重难点 | 权重 |
|---|---|---|---|
| 物业供暖设备运行和维修统计 | 德育目标：坚持实事求是、诚实守信和严谨治学的职业操守。<br>能力目标：能够做好物业供暖设备的运行管理、维修工作的统计 | 集中供暖设备更新、维修及事故统计 | 60% |
| 给水排水设备的运行和维修统计 | 德育目标：培养爱国情怀和民族自豪感，就就业业的工匠精神，节水节能的绿色环保意识<br>能力目标：能够做好给排水设备的日常管理和维修保养工作统计 | 给水排水设备日常管理和维修统计 | 40% |

## 单元一　物业供暖设备运行和维修统计

采暖是寒冷地区建筑物不可缺少的组成部分。采暖系统主要由热源、输热管道及散热设备构成，利用采暖技术在室内制造适宜的温度，这对于改善居住和工作环境，满足生产工艺的需要具有十分重要的意义。

### 一、物业供暖系统运行统计

我国城市居民生活供暖大多采用集中供热系统采暖，因而，供暖管理统计成为物业管理统计中的重要内容。

**1. 建立供暖人员岗位责任制**

主要包括专业技术人员、维修人员、供暖管理人员、司炉班长、司炉工、水暖工、电工、水处理化验员、煤炭质检员、推煤工、铲车司机等的岗位责任制。

**2. 供暖运行技术标准**

由于还没有统一规定的技术标准，可参考下面指标：

(1)供暖系统泄漏率为循环流量的5%；

(2)供暖能耗控制指标。每 0.7 MW(1 t/h)负担 8 000～10 000 m² 供暖建筑面积;

(3)循环流量控制指标。对于供水温度≤95 ℃的系统，每平方米建筑面积为 2～3 kg/h;

(4)循环水泵耗电量指标。每平方米建筑面积耗电量为 0.5 W;

(5)供暖耗煤指标。每单位面积的标准煤耗煤量根据地区的不同为 20～30 kg/m²。

## 知识链接

### 集中供暖系统的运行调节

在室外气温变化时，通过合理地调节供水的温度和流量，既保证供暖房间的室内设计温度，又有利于减少供暖能耗。

1. 运行调节方法

(1)质调节。质调节是指在供暖期间，供暖系统的热水流量保持不变，只是随着室外气温的变化，调节供水温度的高低来保持室内设计温度。

(2)量调节。量调节是指在供暖期间，供水温度保持不变，通过改变供暖系统的热水流量来保持室内温度的设计要求。

(3)分阶段变流量的质调节。分阶段变流量的质调节是指在供暖期间，把供暖期按室外气温的高低分为几个阶段，在室外温度较低阶段中保持较大的流量，而在室外气温较高的阶段中保持较小的流量，但在每一个阶段内采用质调节来保持室内设计温度。

(4)间歇调节。间歇调节是在室外气温升高时，不改变供暖系统的循环流量和供水温度，通过减少每天的供暖时数来保持室内设计温度。

2. 管理模式

目前，供暖系统管理模式主要有两种，即物业管理公司自营管理和交给专门的供热管理公司进行管理。

(1)自营管理。自营管理就是由物业管理公司对供暖系统全面负责日常操作运行和维修养护，在这种管理模式下，要求物业管理公司对供暖系统的设备设施管理要配备专职的专业技术人员，技术人员要熟悉本岗位及供暖系统情况，掌握供暖系统的一些管理统计指标，主要包括以下几项:

1)用户室温合格率;

2)运行事故率;

3)用户报修处理及时率;

4)失水率;

5)水质达标率;

6)锅炉负荷率;

7)负伤事故率;

8)来人、来电、来信上访率;

9)烟尘、烟气排放达标率。

(2)供热管理公司进行管理。交给专门的供热公司管理，就是由物业管理公司(以下简称甲方)与供热管理公司(以下简称乙方)签订管理合同，由乙方负责供热系统的运行和管理，即进行热源和热网管理，甲方提供必要的费用和监督，即进行热用户管理，在这种方式下，甲方在选择乙方时，一定要选择具有有关管理部门签发的资质证书，并且人员素质高，管理组织严密，企业信誉好的企业，以保证管理效果。

在供热管理公司的管理方式中，涉及资金划拨问题，解决方式如下:

1）在全年收取的采暖费中提取必要的系统折旧费、更新改造及大修等费用后，从剩余部分中再确定支付乙方的数额。

2）支付乙方的费用，主要包括能源费（煤、水、电）、劳务费、运行管理费、小修费等：

3）在运行中，如果设备出现故障，需要大修和更换零部件时，如属自然原因损坏由甲方支付费用；如因乙方运行维护不好或误操作造成的，由乙方负责修复或更换。

4）资金可一次提前全部付清，亦可分期支付，并留质量保证金，待运行结束无误后再付清。

### 3. 供暖设备设施的资料管理统计

供暖设备管理包括供暖设备设施档案资料管理、操作运行管理及非运行期的维修养护管理，为了保证管理工作的质量，供暖系统的管理应从竣工验收开始，以便于物业管理公司了解和掌握供暖系统状况与设备的使用性能。竣工验收合格后，物业管理公司作为接管部门应检查接收一些必不可少的资料，并做好资料统计、保管，为以后的管理工作顺利进行做好准备。

供暖设备设施资料管理统计见表9-1。

**表9-1　供暖设备设施资料管理统计**

| 项目 | | 内容 |
|---|---|---|
| 锅炉房资料 | 锅炉资料 | (1)锅炉图样（总图、安装图和主要受压部件图）受压元件的强度计算书；<br>(2)水流程图及动力计算书；<br>(3)安全阀数量和管道直径的计算书；<br>(4)锅炉质量证明书；<br>(5)锅炉安装说明书和使用说明书；<br>(6)受压元件更改通知书等 |
| | 锅炉房设计及安装资料 | (1)锅炉房平面设计、竣工图；<br>(2)环保部门对锅炉房的噪声及烟尘污染的监测报告；<br>(3)其他各种辅助设备均须有产品质量合格证书及产品规格与安装使用说明书；<br>(4)锅炉房各项安装工程的质量评定表和各阶段安装记录；<br>(5)水压试验、烘炉、煮炉、安全阀调试记录；<br>(6)锅炉及辅助设备单机调试的冷态试运行记录；<br>(7)72 h热态试运行记录；<br>(8)储煤灰渣场地是否符合要求等 |
| 供热管网的资料 | | (1)物业管理公司从开发商手中接管供热管网时，应索要下列资料，并审查其设计和施工是否符合国家的有关规范要求。<br>1)室外和室内供暖平面、系统图。<br>2)管网设备的合格证及使用说明书。<br>3)隐蔽工程的分段验收记录。<br>4)管网的水压试验记录。<br>5)重要焊口焊接质量检查记录。<br>6)管道的冲洗记录。<br>(2)在新建供热管网时，开发商对采暖期的保修期为一个采暖期，因此，应通过检查第一个采暖期发生的漏水、暖气不热和水平衡失调等问题，及时修理，掌握情况，做好统计记录。第一个采暖期各项指标无误后方可接管。<br>(3)当接管运行几年的旧热网时，要求对方移交已运行几年中的运行统计记录，提取的热网及设备折旧费和大修资金及热用户的采暖费收费档案等资料 |

#### 4. 集中供暖系统的运行统计

(1)集中供暖系统设备的数量统计指标见表9-2。

表 9-2　集中供暖系统设备的数量统计指标

| 项目 | 内容 |
|---|---|
| 实有设备 | 实有设备也称现有设备、拥有设备，该指标是指企业实际拥有的、可供企业调配的全部集中供暖系统设备的数量，包括企业自有的、租用的和借用的，且无论是否安装(若需要安装的话)的设备，但不包括已报废或严重损坏不能修复的设备，以及租借给外企业和未运抵本企业的设备 |
| 已安装设备 | 已安装设备是指需安装的设备已安装完毕，并经验收正式投入集中供暖运营的设备；对于不需安装的正式投入使用的移动使用设备也应统计在内 |
| 未安装设备 | 未安装设备是相对于已安装设备而言的尚未正式投入使用的需安装和不需安装的全部设备 |
| 实际使用设备 | 实际使用设备即已安装设备的使用数，是指只要在报告期内使用过一个班次以上的设备均应统计在内，包括因季节性生产和大修理而停止使用的设备，也包括正常使用或替代使用的设备 |
| 已安装未使用设备 | 已安装未使用设备是相对于实际使用设备而言的，即报告期已正式投入生产经营而实际未使用的设备 |
| 待报废设备 | 待报废设备是指经企业有关部门核准的，由于有形和无形磨损准备报废的设备，它可以是已安装设备，也可以是未安装设备 |

注：上述指标应按不同种类的设备分别统计，然后就全部设备进行汇总。可见实有设备是企业最大可能投入集中供暖系统的设备数量，而实际使用设备与其之间的差额是企业设备尚可利用的最大潜力，它取决于已安装设备的数量。

(2)集中供暖系统设备数量统计的计算单位和指标形式。企业设备数量统计的计算单位有自然单位、能力单位和价值量单位三种。自然单位有"台""座""部""套""个"等，该计量单位使用于同类设备的汇总；能力单位用"年产量"或"年处理资材数量"表示，如"瓦""卡""千卡"或"万吨年"等，该计量单位使用于同种产出或处理同种资材的设备汇总；价值量单位一般用设备原值或净值的万元或亿元表示，该计量单位使用于全部设备的汇总。

企业集中供暖系统设备数量指标一般有年末数和年平均数两种形式。

$$年末设备数量＝年初设备数量＋年内增加数量－年内减少设备数量 \qquad (9\text{-}1)$$

$$年平均设备数量＝\frac{年末设备数量＋年初设备数量}{2} \qquad (9\text{-}2)$$

(3)常用设备统计报表包括设施设备清单(表9-3)和设备台账(表9-4)，均由物业公司统计人员填制。

表 9-3　设施设备清单

小区(大厦)名称：　　　　　　　　　　　　　　　　　　年　　月　　日

| 系统 | 设备编号 | 设备名称 | 规格型号 | 主要参数 | 安装位置 |
|---|---|---|---|---|---|
|  |  |  |  |  |  |
|  |  |  |  |  |  |
|  |  |  |  |  |  |
|  |  |  |  |  |  |
|  |  |  |  |  |  |

表 9-4　设备台账

小区(大厦)名称：　　　　　　　　　　　　　　　　　　　年　　月　　日

| 设备名称 | | 制造国别 | | 出厂日期 | |
|---|---|---|---|---|---|
| 型号 | | 厂家 | | 进场日期 | |
| 规格 | | 出厂编号 | | 安装日期 | |
| 安装地点 | | 设备编号 | | 使用日期 | |
| 总重量 | | 电机数量 | | 验收日期 | |
| 外形尺寸 | | 电机功率 | | 设备原值 | |
| 主要技术性能 | | | | | |
| | | | | | |
| 设备技术配套主要附件 | | | | | |
| 序号 | 名称 | | 型号 | 规格 | 数量 |
| | | | | | |
| | | | | | |

## 知识链接

### 供暖方式

(1)连续供暖。连续供暖是指建筑物的使用时间为 24 h，要求室温昼夜保持在设计温度的供暖方式。如医院、三班制的工厂等场所。

(2)间歇供暖。间歇供暖是指建筑物的使用时间不是 24 h，只要求建筑物的室温在使用时间内保持为设计温度，其他时间可以自然降温。如办公室、商店、一班制的工厂等场合。

(3)住宅供暖方式。目前，国内住宅供暖采用的方式主要有以下三种：

1)昼夜 24 h 连续供暖。这种方式的供暖效果好，但是夜间室内也保持在设计温度不利于节能。

2)每昼夜 16 h 的间歇供暖。这是把一般住宅的使用时间定为从早晨 7 点到晚上 11 点，共 16 个小时。对于晚上的 8 h，可作为非使用时间，允许自然降温。这样，既不影响使用要求，又可以减少能耗。

3)每昼夜 12 h，烧烧停停的间歇供暖。这种供暖方式不如昼夜 16 h 的间歇供暖方式，且供暖能耗也不一定少。

## 二、集中供暖设备新旧程序统计

### 1. 设备使用年限统计

设备在生产经营的长期使用过程中虽不改变其实物形态，但其价值逐步转移到产品的价值中，同时，设备的功能也逐步降低。因此，设备年限越长，设备越旧，其有形磨损和无形磨损也就越大。故应按设备使用年限分组，并计算设备平均使用年限指标，以简略反映企业设备的新旧程度。

### 2. 设备年有形磨损统计

设备在生产经营过程中和自然力作用下所发生的磨损属于有形磨损。

（1）设备年低劣系数。该指标用以反映设备因有形磨损而性能衰退、精度下降的程度，指标越高说明设备陈旧的速度越快。

$$设备平均使用年限 = \frac{\sum(某设备使用年限 \times 某设备拥有数量)}{全部设备拥有量} \tag{9-3}$$

式中，分母的时间间隔必须折算为年数。

分子精度指数 $T$：

$$T = \sqrt{\frac{\sum(精度实测值/精度允许值)^2}{测定项目数(不少于全部项目的70\%)}} \tag{9-4}$$

精度值数越小，说明精度越高；反之则越低，一般有以下标准：

$T \leqslant 0.5$　新设备验收条件之一

$T \leqslant 1$　设备大修理后验收条件

$T \leqslant 2$　设备必须调试后使用

$2 < T < 2.5$　设备需中修

$2.5 \leqslant T \leqslant 3$　设备需大修

$T > 3$　设备必须更新

（2）设备年有形磨损系数。该指标用价值量计算，既可按单台设备计算，也可按某类设备或全部设备计算，与其互补的是设备年有形有用系数。磨损系数越高说明设备越陈旧；反之有用系数越低说明设备越陈旧。

### 3. 设备年无形磨损统计

由于科学技术进步和社会生产力发展而引起的设备贬值属于无形磨损。设备的无形磨损程度可以用价值量计算，具体计算公式为

$$设备年无形磨损系数 = \frac{年末设备原值 \times 物价指数 - 年末设备重置完全价值}{年末设备原值} \tag{9-5}$$

### 4. 设备年综合磨损统计

设备年有形磨损与设备年无形磨损相加即综合磨损，因此综合磨损系数为

$$设备年综合磨损系数 = 设备年有形磨损系数 + 设备年无形磨损系数 \tag{9-6}$$

由此，设备年综合有用系数 = 1 - 设备年综合磨损系数

### 知识链接

**供暖期工作阶段划分及工作要点**

（1）准备阶段。配备和培训司炉供暖人员，检查修缮设备，系统上水、备煤，做好供暖经济承包准备工作。

（2）初寒期。按时点火，贯彻执行规章制度和操作规程，努力降低炉灰含碳量，确保运行安全，完成进入严寒期前的设备检修工作。

（3）严寒期。加强设备维护保养，努力提高供暖质量，交流运行管理经验，制订下一年度设备的普查和修缮计划。

（4）末寒期。善始善终做好末寒期的供暖节能工作，认真完成停炉后的现场清扫、整理等收尾工作。

（5）总结阶段。做好成本分析和能耗分析，总结经验，指出不足，提出今后的改进意见。

### 🏠 三、集中供暖的设备事故统计

**1. 设备事故的概念与种类**

设备因非正常损坏而造成停产或降低效能称为设备事故。根据事故发生后设备的损失程度，设备事故可分为设备故障、一般事故、重大事故和特大事故。区分的标准各行业各不相同，但一般均以中断生产经营的时间长短和维修费用多寡加以区分。根据产品（设备本身就是工业产品）可靠性分析中的失效规律，设备事故可分为基本事故、初期事故、偶发事故、磨损事故、破损事故、劣化事故、波及事故和间歇事故。

**2. 设备事故的统计指标**

(1)设备事故发生台次数统计。设备事故发生台次数统计应分别统计设备事故的总台次数和设备事故分类台次数，并进一步计算各类事故台次数占事故总台次数的比重，作为用 ABC 分类法对主要事故种类加强控制的依据。

(2)设备事故发生率。设备事故发生率也称为设备事故频率，可从设备开动台数和台时两个角度计算，以满足不同的分析需要。

$$设备事故发生率(次/台)=\frac{设备事故发生台次数}{实际开动设备台数} \tag{9-7}$$

$$设备事故发生率(次/单位时间)=\frac{设备事故发生台次数}{实际开动设备台次数} \tag{9-8}$$

(3)设备事故损失。设备事故损失不仅应包括修复设备支付的费用，还应包括由于设备事故导致的产值或收入的损失和设备因无法修复如初造成的设备贬值损失。

$$设备事故损失=设备修复费用+因设备事故停工损失金额+设备贬值损失金额 \tag{9-9}$$

### 🏠 四、集中供暖设备维修统计指标体系

随着科学技术水平的提高，设备有效性对物业经营的正常运行越趋重要。所谓设备的有效性，是指在某种使用条件下和规定时间内设备保持正常使用状态的概率。在实际工作中，一般以时间频率代替：

$$设备的有效性(\%)=\frac{设备处于正常工作的时间}{设备处于正常工作的时间+设备处于停机维修或待修时间}\times100\%$$

$$\tag{9-10}$$

设备的有效性取决于设备自身的可靠性和可维修性（除了无可维修设备），可靠性给予企业严格按规定条件使用的设备质量保证允诺，可维修性给予企业通过设备维修恢复设备性能的允诺，两者都要求企业对设备加强合理的维修，以保障设备的有效性。

### 📖 知识链接

**设备维修分类**

设备维修可分为设备维护和修理两大类。

(1)设备维护。设备维护可分为日常保养、一级保养和二级保养三个级别；

(2)设备修理。设备修理按不同的标志有恢复性修理与改善性修理，事故后修理、计划预修（又分为小修、中修、大修）和机会修理，定期修理、标准修理、检查后修理和状态检测修理。

### 1. 设备维修工作量统计指标

(1)设备修理复杂系数。设备修理复杂系数是表示设备修理复杂程度的一种标准单位。其中一般用字母 $F$ 表示，设备机械部分的修理复杂系数用字母 $JF$ 表示，电器部分的修理复杂系数用字母 $DF$ 表示，其数值大小取决于设备的结构、工艺特性、规格、零部件尺寸和可维修性等因素，修理复杂系数数值越大越难修、越小越易修。

各种设备均订有标准和计算公式，可根据所需修理设备的参数对照标准和通过计算确定其修理工作量——修理复杂系数总和。

(2)修理工作量定额。修理工作量定额是统计设备修理工作所需投入劳动的依据，一般以单位维修复杂系数所需劳动时间表示，即设备修理工时定额。其计算公式如下：

$$预修设备修理工作量定额(工时/1F) = \sum \frac{标准设备修理定额时}{预定修理设备 F 的总和} \times$$

$$(1 + 按修理条件不同给予的调整系数) \tag{9-11}$$

修理工作量定额应先分别按不同工作(一般需配备钳、焊、电等工种)计算标准设备修理定额工时，然后加总再除以预修设备 $F$ 总和，得 $1F$ 需要多少标准修理工时定额，再通过调整系统数得出预算设备的修理工时定额。

(3)修理停歇时间定额。修理停歇时间定额是指设备从停止运转交付修理开始到修理完毕、验收合格为止所需的全部的定额时间。其计算公式如下：

$$修理停歇时间定额 = \frac{预修设备修理工作量等额 \times 预修设备 F 的总和}{每天班计划投入修理工人数 \times 工作日长度(每工班小时数) \times} + 其他停$$
$$每天工作班次 \times 修理工作量定额完成指数$$

机天数

$$\tag{9-12}$$

### 2. 集中供暖设备维修工作评价统计指标

(1)反映维修工作量计划与执行的统计指标。

1)应修台数安排率。设备应予维修是设备的运行时间决定的，但由于种种原因使应修设备未能及时列入修理计划，如果差距过大会影响设备的有效性，进而危及产品质量。

$$应修台数安排率(\%) = \frac{本期计划检修设备台数}{本期应修设备台数} \times 100\% \tag{9-13}$$

2)修理及保养计划完成率。设备管理部门应按年、季、月制订设备的修理及保养计划，凡是已列入计划的设备，均是迫切需要修理和保养的设备，因此必须严格执行计划。

$$设备一、二级保养计划完成率(\%) = \frac{本期一、二级保养实际完成台数}{本期一、二级保养计划台数} \times 100\% \tag{9-14}$$

$$设备修理计划完成率(\%) = \frac{本期实际完成修理台数}{本期计划修理台数} \times 100\% \tag{9-15}$$

3)设备大修理计划(进度)完成率。大修理计划一般按年度编制，故在年内该指标可用作检查计划完成进度，除用台数计算外，还应用复杂系数计算。

$$设备大修理计划完成进度(\%) = \frac{年初至本期止实际完成大修理设备台数}{全年设备大修理计划台数} \times 100\% \tag{9-16}$$

$$设备大修理计划年度完成率(\%) = \frac{全年实际完成大修理设备总 F 数}{全年设备大修理计划总 F 数} \times 100\% \tag{9-17}$$

4)设备大修理基金利用率。该指标为了保证设备性能良好、精度符合生产经营要求、确保大修理基金的专款专用而设置，可将其作为考核企业设备管理等级的一票否决指标，如指标值达 95% 以上为优等。

$$年设备大修理基金利用率(\%)=\frac{年设备实际使用的大修理金额}{年设备计划提取大修理基金额}\times100\% \tag{9-18}$$

（2）反映设备维修质量的统计指标。

1）设备修理质量平均等级。该指标用以考核修理后的设备本身质量，如达不到规定标准，应返工重修。该指标即可用于评价多台设备修理平均质量，也可用于单台设备多性能间的修理平均质量。同时，应计算修理设备的返修率，以考察设备修理的工作质量。

$$多台设备修理质量平均等级=\frac{\sum(质量等级\times修理完毕该质量等级的台数)}{\sum 修理完毕各质量等级的台数} \tag{9-19}$$

$$单台设备修理质量平均等级=\frac{\sum(性能质量等级\times修理完毕该质量性能的 F 数)}{\sum 修理完毕各性能的 F 数} \tag{9-20}$$

$$修理设备返修率(\%)=\frac{修理设备的返修台数}{修理设备的送检台数}\times100\% \tag{9-21}$$

2）设备大修理平均成本。该指标从修理费用投入的角度反映设备大修理的质量，因为合理的修理成本投入是为了设备性能恢复更为理想，同时，应在达到修理质量标准的前提下降低成本。另外，应计算设备大修理平均工时消耗和设备大修理平均停歇天数指标，既要为修理质量提供充分的时间，又要尽可能地节约时间减少停产损失。

$$设备修理平均成本(元/F)=\frac{\sum 单台设备大修理实际成本}{\sum 单台设备修理复杂系数(F)} \tag{9-22}$$

$$设备修理平均工时消耗(工时/F)=\frac{\sum 单台设备大修理消耗工时}{\sum 单台设备修理复杂系数(F)} \tag{9-23}$$

$$设备大修理平均停歇天数(元/F)=\frac{\sum 单台设备大修理停歇天数}{\sum 单台设备修理复杂系数(F)} \tag{9-24}$$

3）设备维修费用率。该指标以年设备维修费用占年固定资产原值或生产经营总费用的比重的合理性，来评价维修工作的质量情况。

$$设备维修费用率(\%)=\frac{设备维修费用}{固定资产原值(或生产经营总费用)}\times100\% \tag{9-25}$$

4）百元增加值维修费。虽然该指标也是从维修费用投入的角度反映设备维修的质量，但其侧重是通过企业单位产出开支的维修费用的多寡说明对维修质量的保证，同时，要求在企业生产经营质量保证的前提下降低维修费用。

$$百元增加值维修费(元)=\frac{设备总维修费(元)}{企业增加值(百元)} \tag{9-26}$$

5）万元增加值设备事故损失。该指标从损失的角度说明设备维修的质量，也是衡量设备大修理平均成本和百元增加值维修费降低是否合理的标准。

$$百元增加值设备事故损失(元)=\frac{设备事故损失(元)}{企业增加值(万元)} \tag{9-27}$$

6）年设备有效利用率。该指标通过设备年平均维修间隔期内时间有效利用率的比率反映设备维修的工作质量。

$$年设备有效利用率=\frac{年设备平均维修间隔期}{年设备平均维修间隔期+年设备平均停机维修时间+年设备平均停机待维修时间}\times100\% \tag{9-28}$$

## 五、集中供暖设备系统维修工作常用统计报表

为了确保供暖设备始终处于良好的运行或备用状态，保证整个供暖系统的正常运行，集中供暖设备系统维修工作应填制下列报表：

（1）水泵月保养记录表（表9-5）。

**表9-5 水泵月保养记录表**

大厦

| 名称 | | 编号 | | 保养人 | |
|---|---|---|---|---|---|
| 外表清洁 | | 主电路螺钉紧固 | | 审核人 | |
| 接触器触点 | | 手动盘转 | | 滴漏水检查 | |
| 运转响声 | | 轴承温升加润滑油 | | 单向阀压力表 | |
| 泵自动启停 | | 泵手动启停 | | 指示灯仪表 | |
| 电极电流 | A相 | B相 | | C相 | |
| 备注： | | | | | |

（2）水泵电机半年保养记录表（表9-6）。

**表9-6 水泵电机半年保养记录表**

部门： 班： 年 月 日

| 设备编号 | | 设备名称 | | 供水范围 | | 负责人 | | 保养人 | |
|---|---|---|---|---|---|---|---|---|---|
| 扬程 | | 额定功率 | | 额定电流 | | 转速 | | 审核人 | |
| 保养记录 | | | | | | | | | |
| 盘根检查 | | 联轴器连接 | | | | | | | |
| 电机接线端紧固 | | 绝缘测定 | | | | | | | |
| 基座及连接固定 | | | | | | | 防锈处理 | | |
| 进水阀 | | | | 出水阀 | | | | | |
| 泵外观检查 | | 管道外周清扫 | | 放空阀 | | | 压力表阀 | | |
| 开动泵检查 | 电极电流 | A相 | B相 | C相 | | 压力表 | MPa | | |
| 备注： | | | | | | | | | |

（3）水泵房巡查记录表（表9-7）。

**表 9-7 水泵房巡查记录**

小区(大厦)名称：　　　　　　　　　　　　　　　　　　　　　年　月　日

| 班次 | | 早班：(8：00~16：00) | | | 中班(16：00~0：00) | | | 晚班(0：00~8：00) | | |
|---|---|---|---|---|---|---|---|---|---|---|
| 巡查人 | | | | | | | | | | |
| 水泵房 | 时间 | 12：00 | | | 20：00 | | | 6：00 | | |
| | 水泵 | 出口压力 | 截止阀关闭 | 电源与控制 | 出口压力 | 截止阀关闭 | 电源与控制 | 出口压力 | 截止阀关闭 | 电源与控制 |
| | 生活泵 | | | | | | | | | |
| | 消防泵 | | | | | | | | | |
| | 喷淋泵 | | | | | | | | | |
| | 补压泵 | | | | | | | | | |
| | 蓄水池水位 | | | | | | | | | |
| | 渗漏情况 | | | | | | | | | |
| 其他 | 早班： | | | 中班： | | | 晚班： | | | |

(4)值班记录表(表 9-8)。

**表 9-8 值班记录表**

单位：　　　　　　　　　　　　　　　　　　　　　　　　　　　年　月　日

| 班次 | 早班(8：00~16：00) | 中班(16：00~0：00) | 晚班(0：00~8：00) |
|---|---|---|---|
| 值班人 | | | |
| 气温 | | | |
| 交接班记录 | 交班人：<br>接班人： | 交班人：<br>接班人： | 交班人：<br>接班人： |

| 值班内容记录 | | | | | |
|---|---|---|---|---|---|
| 序号 | 班次 | 时间 | 内容 | 处理情况 | 值班人员 |
| | | | | | |
| | | | | | |
| | | | | | |
| | | | | | |
| | | | | | |
| | | | | | |
| | | | | | |
| | | | | | |
| | | | | | |
| | | | | | |
| | | | | | |

(5)设备保养计划表(表 9-9)。

**表 9-9  设备保养计划表**

部门：　　　　　　　　　　　　　　　　　　　　　　　　　　　　年　　月　　日

| 序号 | 设备标号 | 设备名称 | 保养内容 | 保养周期 | 保养时间 | 保养人 | 完成情况 |
|------|----------|----------|----------|----------|----------|--------|----------|
|      |          |          |          |          |          |        |          |
|      |          |          |          |          |          |        |          |
|      |          |          |          |          |          |        |          |
|      |          |          |          |          |          |        |          |
|      |          |          |          |          |          |        |          |
|      |          |          |          |          |          |        |          |
|      |          |          |          |          |          |        |          |

计划编制人：　　　　　　审核人：　　　　　　　　　　　　　　批准人：

日期：　　　　　　　　　日期：　　　　　　　　　　　　　　　日期：

(6)设备(机具)外委维修申请表(表 9-10)。

**表 9-10  设备(机具)外委维修申请表**

小区(大厦)名称：　　　　　　　　　　　　　　　　　　　　　年　　月　　日

| 设备标号 | 设备名称 | 规格型号 | 安装位置 | 台数 | 维修费用/元 | 维修单位 |
|----------|----------|----------|----------|------|-------------|----------|
|          |          |          |          |      |             |          |

内部检测判断结果：

需要修复返回时间：

维修内容：

　　　　　　　　　　　　　　　　　　　　　　维修班长：　　　　日期：

管理处主任意见：

　　　　　　　　　　　　　　　　　　　　　　签名：　　　　　日期：

机电安装维修工程部经理意见：

　　　　　　　　　　　　　　　　　　　　　　签名：　　　　　日期：

主管副总经理(或总经理)审批：

　　　　　　　　　　　　　　　　　　　　　　签名：　　　　　日期：

(7)设备维修记录表(表 9-11)。

表 9-11　设备维修记录表

小区(大厦)名称：　　　　　　　　　　　　　　　　　　　　　年　月　日

| 设备名称 | 设备编号 | 开始时间 | 结束时间 | 维修人员 |
|---|---|---|---|---|
|  |  |  |  |  |

设备故障原因：

维修处理(外委、自修)：

维修过程及安全措施：

维修人：

维修班长：

维修过程及安全措施：

检定人：　　日期：

备注：

(8)设备事故报告单(表 9-12)。

表 9-12　设备事故报告单

小区(大厦)名称：　　　　　　　　　　　　　　　　　　　　　年　月　日

| 设备编号 | 设备名称 | 型号规格 | 所属单位 |
|---|---|---|---|
|  |  |  |  |
| 事故类型 | 当事人 | 设备负责人 | 发生事故时间 |
| 事故经过情况 |  |  |  |
| 设备损坏情况 |  |  |  |
| 原因分析 |  |  |  |
| 事故损失 | 停工时间 | 修理费 | 减产损失 |
|  |  |  |  |
| 管理处处理意见 |  |  |  |
| 机电部处理意见 |  |  |  |
| 总经理批示 |  |  |  |

## 知识链接

### 城市区域锅炉供热管理办法

#### 第一章 总 则

第一条 为了加强城市区域锅炉供热管理、节约能源、减少环境污染，发展城市集中供热，特制定本办法。

第二条 城市区域锅炉供热是指大型锅炉所产生的蒸气、热水，经过管网供给城市部分地区生产和生活用热的方式。城市区域锅炉供热包括锅炉房、热网、热用户三部分组成。

区域锅炉供热的规模为：特大城市锅炉供热能力在 12 兆瓦以上（单台容量在 20 吨/时以上），民用建筑供热面积应在 25 万平方米以上；大中城市锅炉供热能力在 7 兆瓦以上（单台容量在 10 吨/时以上），民用建筑供热面积应在 10 万平方米以上；小城市锅炉供热能力在 3 兆瓦以上（单台容量在 4 吨/时以上），民用建筑供热面积在 4 万平方米以上；工业余热要按照城市供热规划的要求，就近向市区供热，其供热能力在 7 兆瓦以上（锅炉单台容量不得小于 10 吨/时）。

第三条 本办法适用于城市规划区范围内区域锅炉供热设施的规划、建设和管理。

第四条 国务院住房城乡建设主管部门负责全国城市区域锅炉供热管理工作，省、市、自治区和县级以上地方政府城市建设主管部门负责本行政区域的城市区域锅炉供热管理工作。

#### 第二章 规划与建设

在供热规划的指导下，做到远近结合、合理布局、统筹安排、分期实施。对于不按城市供热规划盲目建设的锅炉房，要坚决制止。

第五条 城市供热规划是在城市总体规划指导下的规划，城市区域锅炉供热建设要在供热规划的指导下，做到远近结合、合理布局、统筹安排、分期实施。对于不按城市供热规划盲目建设的锅炉房，要坚决制止。

第六条 凡是新建开发区和住宅、公用设施建筑和工厂用热，都应采用集中供热（包括热电联产和区域锅炉供热），不允许再建分散式的锅炉房；对现有的分散供热锅炉房必须采取措施，有计划、有步骤地限期改造、逐步淘汰。

第七条 严格新建区域锅炉房审批制度。凡新建或扩建区域锅炉供热的单位，必须符合供热规划要求，并到城市政府住房城乡建设主管部门办理审批手续，批准后方可建设。

第八条 经批准建设的区域锅炉供热工程要履行基本建设工程审批手续。

第九条 城市区域锅炉供热工程的设计、施工应由具有供热专业资质的设计单位和施工单位承担。

第十条 城市区域锅炉供热的建设资金可采取多种渠道解决：一是地方自筹，二是向受益单位集资，国家可采取无息、低息、贴息、延长贷款偿还期限等优惠政策，扶持城市区域锅炉供热的发展。主要来源于：节能贷款、城市建设维护费、市政公用设施配套费、环境污染治理费、受益单位集资、利用外资或合资、银行贷款等。要逐步实现建设资金用贷款，供热收支包括偿还贷款本息的价格机制。

第十一条 新建、扩建、改造区域锅炉房，应采用先进的技术设备和高新材料。锅炉必须选用功率大、效率高、耗能低、经劳动部门批准的国家规定产品，除尘设备要符合国家环保部门有关标准的要求。

#### 第三章 管理和经营

第十二条 凡生产、经营城市区域锅炉供热的单位，必须按照《城市集中供热企业资质管理规定》的要求，经城市住房城乡建设主管部门批准后方可到工商行政管理部门办理登记注册手续。

第十三条 城市区域锅炉供热企业，必须符合"城市集中供热企业资质标准"的要求。凡是不符合资质标准的供热单位，根据区域锅炉供热设施是城市基础设施和建设时收取配套费的原则，应将区域锅炉供热设施移交给国家办的符合资质标准的供热单位。具体移交范围、办法、手续等由当地城市政府负责处理。

第十四条 根据国务院规定，城市区域锅炉供热单位属于工业企业性质，按行业划分属于城市市政公用企业类。现在仍是事业单位的，要实行企业化管理，逐步转为企业单位。

第十五条 城市区域锅炉供热企业要按照《全民所有制工业企业转换经营机制条例》的要求，适应市场需要，逐步成为依法自主经营、自负盈亏、自我发展、自我约束的供热产品生产和经营单位，成为独立享有民事权利和承担民事义务的企业法人。

第十六条 城市区域锅炉供热价格按保本微利的原则定价。供应工业、营业性用户的价格高于民用价格，实行按量分级定价。当供热价格达不到保本微利或水、煤、电等主要生产材料调整价格时，企业有权要求政府相应调整供热价格。

企业提供的其他产品及加工、维修、技术协作等劳务，可以自主定价。

第十七条 城市区域锅炉供热由于定价原因而形成的政策性亏损，物价部门应有计划地调整，不能调整的，经财政部门审查核准，给以相应的补贴或其他方式补偿。财政部门可按照同行业生产经营同类产品或商品的平均实际成本、费用和平均合理利润，以及市场情况，实行定额补贴。

第十八条 城市区域锅炉供热单位要强化企业管理。对能源消耗、劳动生产率、设备安全状况、供热服务质量等进行考核，不断降低消耗，确保服务质量，提高社会效益和经济效益。

第十九条 城市区域锅炉供热企业要积极试验、推广和应用新技术、新材料、新工艺和新设备，不断提高现代化管理水平。

第二十条 城市区域锅炉供热设施任何单位或个人不得在供热管网、阀门井盖上进行建筑，堆杂物，不得往管网沟内排放水等，对阀门、仪表、除污器等供热设施，一律不准动用，严禁破坏供热设施。

第二十一条 距供热管网及附属设备围周1.5米以内不得建设各类地上、地下建筑物，不得挖坑掘土植树，打桩、爆破等作业；供热设施如需要移动或改建应在动工前报供热单位批准并由供热单位负责施工。

## 第四章 供热及用热管理

第二十二条 凡需要供热的单位(包括新用热户、扩大供热面积、增加供热、用热单位变动等)，要按当地政府规定的申报和审批程序办理手续，经批准后方可用热。

第二十三条 用热单位必须按照国家有关技术规范、标准和规定建设或改造所属供热系统，并保证工程质量。工程竣工时，应向供热单位提供必要的竣工资料，经检查验收合格后，方可供热。用热单位如需停止供热，对供热设施进行改造、维护或检修，需先向供热单位申报，经同意后方可停止供热。

第二十四条 供热单位与用热户应按合同法的要求签订供热合同，明确双方的权力及义务。供热合同内容应包括供、停暖日期、供热参数、室内温度、事故及维护、收费标准和结算办法、用户遵守的规定等，做到保证供热质量和合理用热。

第二十五条 供热单位巡检人员应佩戴标志，经常对用户进行走访，发现问题及时解决，用热户对巡检人员不得无理阻挡。

第二十六条  用热单位必须配备专职工作人员，负责对本单位用热设施的管理、巡查和维护，杜绝跑、冒、滴、漏。

第二十七条  违犯本办法有下列行为之一的，按有关法规的规定给予批评教育、罚款、赔偿经济损失或停止供热处理，直至追究刑事责任。

1. 不按规定交纳热费的；

2. 毁坏和盗窃城市供热设施的；

3. 对供热设备及设施不进行维护，不按期检修而造成事故损失的（以检修记录为依据）；

4. 未经批准私自用热或增加供热面积和增加供热量的；

5. 擅自泄放蒸气和热水的；

6. 私自乱动开启、关闭供热阀门及其他设备的；

7. 随意拆除或增加供热设备的；

8. 阻挠或影响工作人员对供热设施检查、维护及检修作业的；

9. 在埋设供热管道的地面上新建建筑物、堆放杂物等。

第二十八条  对于不符合城市供热规划和未经城市住房城乡建设主管部门批准乱建分散锅炉房的违章行为，要坚决制止，并不允许供热。

第二十九条  对于未经城市住房城乡建设主管部门批准取得资质证书擅自供热的违章行为，予以罚款处理，并则令其停业整顿，直至合格后取得资质证书方可供热。

第三十条  对违章操作、玩忽职守、滥用职权、徇私舞弊等造成重大事故和经济损失的供热单位工作人员，给予经济制裁、行政处分，构成犯罪的由司法机关追究刑事责任。

### 第五章  附  则

第三十一条  各省、自治区、直辖市人民政府城市住房城乡建设主管部门可以根据本办法制定实施细则。

第三十二条  本办法由国务院住房城乡建设主管部门负责解释。

第三十三条  本条例自发布之日起实行。

## 单元二  给水排水设备的运行和维修统计

水是人类生存的最基本的要素，是物业使用功能的保障条件之一。因此，作为建筑项目中的给水排水系统工程的工作正常与否，直接影响到业主（或使用人）的工作、生活和物业功能的发挥。做好给水排水设备管理的统计工作也是物业管理统计的一项重要内容。

### 一、给水排水设备管理统计

#### 1. 给水排水设备潜力统计

机械设备潜力是指可以利用而未被利用的机械设备生产能力。拥有设备使用率高低的取决于拥有设备安装率、已安装设备完好率和完好设备使用率的高低，企业可通过提高拥有设备安装率、已安装设备完好率和完好设备使用率来挖掘设备潜力。

（1）拥有设备安装率。该指标是已安装设备与拥有设备的比率，其互补指标拥有设备未安装率揭示了第一层次的设备潜力。

$$拥有设备安装率=\frac{已安装设备数量}{拥有设备数量}\times100\%  \tag{9-29}$$

(2)拥有设备完好率。该指标是完好设备与拥有设备的比率。其适用于不需安装即可运行的设备，其互补指标拥有设备未完好率揭示了该类设备第一层次的潜力。

$$拥有设备完好率=\frac{完好设备数量}{拥有设备数量}\times100\% \tag{9-30}$$

(3)已安装设备完好率。该指标是完好设备与已安装设备的比率。其互补指标已安装设备未完好率揭示了第二层次的设备潜力。

$$已安装设备完好率=\frac{完好设备数量}{已安装设备数量}\times100\% \tag{9-31}$$

(4)完好设备使用率。该指标是实际使用设备与完好设备的比率。其互补指标完好设备未使用率揭示了第三层次的设备潜力。

$$完好的设备使用率=\frac{实际使用设备数量}{完好设备数量}\times100\% \tag{9-32}$$

(5)拥有设备使用率。该指标是实际使用设备与拥有设备的比率。其互补指标拥有设备未使用率揭示了总体上的设备潜力。

$$\begin{aligned}拥有设备使用率&=\frac{实际使用设备数量}{拥有设备数量}\times100\%\\&=拥有设备安装率\times已安装设备完好率\times完好设备使用率\\&=拥有设备完好率\times完好设备使用率\end{aligned} \tag{9-33}$$

### 2. 给水排水设备经济寿命统计

设备往往随着使用年数的增加其运行和维修费用不断增加，同时性能也逐渐劣化。周期性设备更新与经济寿命的计算就是使总费用的年值为最小的使用年数。其计算公式为

$$n=\sqrt{\frac{2(P-L)}{q}} \tag{9-34}$$

式中　$n$——设备的服务年限；

$P$——设备的购置费；

$q$——维修费的增加额；

$L$——设备残值。

### 3. 给水排水设备更新决策统计

(1)持续性设备更新决策指标最佳役龄。企业持续性长期使用设备是指在相当长的时期内，企业不可能转产的生产经营性专用设备要经历若干次的大修理和每年的中、小修理，以部分或全部地恢复设备因磨损而丧失的功能。在正常的情况下设备的磨损程度与役龄是同步上升的，因此随着时间的推移，维修费用逐步上升，当包括设备的购置成本等在内的年平均使用成本最低时的年份，即设备的最佳更新年份，自设备投入使用到最佳更新年份止的累计年份即设备的最佳役龄。年平均使用成本的计算公式为

$$设备第N年年平均使用成本=\frac{设备购置成本（原值）-第N年残值}{设备役龄（第N年）}+\frac{至N年止累计设备维修费}{设备役龄（第N年）} \tag{9-35}$$

该指标应逐年计算，按一般规律，设备刚开始投入使用时，年平均使用成本是逐年下降的，当接近最佳役龄时下降速度放缓，即应注意年平均使用成本向上转折点——最低年平均使用成本，随后年平均使用成本将逐年上升。转折点出现后，应对后续年份的维修费用作出准确预测，并代入上式计算，以确认最低年平均使用成本年份，即设备最佳役龄。

(2)阶段性设备更新决策指标——使用期限总成本。企业阶段性短期使用设备是指在一定时

期内，企业因可能转产而废弃不用的给水排水专用设备。当设备的使用寿命不能满足企业使用期限时，必须在期限内更新设备，但更新设备的寿命却长于所余使用期限，这就需要寻求最佳更新时期，显示使用期限总成本最低是更新决策的依据。

为了便于理解，假设在使用期限 $T$ 内只需更新一次。则正在使用设备的使用年限为 $N$，其使用总成本为

正在使用设备使用至第 $N$ 年的使用总成本＝正在使用设备的购置总成本－

正在使用设备第 $N$ 年的残值＋正在使用设备使用至第 $N$ 年的累计维修费 (9-36)

更新设备的使用年限为 $T-N$，假设其使用效果是被更新设备的 $A$ 倍，则使用总成本为

更新设备使用至第 $T-N$ 年的使用总成本＝$\dfrac{1}{A}$［更新设备的购置总成本－更新设备使用至第 $N$ 年的残值＋更新设备使用 $T-N$ 年的累计维修费］ (9-37)

于是，该种设备使用期限总成本为

设备使用期限总成本＝正在使用设备的购置总成本－更新设备第 $N$ 年的残值＋正在使用设备使用至第 $N$ 年的累计维修费＋$\dfrac{1}{A}$［更新设备的购置总成本－更新设备使用至 $T$ 年的残值＋更新设备使用 $T-N$ 年的累计维修费］ (9-38)

只要求得使该种设备使用期限总成本最小的 $N$，即设备更新的年份。显示在上述指标中，除正在使用设备的购置成本、正在使用设备前若干年的累计维修费是实际数据外，其他数据均需由统计人员作出估计和预测。

### 知识链接

#### 给水排水设备系统管理内容

物业管理小区内给水排水系统是指小区内的各种冷水、热水、开水供应和污水排放的工程设施的总称。其主要包括给水设备系统、排水设备系统、用水设备、热水供应设备系统、消防系统五个部分。

(1)给水设备系统。供水设备系统是指物业管理小区内通过城市供水管网，供入小区内的给水设备系统。其可以划分为物业管理小区内的庭院给水及房屋或构筑物内部给水两大部分，其中涉及的设备设施主要有供水箱、供水泵、水表、供水管网等。

供水系统按照用途分类，基本上可分为生活用水、生产用水、消防用水三大类，但这三类用水并不一定单独设置给水系统。有时会将生活和消防给水共用一个给水系统，或生活、生产、消防共用一个给水系统，这种系统形式叫作联合给水系统。具体采用什么样的给水系统形式，要按用户(用水设备)对水质、水温及小区外城市管网的给水情况，综合考虑技术、经济和安全条件，确定合适的给水方式。

(2)排水设备系统。排水设备系统是指小区内用来排除污废水及雨雪水的设备系统。其同样划分为房屋或构筑物内部污废水、雨雪水排放和物业管理小区内庭院的污废水、雨雪水排放两大部分。其中主要涉及室内排水管道、通气管、清通设备、抽升设备、室外小区检查井和排水管道等。

排水系统按照所接收的污废水的性质不同，可分为生活污水、工业废水、雨水管道三大类。排水体制有分流制和合流制。三类水共用一套管网排放叫作合流制；三类水分别排放叫作分流制。具体采用什么样的排水体制，要根据污废水的性质、浓度及城市管网的排水体制而定。

（3）用水设备。用水设备是指建筑物内或构筑物内各类卫生器具和生产用水设备。这部分主要包括洗脸盆、洗浴盆、便器、喷泉喷头及各种绿化洒水设备等。

（4）热水供应设备系统。这部分是指为满足对水温的某些特定要求而设置的设备系统。通常包括开水供应，热水供应。其中涉及的设备系统包括淋浴器、供热水管道、热循环管、热水表、加热器、温度调节器、减压阀等。

（5）消防设备。建筑或构筑物内的消防设备系统及物业管理小区庭院内的消防设备系统，主要包括消防箱、供水箱、各式消防喷头、灭火机、消火栓、消防泵等。

## 二、给水排水设备维修保养统计

### 1. 水泵的维修保养

（1）泵体的保养：

1）检查泵体，应无破损、铭牌完好、水流方向指示明确清晰，外观整洁、油漆完好；

2）补充润滑油，若油质变色、有杂质，应更换；

3）检查盘根密封情况，若有漏水应增加或更换填料；

4）联轴器的螺丝和橡胶垫圈若有损坏应更换；

5）紧固机座螺钉并做好防锈处理；

6）生活水泵因运转频繁，定期应拆开联轴器两端轴承进行清洗或更换。

（2）电机的保养：

1）外观检查，应整洁，铭牌完好，接地线连接良好；

2）拆开电机接线盒内的导线连接片，用 500 V 兆欧表遥测电机绕组相与相，相对地间的绝缘电阻值应不低于 0.5 兆欧；

3）电机接线盒内三相导线及连接片应牢固紧密。

（3）相关阀门、管道及附件的保养：

1）各个阀门的开关应灵活可靠，内外无渗漏；

2）单向阀动作应灵活，阀体内外无漏水；

3）压力表指示准确，表盘清晰；

4）管道及各附件外表整洁美观，无裂纹，油漆完整无脱落；

5）点动判断水泵转向是否正确，若有误应予更正。

### 2. 地下水池清洗

地下水池应定期清洗，一般每半年一次，若遇特殊情况，可增加次数，时间安排由管理处视情况列出计划，清洗前一天由服务中心发出通知告知业主（住户）停水时间及恢复供水时间，以便用户做好贮水准备。清洗程序如下：

（1）关闭进水总阀，关闭水池与泵房之间的阀门，打开放空阀，排空水池中的水；

（2）让放空阀处于开启状态，用鼓风机对着水池吹 2 个小时以上，并用燃烧着的蜡烛放入水池底不因缺氧而熄灭，验证水池内的空气，确保水池内空气新鲜；

（3）清洁人员用柠檬洗洁精对池壁和池底洗刷不少于三遍，清洗池顶时同时清洗通风孔、溢流孔，水电技工同时对水池中的管道，浮球，水位控制器等进行检查维修；

（4）清洗完毕后排尽水池内的污水，然后向水池壁及底部喷洒消毒药水；

（5）检查各种设施正常后，注水入池，取水样到市卫生防疫检测站化验，化验结果由管理处存档。

### 知识链接

**给水排水设备系统的合理使用和管理**

(1)给水设备系统的合理使用和管理。合理地管理使用室内给水系统，对节约用水有着重要的作用，这主要体现在以下几个方面：

1)一水多用。如把洗浴水处理后用于冲洗粪便、洗车和绿化用水的中水系统。把生活中的洗菜、洗米水储存起来浇花或冲洗大便器等。

2)防止水的跑、冒、滴、漏。杜绝日常生活中的常流水现象，发现阀门滴水，水龙头关不住的情况应及时修理。

3)采用节水型的卫生设备。

4)制定节约用水的规章管理制度，专人负责实施。

(2)排水设备系统的合理使用和管理。排水系统合理使用的关键问题在于防止管路堵塞。为此，主要采取的措施有以下几项：

1)定期对排水管道进行清通、养护和清除污垢；

2)定期检查排水管道是否有锈蚀和漏水现象，以便发现问题及时解决；

3)卫生器具使用完后应及时用水冲洗干净，必要时采用清洗剂清洗，确保清洁和防止污垢生成；

4)普及使用常识，教育人们不要把污物倒入排水管道。同时，在卫生间、盥洗室等处设置污物桶，在拖布池、洗碗池上装篦网，以防大块杂物堵塞管路。

为了确保排水系统正常工作，还需制定出一些行之有效的管理制度。管理人员按此来维护保养排水系统。例如，用图表的形式记录维护保养和检修的情况。对每次检查维修的项目、检查出的问题、检查时间、维修时间、检查人、维修人等登记在册。这样，既可对设备的完好率做到心中有数，还可为管道设备的普查提供重要的依据。

#### 3. 给水排水设备维修保养统计常用报表

(1)供水系统周期保养记录(表9-13)。

**表9-13　供水系统周期保养记录**

| 系统安装地点 | | | | 设备编号 | | | | 记录人 | | |
|---|---|---|---|---|---|---|---|---|---|---|
| 供水泵 | 电机 | | | | 水泵 | | | | 控制柜 | | | | | | 其他 | | | | |
| | 轴承响声 | 机体温度 | 接线头 | 电流 | 润滑油 | 盘根检查 | 联轴器 | 泵体响声 | 空气开关 | 保护开关 | 交流接触器 | 点启动 | 自控控制 | 显示表 | 单向阀 | 软接头 | 固定连线 | 防锈处理 | 压力表 |
| 1# | | | | | | | | | | | | | | | | | | | |
| 2# | | | | | | | | | | | | | | | | | | | |
| 3# | | | | | | | | | | | | | | | | | | | |
| 4# | | | | | | | | | | | | | | | | | | | |
| 5# | | | | | | | | | | | | | | | | | | | |
| 6# | | | | | | | | | | | | | | | | | | | |

续表

| 功能柜 | 指示灯： | | 功能： | | 继电器： | | 线路： | |
|---|---|---|---|---|---|---|---|---|
| 水位控制 | | | | | | | | |
| 浮球阀检查 | | | | | | | | |
| 减压阀 | | | | | | | | |

（2）水池、水箱清洗、消毒工作时间安排（表 9-14）。

表 9-14　水池、水箱清洗、消毒工作时间安排

小区（大厦）名称：　　　　　　　　　　　　　　　　　　　　　　年　　月　　日

| 工作日期 | 停机时间 | 停水范围 | 工作项目 | 水质化验结果 | 备注 |
|---|---|---|---|---|---|
| | | | | | |
| | | | | | |
| | | | | | |
| | | | | | |
| | | | | | |
| | | | | | |
| | | | | | |
| 申报人 | | 审核人 | | 主任/经理 | |

（3）水池（箱）加药记录（表 9-15）。

表 9-15　水池（箱）加药记录

小区（大厦）名称：　　　　　　　　　　　　　　　　　　　　　　年　　月　　日

| 加药日期 | | 水池（箱）位置 | | |
|---|---|---|---|---|
| 加药名称 | | 生产厂 | | |
| 加药配比 | | 加药量 | | 加药人身体情况 |
| 加药方法： | | | | |
| 负责人 | | 加药人： | | |
| 备注： | | | | |

注：每年 5—10 月份每个月加药 2 次（15 日 1 次），1—4 月及 11—12 月每个月加药 1 次。

（4）水池（箱）清洗记录（表 9-16）。

**表 9-16　水池(箱)清洗记录**

小区(大厦)名称：　　　　　　　　　　　　　　　　　　　　　年　　月　　日

| 清洗日期 | | 清洗人 | | 审核人 | | 主任/经理 | |
|---|---|---|---|---|---|---|---|
| 工作日期 | | 容积 | | 供水范围 | | 水池(箱)位置 | |
| 设备保养 | 浮球阀 | | 进水阀 | | 出水阀 | | 放空阀 | |
| | 水位标尺 | | 检查阀 | | 照明灯 | | 消防阀 | |
| | 水位控制模拟试验 | | | | | | | |
| 加药情况： | | | | | | | |
| 池壁污染、池底淤泥、青苔 | | | | | | | |
| 水质化验结果(附复印件) | | | | 化验单 | | | |
| 备注 | | | | | | | |
| 说明：屋面水池、地下室水池半年清洗 1 次。 | | | | | | | |

(5)更换水表记录(表 9-17)。

**表 9-17　更换水表记录**

单位：　　　　　　　　　　　　　　　　　　　　　　　　　　　年　　月　　日

| 序号 | 日期 | 更换地点 | 更换原因 | 旧表数 | 新表数 | 新表型号(厂家) | 更换结果 | 维修人 | 备注 |
|---|---|---|---|---|---|---|---|---|---|
| | | | | | | | | | |
| | | | | | | | | | |
| | | | | | | | | | |
| | | | | | | | | | |
| | | | | | | | | | |
| | | | | | | | | | |
| | | | | | | | | | |
| | | | | | | | | | |
| | | | | | | | | | |

**知识链接**

### 城市房屋便器水箱应用监督管理办法

(1992 年 4 月 17 日建设部令第 17 号发布，2001 年 9 月 4 日根据《建设部关于修改〈城市房屋便器水箱应用监督管理办法〉的决定》修正)

第一条　为加强对城市房屋便器水箱质量和应用的监督管理，节约用水，根据《城市节约用水管理规定》，制定本办法。

第二条 各有关部门应当按照职责分工，加强对房屋便器水箱和配件产品生产、销售以及设计、施工、安装、使用等全过程的监督管理。

各级人民政府城市住房城乡建设主管部门依照本办法，对城市规划区内的房屋便器水箱和配件的应用实施统一的监督管理。

第三条 新建房屋建筑必须安装符合国家标准的便器水箱和配件。凡新建房屋继续安装经国家有关行政主管部门已通知淘汰的便器水箱和配件(以下简称淘汰便器水箱和配件)的，不得竣工验收交付使用，供水部门不予供水，由城市住房城乡建设主管部门责令限期更换。

第四条 原有房屋安装使用淘汰便器水箱和配件的，房屋产权单位应当制定更新改造计划，报城市住房城乡建设主管部门批准，分期分批进行改造。

第五条 公有房屋淘汰便器水箱和配件所需要的更新改造资金，由房屋产权单位和使用权单位共同负担，并与房屋维修改造相结合，逐步推广使用节水型水箱配件和克漏阀等节水型产品。

第六条 建设单位未按照本办法规定仍安装淘汰便器水箱和配件的，应当追究责任者的责任，经主管部门认定属于设计或者施工单位责任的，由责任方赔偿房屋产权单位全部更换费用和相关的经济损失。

第七条 城市住房城乡建设主管部门对漏水严重的房屋便器水箱和配件，应当责令房屋产权单位限期维修或者更新。

第八条 房屋产权单位安装使用符合国家标准的便器水箱和配件出现质量问题，在质量保证期限内生产企业应当对产品质量负责。由于产品质量原因引起漏水的，生产企业应当包修或者更换，并赔偿由此造成的经济损失。

第九条 违反本办法有下列行为之一的，由城市住房城乡建设主管部门责令限期改正、按测算漏水量月累计征收3～5倍的加价水费，并可按每套便器水箱配件处以30～100元的罚款，最高不超过30 000元：

(一)将安装有淘汰便器水箱和配件的新建房屋验收交付使用的；

(二)未按更新改造计划更换淘汰便器水箱和配件的；

(三)在限定的期限内未更换淘汰便器水箱和配件的；

(四)对漏水严重的房屋便器水箱和配件未按期进行维修或者更新的。

第十条 按本办法征收的加价水费按国家规定管理，专项用于推广应用符合国家标准的便器水箱和更新改造淘汰便器水箱，不得挪用。

第十一条 城市住房城乡建设主管部门的工作人员在房屋便器水箱应用监督工作中玩忽职守、滥用职权、徇私舞弊的，由其所在单位或者上级主管部门给予行政处分。构成犯罪的，由司法机关依法追究刑事责任。

第十二条 城市住房城乡建设主管部门可以委托供水和节水管理部门对本办法具体组织实施。

第十三条 各省、自治区、直辖市城市住房城乡建设主管部门可以根据本办法制定实施细则，报建设部备案。

第十四条 本办法由建设部负责解释。

第十五条 本办法自一九九二年六月一日起施行。

## 模块总结

我国城市居民生活供暖大多采用集中供热系统采暖，因而，供暖管理统计成为物业管理统计中的重要内容，物业管理公司应建立供暖人员岗位责任制，在供暖阶段对供暖设备设施及其维修保养情况进行系统的统计管理，提高供暖工作的服务质量。给水排水系统工程的工作正常与否，直接影响到业主(或使用人)的工作、生活和物业功能的发挥，因此，物业管理公司也应对给水排水系统的设备设施及其维修保养工作进行系统的统计，以保证给水排水工作的顺利实施。

## 巩固与提高

### 一、填空题

1. 企业集中供暖系统设备数量指标一般有_____和_____两种形式。
2. 企业设备数量统计的计算单位有_____、_____和_____三种。
3. 设备在生产经营过程中和自然力作用下所发生的磨损属于_____。
4. 设备年有形磨损与设备年无形磨损相加即_____。
5. 所谓设备的有效性是指_____。
6. 机械设备潜力是指_____。
7. 地下水池应定期清洗，一般每_____一次。

### 二、问答题

1. 物业管理公司从开发商手中接管供热管网时，应索要哪些资料？
2. 设备事故统计指标有哪些？
3. 水泵泵体的保养内容有哪些？
4. 如何进行地下水池清洗？

# 模块十

# 物业环境管理工作统计

教学要求

| 教学内容 | 教学目标 | 教学重难点 | 权重 |
|---|---|---|---|
| 物业管理治安工作统计 | 德育目标：培养爱岗敬业的精神，具有服务意识。<br>能力目标：能够做好物业治安工作的统计。 | 治安防范服务的统计内容；治安防范服务的运作程序和制度的统计内容 | 30% |
| 物业管理消防工作统计 | 德育目标：培养消防的安全意识、责任担当。<br>能力目标：能够做好物业消防工作的统计。 | 消防工作统计内容；消防设施、器材统计 | 35% |
| 物业管理环卫工作统计 | 德育目标：培养学生的责任心、环境保护意识、生态文明思想。<br>能力目标：能够做好物业环保、卫生管理工作的统计。 | 环保工作统计实施；环境卫生工作统计内容 | 35% |

物业环境是指物业管区内的周围环境及公共设施，包括楼宇、住宅周围的明确征用、占用、租用地域，有的有明显的界限标志围墙等。

## 单元一　物业管理治安工作统计

治安工作是各物业管理公司为防盗、防破坏、防流氓活动、防灾害事故而对所管物业进行的一系列管理活动。其目的是保障物业管理公司所管物业区域内的财物不受损失，人身不受伤害，工作、生活秩序正常。治安工作在整个物业管理中具有举足轻重的地位，它保证业主（使用人）安居乐业，是奠定社会安定的基础。从某种意义上说，它可促进社会经济的发展，同时也能为物业管理的成功提供见证。

### 知识链接

#### 治安工作统计的重要性

(1)指导日常工作。将日常的管理工作分解为具体、详细的项目，据以编制统计报表。然后，通过填写相应的统计报表，逐一落实该日常工作。

(2)明确责任。通过填写有关统计报表，督促有关责任人明确责任，履行职责。

(3)消除隐患。管理部门通过相应的统计报表，了解有关安全措施的落实情况，及时掌握有关信息，消除可能引发的不安全因素。

(4)提高服务水平。系统的统计报表，应全面反映物业安全管理的整体水平。通过分析统计报表的信息，可使管理部门掌握合理、科学的数据，促使其管理更加科学、规范，从而不断提高整体的服务水平。

## 一、治安工作统计范围

下列妨害公共安全和社会治安秩序的行为，都属于治安工作统计的范围：

(1)使用音量过大或发出噪声的器材，影响他人正常的工作和休息；

(2)从楼上往下乱扔杂物；

(3)擅自撬开他人信箱，私自开拆他人邮件、电报信函等；

(4)非法携带、存放枪支弹药，非法制造、贩卖、携带匕首、弹簧刀等管制刀具；

(5)未经批准，私自安装、使用电网；

(6)非法侵入他人住宅，损毁他人财物；

(7)使用气枪，在辖区内进行各种射击活动；

(8)制造、销售各种赌具或利用住宅聚赌；

(9)利用住宅窝藏各类犯罪分子和嫌疑人员；

(10)利用住宅为盗窃分子提供方便；

(11)制造、复制、出售、传播淫书、淫画及淫秽录像；

(12)利用住宅进行嫖宿卖淫活动；

(13)在车辆、行人通行的地方施工，对沟井坎穴不设覆盖物、标志，或故意损毁、移动覆盖物及标志；

(14)故意损坏邮筒、公用电话等公共设施，故意损坏路灯、消火栓、公用天线、电梯等配套设备，故意损坏园林绿地、停车场、娱乐场等公共场所。

## 二、治安防范服务的统计内容

### 1. 保安人员的资质条件

(1)热爱中国共产党，拥护社会主义制度，能遵纪守法、法制观念强。

(2)简历清楚，品行端正，思想作风正派，无劣迹记录。

(3)具有正常人的体力、智力和体型，身体健康，五官端正，视力正常(0.8以上)，身高1.72 m以上。

(4)恪守职责，具有敬业精神。

### 2. 保安人员的培训要求

要带出一支好的保安队伍并非一件容易的事，必须经招聘、面试、军训、培训、考试、试工、上岗等过程。

(1)通过社会招聘，从填写表格中可粗略地判断其是否适合做保安工作。

(2)初试合格，进入面试阶段，在谈话过程中，可以了解到应聘者的工作动机、家庭情况、社会关系、语言表达能力等。

(3)面试合格，派人政审。政审的范围，从应聘者填写的表格中最后一个单位的工作情况看其是否有过辞职、除名等，地区政审看应聘者在地区中是否有劣迹。

(4)政审合格，进入为期2周的军事训练。其目的是培养其吃苦耐劳的意志品质和进行站姿、坐姿的训练，掌握一般的擒拿、格斗动作。

(5)体能过关后，进入正常的业务培训，结合本公司的具体情况，一般要有保安部服务管理模式、保安部奖惩考核办法、保安部各岗位工作程序、保安部日常规范服务系列、保安部规范上岗条例、突发事件反应预案、保安部接待工作系列方案、非常时期安全防范预案等专题的培训。

(6)培训结束后进行思想小结，业务考试。考试分为两部分，一部分是业务知识培训考试；另一部分是监控中心上岗操作考试。

(7)以上项目全部过关，转入4~6个月的试岗阶段。在这期间，可以考查一个保安人员的实际操作能力，并使其逐步对业主、使用人有所了解。

(8)试岗结束，转为正式员工，与公司签订合同。如在合同期内，保安员工有违反合同及保安部的有关规定、制度的情况，按有关规定处理，或者解除合同。

## 三、治安防范服务的运作程序和制度的统计内容

### 1. 班次的设置与岗位轮转的统计

保安部管理层人员为日常班。

保安员工实行"四班三运转"，即2天早班、2天中班、2天夜班、1天休息。另一种是12 h一班的运作方法，即工作一天，休息一天。

岗位轮转的原则是固定岗位，流动人员。

现代化的大楼管理，需要依靠先进的科学技术，因此，如何切实有效地实现技防与人防的结合，是摆在我们面前的一项重要课题。随着科学技术的不断进步，在现有技术范围基础上，作为一名保安人员，更应起到一种技防所不能达到的作用，如巡视监控未及的死角，及时发现异常情况等。

在实际操作中，每个岗位的设置都应根据物业管理公司所管辖的区域而设立，每个岗位的人员配置也应相对固定。在实际运作中，采取固定岗位、流动人员这一操作模式，可使保安人员在有效的工作时间内达到最佳的工作效率。

### 2. 岗位操作程序统计

(1)监控中心工作程序。

1)上岗前自我检查，按规定着装，仪表端庄、整洁，做好上岗签名。

2)设立24 h监控值班岗，消防报警系统昼夜开通，对保安及消防实施监控。全面了解和严密监视物业区域内的安全情况。

3)当班员工要密切注意屏幕情况，发现可疑情况定点录像。在大堂、客梯、楼面及要害部

位发现可疑情况要采取跟踪监视和定点录像措施，并通知有关值班岗位上的保安人员就地处理，及时向保安部报告。

4)如发现火灾自动报警装置报警，应立即通知使用人(保卫科)和保安巡视，迅速赶赴报警现场，查明情况。如是误报，应在设备上消除报警信号。

5)与工作无关人员，不得擅自进入监控室，工作联系持介绍信在有关领导的陪同下方可入内，并做好登记手续。

6)建立岗位记事本，发现有异常情况，应记录备案，做好交接班的口头和书面汇报。

7)进入监控中心必须换拖鞋，保持室内整洁，严禁吸烟，严禁使用电水壶及其他明火，设备与操作台上不得堆放物品。

8)发现监视设备出现故障，应立即通知值班保安人员加强防范，并立即设法修复。

(2)大厅内保安工作程序。

1)上岗前自我检查，按规定着装，仪表端庄、整洁，做好上岗签名。

2)精神饱满，站姿端正，真诚微笑，在大厅内执行安全保卫工作。

3)严密注意进出大厦的人员，值班人员经常巡视，在大厦(或大厅)的入口处要有保安24小时值勤，发现问题应严密监视，及时汇报。遇不明身份者，问清情况，与使用人及时联系，办理有关手续后方可入内。建立岗位记事本，发现可疑情况，不论如何处理，都应有记录。做好交换岗和交接班的口头与书面汇报。

4)熟悉楼层消防设施的布局、设置，经常检查设施是否完好、有效，并与消防中心严密配合，预防火灾事故的发生。

(3)门卫流动岗、广场外保卫工作程序。

1)上岗前自我检查，按规定着装，仪表端庄、整洁，做好上岗签名。

2)精神饱满，勤巡逻、勤观察、勤思考，发现衣冠不整者和其他闲杂人员，劝阻其入内。

3)维持大厦门口交通秩序，指挥和疏导进出车辆，引导要及时，手势要规范。

4)遇有运输车辆出入，进门时问清来车单位和目的，出门时要检验出门证(出门证由需方部门签证，各项手续完备才能放行)。

5)建立岗位记事本，发现有异常情况，无论如何处理都应有记录。做好交换岗和交接班的口头和书面汇报。

6)监视所管物业，及时消灭火灾及其他事故隐患，加强对辖区内车辆的管理。如遇重大突发性、危害性事故或事件发生，一方面须立即应急处理；另一方面须及时向领导汇报。

7)发现垃圾及时请清洁工打扫，保持工作环境的整洁。

(4)巡视稽查工作程序。

1)上岗前自我检查，按规定着装，仪表端庄、整洁，做好上岗签名。

2)巡视范围包括主楼各层楼面、裙房、员工通道、男女更衣室、其他各处通道。

3)按责任路线巡视检查，登楼至高，徒步下楼，呈S形巡视，按规定敲打巡更仪，发现问题及时解决。遇重大问题通知领班，巡视中严防"死角"。

4)巡视中应思想集中，通过"看、听、闻、问"，发现问题及时向领导、领班汇报。巡视时，还要注意检查消防设施及器材。

5)巡视时遇业主(使用人)要主动打招呼问好，有礼貌地回答业主(使用人)的询问，实行文明服务。

6)建立岗位记事本，发现有异常情况应记录备案。做好交换岗和交接班的口头与书面汇报。

7)接到治安、火警报警，应及时赶到现场，了解情况，作出正确处理。

### 3. 保安工作检查项目及标准

保安工作检查项目及标准见表 10-1。

**表 10-1 保安工作检查项目及标准**

| 检验项目 | 内容 | 检验标准 |
|---|---|---|
| 值班保安工作检验 | 仪容仪表 | 1. 按规定着装，佩戴工作证，精神饱满，姿态良好，举止文明、大方；<br>2. 不袖手、背手、插手，不勾肩搭背 |
| 值班保安工作检验 | 服务态度 | 1. 礼貌待人，说话和气，微笑服务，主动、热情、耐心、周到；<br>2. 耐心为业户/来访人员服务，不准发生争吵、打斗事件 |
| | 服务要求 | 1. 不出现秩序混乱情况；<br>2. 接到报警后不超过两分钟到场；<br>3. 登记有效证件不超过 30 秒(不出错) |
| | 工作纪律 | 1. 按时交接班，不迟到、不早退，忠于职守；<br>2. 不在岗位上吸烟、吃零食、看书报；<br>3. 处理问题讲原则、讲方法，以理服人；<br>4. 保守内部机密，服从领导，听从指挥 |
| | 工作要求 | 1. 熟练掌握市场基本情况；<br>2. 准确填写各种记录、表格；<br>3. 能熟练掌握报警、监控、对讲、电梯等设施、设备的操作程序；<br>4. 善于发现各种事故隐患和可疑人员，并能及时正确处理各种突发事件 |
| | 其他 | 遵守保安员培训制度，坚持学习、训练，遵守保安职责、权限规定 |
| 巡逻保安工作检验 | 仪容仪表 | 1. 按规定着装，工具佩戴齐全，精神饱满，姿态良好，举止文明、大方；<br>2. 不袖手、背手、插手，不勾肩搭背 |
| | 服务态度 | 1. 主动、热情、耐心、周到服务；<br>2. 说话和气，礼貌待人，不发生争吵、打斗事件 |
| | 服务要求 | 1. 按时巡逻，在有签到箱的地方签到；<br>2. 不出现抢劫、盗窃事件；<br>3. 车场内车辆完好，不出现大的交通事故；<br>4. 接到报警后两分钟内到场；<br>5. 处理各种规章，文明礼貌，及时有效，不失原则；<br>6. 及时发现各种事故隐患，不因失职导致出现意外事故 |
| | 工作纪律 | 1. 按时交接班，不迟到、不早退，忠于职守；<br>2. 不准在岗位上坐卧、倚靠、闲谈，吃零食，看书报；<br>3. 处理问题讲原则、讲方法，以理服人；<br>4. 保守内部机密，服从领导，听从指挥 |
| | 工作要求 | 1. 能熟练掌握管理范围内的物业基本情况，包括业户基本情况，楼宇结构，防盗、消防设备，主要通道具体位置，发电机房、配电房、水泵房、消防中心等区域的防范等；<br>2. 善于发现，分析，处理各类事故隐患和突发事件，具有较强分析判断和处理问题能力；<br>3. 熟悉车场基本情况，圆满完成规定的检查内容 |
| | 其他 | 能遵守保安人员培训制度，坚持学习、训练，遵守保安员职责、权限规定 |

续表

| 检验项目 | 内容 | 检验标准 |
|---|---|---|
| 门岗保安工作检验 | 仪容仪表 | 1. 按规定着装，佩戴工作证，精神饱满，姿态良好，举止文明、大方；<br>2. 不袖手、背手、插手，不勾肩搭背 |
| | 服务态度 | 1. 主动、热情、耐心、周到为客户服务；<br>2. 说话和气、礼貌待人，不发生争吵、打斗事件 |
| 门岗保安工作检验 | 服务要求 | 1. 按时巡视，处理违章，文明礼貌，及时有效，机动灵活，不失原则；<br>2. 不发生客户投诉事件，不发生违章事件 |
| | 工作纪律 | 1. 按时交接班，不迟到、不早退，忠于职守；<br>2. 不准在岗位上坐卧、倚靠、闲谈、吃东西、看书报；<br>3. 处理问题讲原则、讲方法，以理服人；<br>4. 保守内部机密，服从领导、听从指挥 |
| | 其他 | 遵守保安培训制度，坚持学习、训练，遵守保安员职责、权限规定 |

## 知识链接

### 治安工作的特点

（1）综合性强，管理难度大。某些物业，如一些大型的商住区，不但楼层高、楼幢多、建筑面积大，进出口多，而且物业区内公司、餐厅、歌舞厅、电影院等娱乐场所也较多，造成区内人流量大，人员复杂，所有这些都给制订和落实安全措施带来一定的困难。同时，众多的单位又有各自的管理部门，物业管理公司不可能干预过多，只能和有关管理部门，如上述单位的主管部门、派出所等密切合作，协商处理，才能较好地完成治安工作。

（2）服务性强。从本质上看，物业的治安工作就是服务，即提供保安服务，为保障业主（使用人）的人身和财产安全服务。作为保安人员，要树立"服务第一，用户至上"的思想，既要有公安人员的警惕性，又要有服务人员的和颜悦色；既要坚持原则，按制度办事，又要文明礼貌，乐于助人。

（3）保安人员素质要求高。保安部作为物业管理中的一个综合执法部门，对人员素质要求较高。保安人员不但要有较好思想品德，还要求知法、懂法和用法；不仅要坚持原则，依法办事，还要讲究处理问题的方法和艺术。保安工作除与违法犯罪分子做斗争外，更多的是与违反规章制度的群众打交道，治保人员一定要区分情况分别进行处理。否则，一件很小的事情，也可能因处理不当而变大，造成矛盾激化而使治安工作陷于被动。

## 四、治安防范服务统计报表

（1）交接班记录（表10-2）。

表 10-2 交接班记录

班次：

| 日期 | 班次 | 值班员 | 本班发生情况及处理结果 | 交接班时间 | 接班人 | 交接物品 |
|---|---|---|---|---|---|---|
| | | | | | | |
| | | | | | | |
| | | | | | | |

(2)月岗位安排表(表10-3)。

表 10-3　月岗位安排表

| 日期 | | 大堂岗 | 巡逻岗 | 道口岗 | 备注 |
|---|---|---|---|---|---|
| 1—10 日 | 8：00～16：00 | | | | |
| | 16：00～24：00 | | | | |
| | 24：00～8：00 | | | | |
| 11—20 日 | 8：00～16：00 | | | | |
| | 16：00～24：00 | | | | |
| | 24：00～8：00 | | | | |
| 21—30 日 | 8：00～16：00 | | | | |
| | 16：00～24：00 | | | | |
| | 24：00～8：00 | | | | |

(3)小区治安巡逻记录表(表10-4)。

表 10-4　小区治安巡逻记录表

单位：　　　　　　　　　　　　　　　　　　　　　　　　　年　　月　　日

| 班次： | 当班时间： | 值班员： | | 例巡时间： |
|---|---|---|---|---|
| | 检查内容 | | | 检查情况 |
| 1 | 是否有可疑情况或可疑人徘徊、窥视现象 | | | |
| 2 | 是否有机动车停在绿地、人行道、路口等违章停车现象，是否有在小区内修车、洗车等违反规定的现象 | | | |
| 3 | 是否有业主(住户)在室外动土施工，搭建和牵拉电线的现象 | | | |
| 4 | 是否有未按规定的时间、要求进行违章装修的现象 | | | |
| 5 | 是否有饲养家禽和宠物的现象 | | | |
| 6 | 是否有乱摆摊点的现象 | | | |
| 7 | 业主(住户)有无意见、建议 | | | |
| 8 | 是否有收捡破烂、乞讨等三无人员出入现象 | | | |
| 9 | 是否有乱堆放装修垃圾和生活垃圾的现象 | | | |
| 10 | 是否有高空抛物的现象 | | | |
| 11 | 是否有人践踏绿地、踢球或破坏绿化、砍伐树木、占用绿地等现象 | | | |
| 12 | 是否有漏水、漏电、漏气等现象 | | | |
| 13 | 是否有在绿地或数目上挂晒衣物的现象 | | | |
| 14 | 是否有污水井或化粪池堵塞、冒水的现象 | | | |
| 15 | 房屋本体内楼道灯、电子门、天台门、消火栓、公共门窗等设施的完好情况 | | | |
| 16 | 小区内道路、路灯、污水井盖、游乐设施、消防路桩、路墩等设施有无损坏 | | | |
| 17 | 其他 | | | |
| 说明：1. 没有发现问题的在检查栏内打"√"，有问题的记载；<br>　　　2. 发现紧急情况，立即报告队长和总值班室，对于大量渗漏、冒水、设施严重损坏和违章等一时难以处理的问题，由总值班室或队长立即报告房管员、分管副主任或主任处理。 | | | | |

（4）大厦巡逻记录（表 10-5）。

表 10-5　大厦巡逻记录

单位：　　　　　　　　　　　　　　　　　　　　　　　　　　　　年　　月　　日

| 班次： | | 当班时间： | 值班员： | | 例巡时间： |
|---|---|---|---|---|---|
| | | 检查内容 | | | 检查情况 |
| 1 | | 大厦内是否有可疑、陌生人徘徊、窥视 | | | |
| 2 | | 室内外车辆停放情况，注意渗水和漏电 | | | |
| 3 | | 是否有未按规定的时间、要求进行违章装修的 | | | |
| 4 | | 大厦内是否有乱摆卖现象 | | | |
| 5 | | 业主（住户）有无意见、建议的 | | | |
| 6 | | 公共照明（灯、开关） | | | |
| 7 | | 公共地方门、窗 | | | |
| 8 | | 消防设施（消火栓、广播对讲机、报警按钮等） | | | |
| 9 | | 水表、阀门是否有漏水 | | | |
| 10 | | 住户家内是否有异常气味和响声，注意煤气泄漏 | | | |
| 11 | | 天台、电梯机房情况 | | | |
| 12 | | 公共卫生情况（墙面、地面、顶棚、门窗和灯具等设施） | | | |
| 13 | | 走廊是否堆放垃圾 | | | |
| 14 | | 大厦内道路、室外污雨水井盖、消防路桩、路墩等设施有无损坏 | | | |
| 15 | | 其他 | | | |

说明：1. 没有发现问题的在检查栏内打"√"，有问题的记载；

　　　2. 发现紧急情况，立即报告队长和总值班室，对于给水、消防设施渗、漏、堵现象和违章等一时难以处理的问题，由总值班室或队长立即报告房管员、分管副主任或主任处理。

（5）保安工作班检验表（表 10-6）。

表 10-6　保安工作班检验表

部门：　　　　　　　　队：　　　　　　　班：　　　　　　　　检查人：

| 日期 | 受检人 | 岗位 | 检验内容 | | | | | | 不合格次数 | 结果处理 |
|---|---|---|---|---|---|---|---|---|---|---|
| | | | 仪容仪表 | 服务态度 | 工作纪律 | 服务要求 | 工作要求 | 其他 | | |
| | | | | | | | | | | |
| | | | | | | | | | | |
| | | | | | | | | | | |
| | | | | | | | | | | |
| | | | | | | | | | | |
| | | | | | | | | | | |
| | | | | | | | | | | |
| | | | | | | | | | | |

（6）保安工作周检表（表 10-7）。

部门：　　　　　　　　　　　　　　　　　　　　　　　　　　年　月　日

## 表 10-7　保安工作周检表

| 评检项目<br>评分标准<br>评检人员<br>受评检人员（评分岗位） | 着装 | | | | | 礼仪 | | | | | 岗位执行 | | | | | 内务卫生 | | | | | 班长评分 | | | | | 主管评分 | | | | | 总分 |
|---|---|---|---|---|---|---|---|---|---|---|---|---|---|---|---|---|---|---|---|---|---|---|---|---|---|---|---|---|---|---|---|
| | A | B | C | D | E | A | B | C | D | E | A | B | C | D | E | A | B | C | D | E | A | B | C | D | E | A | B | C | D | E | |
| | 20 | 18 | 16 | 14 | 12 | 20 | 18 | 16 | 14 | 12 | 20 | 18 | 16 | 14 | 12 | 20 | 18 | 16 | 14 | 12 | 10 | 8 | 6 | 4 | 2 | 10 | 8 | 6 | 4 | 2 | |
| 中控室 | | | | | | | | | | | | | | | | | | | | | | | | | | | | | | | |
| 地下停车场 | | | | | | | | | | | | | | | | | | | | | | | | | | | | | | | |
| ×××塔楼 | | | | | | | | | | | | | | | | | | | | | | | | | | | | | | | |
| ×××楼 | | | | | | | | | | | | | | | | | | | | | | | | | | | | | | | |
| 地面1号停车场 | | | | | | | | | | | | | | | | | | | | | | | | | | | | | | | |
| 地面2号停车场 | | | | | | | | | | | | | | | | | | | | | | | | | | | | | | | |
| 巡逻岗 | | | | | | | | | | | | | | | | | | | | | | | | | | | | | | | |
| 班长 | | | | | | | | | | | | | | | | | | | | | | | | | | | | | | | |

检查人：　　　　　　　　　　　　　　审核人：

（7）保安工作月检表（表 10-8）

### 表 10-8　保安工作月检表

部门：　　　　　　　　　　　　　　　　　　　　　　　　　年　　月　　日

| 岗位 | 姓名 | 检查内容 | | | | | | 总分 |
|---|---|---|---|---|---|---|---|---|
| | | 着装 | 礼仪 | 岗位执行 | 内容卫生 | 班长评分 | 主管评分 | |
| 中控室 | | | | | | | | |
| | | | | | | | | |
| | | | | | | | | |
| 地下停车场 | | | | | | | | |
| | | | | | | | | |
| | | | | | | | | |
| ××塔楼 | | | | | | | | |
| | | | | | | | | |
| | | | | | | | | |
| ××楼 | | | | | | | | |
| | | | | | | | | |
| | | | | | | | | |
| 地面 1 号停车场 | | | | | | | | |
| | | | | | | | | |
| | | | | | | | | |
| 地面 2 号停车场 | | | | | | | | |
| | | | | | | | | |
| | | | | | | | | |
| 逻辑岗 | | | | | | | | |
| | | | | | | | | |
| | | | | | | | | |
| 班长 | | | | | | | | |
| | | | | | | | | |

备注：1. 每项检查内容的检查结果共分为五等"A、B、C、D、E"。其中 A 为"91～100 分"；B 为"81～90 分"；C 为"71～80 分"；D 为"61～70 分"；E 为"60 分以下"。

2. 每项检查内容的评分结果为本月"保安工作周检表"汇总而得出。

(8)保安巡逻签到卡(表10-9)。

**表 10-9　保安巡逻签到卡**

岗位：　　　　　　　　　　　　　　　　　　　　　　　　　　　　　　　　区域：

| 时间 | 签名 | 时间 | 签名 | 时间 | 签名 |
|---|---|---|---|---|---|
|  |  |  |  |  |  |
|  |  |  |  |  |  |
|  |  |  |  |  |  |
|  |  |  |  |  |  |
|  |  |  |  |  |  |
|  |  |  |  |  |  |
|  |  |  |  |  |  |
|  |  |  |  |  |  |
|  |  |  |  |  |  |
|  |  |  |  |  |  |
|  |  |  |  |  |  |

巡视记录(房管员填写)：

(9)请销假报告单(表10-10)。

**表 10-10　请销假报告单**

单位：　　　　　　　　　　　　　　　　　　　　　　年　　月　　日

| 请假人： | 岗位： |
|---|---|
| 请假时间： | 归队时间： |
| 请假事由： | |
| 队长意见：<br><br>签字：　　　　年　　月　　日 | 管理处意见：<br><br>签字：　　　　年　　月　　日 |
| 备注： | |

说明：1. 请假1天内由队长批准，1天以上由管理处批准；

　　　2. 此报告单在请假人销假后统一存档。

(10)保安训练考核表(表10-11)。

**表 10-11　保安训练考核表**

单位：队　　　　　　　　　　　　　　　　　　　　　　　　年　月　日

| 内容<br>姓名 | 单兵队(列 40 分)<br>军人军姿停止间转法，齐步与立定，跑步与立定，正步与立定各 5 分，步伐变换 7 分，礼仪 8 分 | 擒拿(18 分)<br>基本功(打、踢、推、击、勾、绊、抓)8 分，声音 2 分，拳术完整、准确、流畅 5 分 | 体能(16 分)<br>百米跑(14 秒达标)6 分，俯卧撑(50 个达标)6 分，爬楼(20 层 45 秒)6 分 | 消防(16 分)<br>消防知识 4 分，消防报警 3 分，灭火器使用 4 分，消防水带使用 5 分 | 车辆指挥(8 分)<br>手臂动作 2 分，两手有节奏 2 分，会识转向灯 2 分，姿势正确 2 分 | 得分 | 评定结果 |
|---|---|---|---|---|---|---|---|
| | | | | | | | |
| | | | | | | | |
| | | | | | | | |
| | | | | | | | |

(11)来访登记表(表 10-12)。

**表 10-12　来访登记表**

单位：

| 日期 | 来访人姓名 | 证件名称、号码 | 来访时间 | 被仿人楼层、房号 | 离开时间 | 值班员 | 备注 |
|---|---|---|---|---|---|---|---|
| | | | | | | | |
| | | | | | | | |
| | | | | | | | |
| | | | | | | | |

(12)治安案件报案登记表(表 10-13)。

**表 10-13　治安案件报案登记表**

单位：　　　　　　　年　月　日　　　　　　　编号：

| 报告人 | 姓名 | | 性别 | | 年龄 | | 工作单位 | | |
|---|---|---|---|---|---|---|---|---|---|
| | 住址 | | | | | | 报案时间 | | 报案方式 |
| 发案时间 | | | | | | 发案地点 | | | |
| 被告人或嫌疑人 | 姓名 | | 性别 | | 年龄 | | 单位或住址 | | |
| | 特征 | | | | | | | | |
| 简要案情： | | | | | | | | | |
| 受害情况、损失物品数量等 | | | | | | | | | |
| 处理情况 | | | | | | | | | |
| 备注 | | | | | | | | | |

记录人：

# 单元二　物业管理消防工作统计

物业消防管理是指在日常管理中通过有效措施预防物业发生火灾，在火灾发生时采取应急措施，以最大限度地减少火灾的损失。物业管理公司须把消防工作纳入日常工作中，把消防安全纳入经营管理之中，按照《高层建筑消防管理规则》建立安全责任制，认真做好物业管理消防工作统计，对防火工作进行全面的监督、检查。

## 知识链接

### 消防工作的意义

消防工作在物业管理中占有头等重要的地位，其目的是预防物业发生火灾，最大限度地减少火灾损失，为业主(使用人)的工作、生活提供安全保障。因为物业工作中最常见的意外事故是火灾，它将给社会和人民带来财产损失和生命损失。物业管理公司必须把消防工作纳入日常工作中来，把消防安全纳入经营管理之中，贯彻"预防为主，防消结合"的方针，按照《高层建筑消防管理规则》建立安全责任制，认真做好物业管理消防工作统计，对消防工作进行全面的监督、检查，确保物业安全使用。

消防包含"消"和"防"两个方面，即"灭火"和"防火"。灭火是在起火后采取有效措施进行补救；防火是把工作做到前头，防患于未然。人们通常比较注重灭火而忽视防火。日常的防火工作比较薄弱，这也是造成火灾较频繁的根本原因。我国的消防工作的方针是"预防为主，防消结合"。要把预防火灾放在首位，要采取一切措施(包括行政的、技术的和组织的)防止火灾发生。

## 一、消防工作统计内容

### (一)各类场所及人员的消防工作统计

#### 1. 住宅(大厦)装修消防工作统计内容

(1)装修人必须事先写出装修申请，列出装修计划，连同装修图纸上报管理处审批，在确保大厦消防设施和电气管网不受损坏的前提下方可施工。

(2)装修面积在 50 m² 以下，由物业管理处负责审批；超过 50 m² 的，应经消防机关审批，经批准后方可施工。

(3)装修应采用不燃或难燃材料，使用易燃材料的，必须经消防机关批准，按规定进行防火处理。

(4)施工过程中严禁动用明火。确需动用明火时，必须事先向主管部门办理审批手续，并采取严密的消防措施，切实保证安全。

(5)施工结束后要经管理处验收，不符合标准的要返工直至合格。

#### 2. 服务场所(酒楼、歌舞厅)消防工作统计内容

住宅小区(大厦)的服务设施，如酒楼、歌舞厅、俱乐部、游乐场所的消防管理尤为重要。除强化消防责任制外，还要定期进行消防检查，尤其是以下几个方面必须按消防法规执行：

(1)安全出口处是否设置明显的标志加装自动开启应急灯,疏散通道必须保持畅通,严禁堆放任何物品。

(2)安装、使用电器设备必须符合防火规定,临时安装、使用电气设备,必须按有关规定采取相应措施保证安全。

(3)严格控制明火,确实需要使用时,必须采取安全预防措施;严禁使用鞭炮、烟火。

(4)各服务场所每天的值班经理为当天的消防值班负责人,节假日领导要坚守岗位和排班值班,加强消防管理,确保安全。

### 3. 特种行业工作人员的消防工作统计内容

物业管理处和辖区内的酒楼、歌舞厅、公司所聘用的电工、电焊工、油漆工及从事操作和保管化学物品的人员均为特种行业的工作人员。这些人员的工作与消防工作有着密切的关系,应从以下几个方面加强管理:

(1)必须有国家劳动部门颁发的操作证才可上岗工作。同时,必须参加每两年一次的技术考核和年审,并达到合格才能继续工作。

(2)管理处或物业辖区内各单位电工有权对消防设施和各公共通道、各房屋进行电线、线路隐患及消防防火的检查。

(3)焊工明火作业要向管理处报告,经批准并采取防范措施后方可施工,严禁无操作证的人员进行电焊作业。

### (二)制定消防管理人员的岗位职责,并对其执行情况进行统计

### 1. 消防员职责(物业管理公司专职消防班)

(1)认真学习有关消防知识,掌握各种器材操作技术及使用方法。

(2)值班人员要忠于职守,工作严肃、认真。

(3)管好消防监视中心的各种设备、设施,保证监视中心正常工作。

(4)做好小区(大厦)消防器材、设备检查,保证设备处于完好状况,一旦发生火警即可投入使用。

(5)定期检查各楼电器、电线、煤气管道等有无霉坏、锈坏、氧化等情况,防止短路或爆炸引起火灾。

(6)制止任何违反消防安全的行为。

(7)积极开展防火安全宣传教育,定期向业主(使用人)传授消防知识。

### 2. 义务消防员职责

(1)物业管理公司全体员工都是义务消防员,必须履行消防员职责。

(2)积极做好防火、防范宣传教育活动,深入辖区内住户、酒楼、商场、歌舞厅、公共娱乐场所开展安全检查,做到及时发现、及时整改、防患未然。

(3)所管辖区一旦出现火情,公司全体员工无论是否当班,都必须投入现场抢救工作,不得借故逃避。

(4)发生火灾事故,必须采取下列应急措施:

1)报告有关部门和消防队(火警电话:119);

2)组织人员抢救险情并注意查找起火原因,采取适当措施,力争尽快把火扑灭;

3)组织群众撤离危险地区,做好妥善安排;

4)做好现场安全保卫工作,严防坏人趁火打劫和搞破坏活动;

5)协助有关部门做好善后工作,包括查明原因、调查损失情况和安置工作。

（三）制定消防管理规章制度及消防值班制度，并对其执行情况进行统计

### 1. 消防管理规章制度

（1）坚持"预防为主，防治结合"的消防工作方针，始终把预防火灾放在首位。

（2）增强防火意识，组织全体业主（使用人）定期学习消防知识。

（3）发动全体住户，坚决贯彻各项防火行政措施、技术措施和组织措施，从根本上防止火灾发生。

（4）按照公安部颁布实施的《高层建筑消防管理规则》，认真做好"三落实"：

1）责任落实。按照项目管理方法把消防责任层层落实到基层、部门，落实到每个人，定人员、定时间、定措施。

2）器材落实。坚持做到每幢住宅楼宇的消防器材齐全，随时均可使用。

3）检查落实。定期组织大检查，每月管理处进行普查，每周科室进行自查，平时设置专人重点抽查，做到发现隐患立即消除。

（5）普及消防知识，做到应知应会。定期举办培训班，组织专业消防人员学习消防基本知识，掌握灭火的各项技能。

（6）落实消防责任制。每年年初由物业管理处主任招集物业辖区内的单位和住户签订《防火责任书》，确定消防联络员名单并订立职责，以便层层明确责任，建立全方位的监督体系。

### 2. 消防值班制度

为加强物业的消防管理，物业管理公司应成立专职消防班，消防班的主要任务是进行消防值班。具体工作有：

（1）负责消防监控中心的日常值班。消防监控中心接受火灾报警、发出火灾信号和安全疏散指令、控制消防水泵、固定灭火、通风、空气调节系统等设施。中心应实行 24 小时值班，要对整个住宅小区（大厦）进行消防监视，值班人员要忠于职守，工作认真、负责并做好值班记录。

（2）定期巡视、试验、大修、更新消防器材和设备，并负责保养和管理好消防器材、设备，使所有设施处于完好状态。

（3）普及防火知识，落实防火岗位责任制。广泛开展防火宣传，动员和组织区内群众接受教育，增强防火意识。宣传方式可灵活多样，生动活泼，可以发通告、贴广告、出墙报、观看消防自救演习、采用闭路电视等。大力宣传在消防工作中涌现出来的好人好事，群众积极参与群防群治的典型事例，表彰先进；同时，揭露批评违章违法行为，进行正确的引导，培养健全的消防意识。

（4）定期进行消防安全检查。进行消防安全检查是预防火灾的一项基本措施，必须做到：

1）专职消防人员必须每天巡视住宅小区（大厦）的每个角落，及时发现并消除火灾隐患；

2）定期对防火责任制、防火岗位责任制执行情况进行检查，通常每月 1 次。半年进行汇报交流 1 次，每年进行 1 次评比；

3）定期对业主（使用人）住处进行防火、防盗的管理检查，阻止私自乱拉、乱接电源及违反安全用电、用气的错误行为。

## 二、消防设施、器材统计实施

### （一）消防设施、器材的分类统计

消防设施、器材是灭火工作的物质基础，它包括以下几类：

### 1. 灭火器

灭火器是一种使用方便，操作简单的灭火器材。火灾初起时，完全有可能用灭火器控制火势，因此，辖区内的各幢楼宇内外都要安放一定数量的灭火器。根据国家规定，灭火器的配置一般在重点要害或显著部位。常用灭火器主要有泡沫灭火器和干粉灭火器两种，可根据实际情况应用。值得注意的是，这些灭火器里的药物有一定时效性，应根据规定定期更换，防止真正出现火情时，某些灭火器失灵而不能发挥作用。

### 2. 消火栓

高层楼宇和商贸楼宇在设计建造时，一般都在关键部位设置消火栓和水龙带、水枪，遇有险情及时采用，扑灭火灾。

### 3. 自动喷水灭火系统

自动喷水灭火系统是按照适当间距和高度装置一定数量喷头的供水灭火系统。其主要由喷头、阀门报警控制装置和管道附件等组成，具有安全可靠、控制灭火成功率高、结构简单、维修养护方便、使用时间长、灭火成本低等特点，许多高档公寓、别墅、酒店都安装此种灭火装置。

### 4. 火灾自动报警系统

火灾自动报警系统是用于探测初期火灾并发出警报，以便采取相应措施，如疏散人员呼叫消防队，启动灭火系统，操作防火门、防烟排烟机等系统。自动报警系统有以下几种基本形式：

（1）区域报警系统：由火灾探测器、手动火灾报警按钮及区域火灾报警控制器组成，适用于小范围的保护。

（2）集中报警系统：由火灾控制器、手动火灾报警按钮、区域火灾报警控制器和集中火灾报警控制器组成，适用于管辖范围内多个区域的保护。

### （二）消防器材的保养统计

消防器材最大的特点是平时不使用，只有在发生火灾时才使用，必须确保其随时处于完好状态，随时可以启用，因此，物业管理公司必须强化对消防器材的保养统计。物业管理公司对消防器材的日常管理最终要落实到人，也就是首先要确定专人负责，只有通过专人的定期保养及统计，才能保证各类消防器材处于完好状态。

## 三、消防工作统计报表

（1）消防设施、器材登记表（表10-14）。

**表10-14　消防设施、器材登记表**

| 名称 | 规格型号 | 单位 | 数量 | 放置地点 | 备注 |
|---|---|---|---|---|---|
|  |  |  |  |  |  |
|  |  |  |  |  |  |
|  |  |  |  |  |  |
|  |  |  |  |  |  |
|  |  |  |  |  |  |
|  |  |  |  |  |  |

填表人：

(2)消防隐患整改通知表(表 10-15)。

**表 10-15 消防隐患整改通知表**

| 被检部门 | | 负责人 | |
|---|---|---|---|
| 检查日期 | | | |
| 参检人员 | | | |
| 存在问题:<br><br>落实整改负责人: 检查负责人:<br>　　　　　年　　月　　日　　　　　　　　　　　　　　　　　年　　月　　日 | | | |
| 检查意见:<br><br><br>　　　　复查人: 年　　月　　日 | | | |

(3)消防隐患整改反馈表(表 10-16)。

**表 10-16 消防隐患整改反馈表**

| 被检部门 | | 负责人 | |
|---|---|---|---|
| 存在问题次数 | | 整改负责人 | 完成时间 |
| 整改结果:<br><br><br> | | | |
| 其他需要说明的问题:<br><br>　　　　整改负责人: 年　　月　　日 | | | |

(4)消防安全专项检查表(表 10-17)。

**表 10-17 消防安全专项检查表**

| 被检部门 | | 检查部位 | |
|---|---|---|---|
| 参加检查人 | | 检查时间 | |
| 序号 | 检查项目 | 检查记录 | |
| 1 | 消防责任制 | | |
| 2 | 消防操作规程 | | |
| 3 | 消防工作检查记录 | | |
| 4 | 明火作业 | | |
| 5 | 消防设施管理情况 | | |
| 6 | 其他 | | |

续表

| 检查出主要问题 | | 检查人：　　　年　　月　　日 |
|---|---|---|
| 整改要求 | | 检查人：　　　年　　月　　日 |
| 整改复查 | | 检查人：　　　年　　月　　日 |

(5)消防设备月保养记录(表 10-18)。

**表 10-18　消防设备月保养记录**

(大厦)名称：　　　　　　　　　　　　　　　　　　　　　年　　月　　日

| 设备名称 | 保养项目 | 保养情况及处理 | 保养人 | 日期 | 检查人 |
|---|---|---|---|---|---|
| 火灾报警控制系统 | 自检、消声、复位功能 | | | | |
| | 主电源与备用电源功能正常 | | | | |
| | 井道分线箱与 3440 界面箱正常 | | | | |
| | 随机抽 5%烟感报警验证 | | | | |
| | 烟、温感检查和清洗 | | | | |
| | 各接线端子坚固 | | | | |
| | 集控箱内抹灰除尘 | | | | |
| 防火卷帘门系统 | 外观完好，无变形、卡阻 | | | | |
| | 帘门升降正常，与操作一致 | | | | |
| | 受烟(温)控，卷帘门动作正常 | | | | |
| 广播 | 喇叭的固定 | | | | |
| | 进行选层广播一次 | | | | |
| 风机 | 开机试运行 5 分钟 | | | | |
| 烟感探测器 | 器身抹灰除尘 | | | | |
| | 3440 界面功能正常 | | | | |
| | 环境恶劣处烟感做特别检查 | | | | |
| | 按 5%比例喷烟验证报警 | | | | |
| 温感探测器 | 器身抹灰除尘 | | | | |
| | 探测器与底座接触 | | | | |
| | 安装牢固 | | | | |
| | 按 5%比例加温验证报警 | | | | |
| 手动报警按钮 | 安装牢固 | | | | |
| | 器身除尘，破损修补或替换 | | | | |
| | 报警检验(任选二处) | | | | |

· 219 ·

续表

| 设备名称 | 保养项目 | 保养情况及处理 | 保养人 | 日期 | 检查人 |
|---|---|---|---|---|---|
| 疏散出口指示 | 灯箱抹灰除尘，灯具牢固完好 | | | | |
| | 交流试验指示灯正常 | | | | |
| | 电池充放电 | | | | |
| 气体自动灭火系统 | 贮存器压力符合规定 | | | | |
| | 系统无机械损伤、无失灵 | | | | |
| | 铅封、保险带完好无损 | | | | |
| | 喷嘴在封闭空间位置正确 | | | | |
| | 控制器面板电路显示正常 | | | | |
| | 系统各部件抹灰尘 | | | | |
| 干粉灭火器 | 压力表指针指在绿色区 | | | | |
| | 手托度重量基本符合要求 | | | | |
| | 器件清洁，有检验标志 | | | | |
| 自动喷水灭火系统 | 喷嘴外观检查 | | | | |
| | 打开试警铃阀试验报警 | | | | |
| | 压力表指示 | | | | |
| | 末端放水试验水流指示器，压力开关，报警控制器联动情况 | | | | |
| | 手动、自动试运行启动正常 | | | | |
| | 检查控制阀门处于开启状态 | | | | |
| 消火栓 | 栓门、锁下玻璃无破损 | | | | |
| | 指示灯、报警按钮、警铃齐全、无脱落和损坏 | | | | |
| | 抽取总数5%按动报警按钮检查报警情况 | | | | |
| | 消火栓出口压力试验（每2月一次） | | | | |
| 消防泵 | 手动、自动试运行起动正常（每2月一次） | | | | |
| 补压泵 | 手动、自动试运行起动正常（每3月一次） | | | | |

（6）消防设备年保养记录（表10-19）。

**表10-19　消防设备年保养记录**

（大厦）名称：　　　　　　　　　　　　　　　　　　　　年　　月　　日

| 设备名称 | 保养项目 | 保养情况及处理 | 保养人 | 日期 | 检查人 |
|---|---|---|---|---|---|
| 消防栓 | 检查水带并交接摺边 | | | | |
| | 检查阀门、阀杆上油 | | | | |
| | 栓内清洁、无异常 | | | | |
| | 各路口无损坏，连接方便、可靠 | | | | |
| | 检查指示灯，试验报警按钮 | | | | |

续表

| 设备名称 | 保养项目 | 保养情况及处理 | 保养人 | 日期 | 检查人 |
|---|---|---|---|---|---|
| 手提灭火器 | 各部件清查个数，悬挂紧，急取方便 | | | | |
| | 取下摇动几下，防止结块，压力表指针在绿区 | | | | |
| | 手感检查每个重量，抽样 10％称量，减轻 10％需补充 | | | | |
| | 逐个检查铅封及操作手柄，达到坚固、良好，但不卡阻 | | | | |
| | 抹灰除尘，贴上检验标志 | | | | |
| 气体自动灭火系统 | 气瓶、阀门、管路表面完好铅封，保险带、安全阀完好，全面抹灰除尘 | | | | |
| | 系统内每组探测器模拟报警验证 | | | | |
| | 拆下压力表送市计量站检定 | | | | |
| | 控制器电路显示情况 | | | | |
| | 模拟电动启动释放气体 | | | | |
| | 球形储气罐压力及控制验证 | | | | |
| | 喷气灭火区的出口畅通，防火门完好 | | | | |
| 防火阀 | 开闭灵活，持勾可靠位置有标志 | | | | |
| | 阀内无异常、锈蚀，位置显示正确，油漆良好 | | | | |
| 正压送风口 | 叶片无脱落、无变形 | | | | |
| | 开闭操作正常，信号显示正确，线头紧固 | | | | |
| | 风口外观良好，无脱落，无机械损伤 | | | | |
| | 风口内外抹灰除尘 | | | | |
| 抽烟、送风风机 | 外观无机械损伤，接地线牢固 | | | | |
| | 绝缘电阻 0.5 MΩ 以上 | | | | |
| | 风叶转动灵活无卡滞，检查（更换）轴承润滑油 | | | | |
| | 拆盖检修主电路主触头 | | | | |
| 排烟、送风风机 | 紧固风机控制柜内线头，抹灰除尘 | | | | |
| | 电器动作顺序，控制正确，手柄位置实际相符，指示灯、电压、电流表完好 | | | | |
| | 转向正确，运行无异声，电流平衡 | | | | |
| | 运行 24 h 后，电机及轴承正常 | | | | |

| 设备名称 | | 保养项目 | 保养情况及处理 | 保养人 | 日期 | 检查人 |
|---|---|---|---|---|---|---|
| 防火卷帘门 | | 门锁良好，开停按钮牢固 | | | | |
| | | 导轨、卷帘无变形，油漆良好 | | | | |
| | | 按钮手动操作开闭方向正确，开闭灵活、无卡滞、无异常声响，上、下限位开关动作正确 | | | | |
| | | 控制中心手动操作卷帘门动作正常 | | | | |
| | | 烟感器喷烟后卷帘门自动关闭，控制中线信号正确 | | | | |
| | | 电机绝缘高于 0.5 MΩ，线头压接良好，继电器接触良好 | | | | |
| | | 全面清洁控制箱、卷帘门、导轨、电动机、限位开关 | | | | |
| 消防水系统 | 水泵控制柜 | 拆盖整理主电器、主触头，保证接触良好，运行无声 | | | | |
| | | 柜内所有接头紧固，元件无破损、脱落 | | | | |
| | | 线路标号清晰，柜门内有本柜电气原理图 | | | | |
| | | 线路绝缘电阻不低于 0.2 MΩ，无破皮、裸露 | | | | |
| | | 电路连接正确，启停过程电器运作顺序正常 | | | | |
| | | 指示灯完好，操作手柄灵活指示与实际相符，各设备手动、自动的启、停正确 | | | | |
| | | 柜内外清洁无灰尘、无杂物，门锁好 | | | | |
| 报警系统 | 控制器 | 逐个测试公共场所烟感报警器信号点，报警的正确性，电器电压显示的正确性 | | | | |
| | | 主电源、备用电源及互相切换检查 | | | | |
| | | 自检、消声、复位功能检查 | | | | |
| | | 全面检查室内所有接线端子 | | | | |
| | | 柜内及电子板、各电器元件表面灰尘清理 | | | | |
| | | 电子板元件表面状态检查，抹灰除尘 | | | | |
| | | 同报警器联合检查各点报警的正确性 | | | | |
| 说明：消防设备年检修时间在每年11月；所列保养结果用文字准确表达。 | | | | | | |

(7)消防中心值班记录（表 10-20）。

**表 10-20   消防中心值班记录**

| 班次 | 早班 8：00～16：00 | 中班 16：00～0：00 | 早班 0：00～8：00 |
|---|---|---|---|
| 值班人 | | | |
| 报警电话及对讲 | | | |
| 控制柜检查 | | | |
| 气体灭火控制器 | | | |

| 序号 | 班次 | 报警时间 | 地点 | 报警类别 | 情况检查 | 处理过程及结论 | 值班人 |
|---|---|---|---|---|---|---|---|
| 1 | | | | | | | |
| 2 | | | | | | | |
| 3 | | | | | | | |
| 4 | | | | | | | |
| 5 | | | | | | | |
| 6 | | | | | | | |
| 7 | | | | | | | |
| 8 | | | | | | | |
| 9 | | | | | | | |

(8)消防器材检查表(表 10-21)。

**表 10-21   消防器材检查表**

单位：　　　　　　　检查人：　　　　　　　年　月　日

| 名称 | 型号、规格 | 数量 | 检查情况 | 备注 |
|---|---|---|---|---|
| | | | | |
| | | | | |
| | | | | |
| | | | | |
| | | | | |
| | | | | |

**知识链接**

## 高层建筑消防管理规则

### 第一章  总  则

　　第一条  为了加强高层建筑的消防管理，预防和减少火灾危害，保障国家经济建设和人民生命财产的安全，根据《中华人民共和国消防条例》和有关规定，制定本规则。

　　第二条  高层建筑的消防管理，要贯彻"预防为主，防消结合"的方针，本着自防自救的原则，实行严格管理和科学管理。

　　第三条  做好高层建筑的消防工作，是每个职工和居住人员应尽的责任。

　　第四条  本规则适用于建筑高度超过 24 米的宾馆、饭店、医院以及办公楼、广播楼、电信楼、商业楼、教学楼、科研楼等。

十层及十层以上的居住建筑，可由房产部门参照本规则实施消防管理。

本规则不适用于高层工业建筑。

第五条　本规则由高层建筑的设计、施工、经营或使用单位贯彻实施，各级公安消防监督机关实施监督。

### 第二章　管理责任

第六条　高层建筑的消防工作，实行逐级防火责任制，其上级主管部门负责领导。各单位应把预防火灾作为整个管理工作的一个重要部分，使防火工作经常化、制度化。

第七条　高层建筑的施工、经营或使用单位，必须确定一名领导为防火负责人，全面负责消防工作。

多家经营或使用的高层建筑，由当地公安消防监督机关与各方协商确定一家牵头，成立有关单位防火负责人参加的防火领导小组，统一管理消防工作。

第八条　高层建筑的经营或使用单位，应设置消防安全机构，或配备防火专职干部和从事消防设施管理、维护的工程技术人员。

第九条　高层建筑的施工、经营或使用单位，应建立义务消防队并经常训练，定期考核。

第十条　防火负责人的职责：

（一）领导消防安全机构，贯彻执行消防法规；

（二）组织制定、修订各项消防规章制度；

（三）组织部署、检查、总结消防工作，并定期向当地公安消防监督机关报告消防工作情况；

（四）组织防火安全检查，整改火险隐患；

（五）对职工群众进行消防宣传教育；

（六）组织领导义务消防队开展消防工作；

（七）组织管理和维修消防设施、器材；

（八）组织制定紧急状态下的疏散方案；

（九）组织扑救初起火灾和指导安全疏散；

（十）调查火警事故，协助公安消防监督机关调查火灾原因。

### 第三章　防火设计与施工

第十一条　新建、扩建和改建高层建筑的防火设计，必须符合《高层民用建筑设计防火规范》和其他有关消防法规的要求。

第十二条　高层建筑的防火设计图纸，必须经当地公安消防监督机关审核批准，方可交付施工。施工中不得擅自变更防火设计内容。确需变更的，必须经当地公安消防监督机关核准。

第十三条　高层建筑施工现场的消防管理工作，由建设单位与施工单位签订管理合同，并报当地公安消防监督机关备案。

第十四条　高层建筑的高级宾馆、饭店和医院病房楼的室内装修，应当采用非燃或难燃材料。

第十五条　高层建筑竣工后，其消防设施必须经当地公安消防监督机关检查合格，方可交付使用。对不合格的，任何单位和个人不得自行决定使用。

第十六条　高层建筑的经营或使用单位，如改变建筑的使用性质，或进行内部装修时，应事先报经当地公安消防监督机关审批。凡增添的建筑材料、设备和构配件，必须符合消防安全要求。

第十七条　在《高层民用建筑设计防火规范》颁发前建造的高层建筑，凡不符合要求的重要消防设施和火险隐患，应采取有效措施，予以整改。

第四章　火灾预防

第十八条　高层建筑内动用明火作业时，必须由经营或使用单位的消防安全机构批准。动火单位应严格执行动火制度，采取防火措施，做好灭火准备。

第十九条　餐厅、舞厅、酒吧间以及游乐场、礼堂、影剧院和体育馆等公共场所，必须按照额定人数售票，场内不准超员。

第二十条　建筑物内禁止储存易燃易爆化学物品。教学、科研、医疗等工作必须使用的易燃易爆化学物品，可按不超过一周的使用量储存，并定人、定点、定措施，予以妥善保管。

第二十一条　居住宾馆、饭店的旅客，不得将易燃易爆化学物品带入建筑物内。建筑物内严禁焚烧可燃物品，燃放烟花爆竹。严格吸烟、用火、用电管理，防止引起火灾。

第二十二条　宾馆、饭店的客房内，不准使用电炉、电熨斗、电烙铁等电热器具。在客房内不得安装复印机、电传打字机等办公设备。确因工作需要的，应经消防安全机构审批。

第二十三条　经营或使用单位的职工，应掌握消防器材的使用方法，熟悉建筑内外的疏散路线。

第二十四条　经营或使用单位，要按照有关电力技术规范的规定，定期对电气设备、开关、线路和照明灯具等进行检查，凡不符合安全要求的，要及时维修或更换。

第二十五条　建筑物内煤气管道系统的仪表、阀门和法兰接头等，必须符合安全要求，并定期检查维修。

第二十六条　建筑物内的走道、楼梯、出口等部位，要经常保持畅通，严禁堆放物品。疏散标志和指示灯，要保证完整好用。

第五章　火灾扑救

第二十七条　建筑物内的报警电话及其他报警设备必须保证灵敏好用。高级宾馆和饭店要设有与附近公安消防队直通的火警电话。

第二十八条　消防控制室应设专人昼夜值班，随时观察、记录仪器设备的工作情况，及时处理火警信号。

第二十九条　建筑物内的所有人员，一旦发现火警，必须及时报警，并迅速采取扑救措施。

第三十条　经营或使用单位的领导和消防安全机构的负责人以及义务消防队员、职工，闻警后必须及时赶赴火场，扑救火灾。

第三十一条　宾馆、饭店各楼层服务台的值班人员，在火灾紧急情况下，必须负责引导住客迅速安全转移。客房内应有安全疏散路线指导图。

第六章　消防设备

第三十二条　经营或使用单位应当严格按照《高层民用建筑设计防火规范》和有关的规定，设置固定消防设施。建筑物内的下列部位应当配置相应种类的轻便灭火器材：

（一）餐厅、观众厅、舞台等公共活动场所；

（二）各楼层服务台、电梯前室、走道；

（三）配电室、消防控制室、计算机房、发电机房、图书室、燃油燃气锅炉房和厨房；

（四）车库、可燃物品库房等重要部位。

第三十三条　建筑物内的自动报警和灭火系统，防、排烟设备，防火门、防火卷帘和消火栓等，要定期进行检查测试，凡失灵破损的，要及时维修或更换，确保完整好用。

第三十四条　消防水泵、消防给水管道、消防水箱和消火栓等设施，不得任意改装或挪作他用。

第三十五条　消防给水系统需停水维修时，必须经公安消防监督机关批准。

第三十六条　宾馆、饭店的各楼层宜配备供住客自救用的安全绳或缓降器、软梯、救生袋等避难救生器具。

第三十七条　消防设施、器材的管理人员，对设备要认真管理和维护，并建立档案，记录每次检查情况。

### 第七章　奖　罚

第三十八条　经营或使用单位应定期检查总结消防工作，对成绩突出的集体和个人给予奖励。

第三十九条　凡具备下列条件之一的个人或集体，可由本单位给予表扬和奖励：

（一）热爱消防工作，积极参加防火、灭火训练，成绩优秀、工作表现突出的；

（二）模范执行防火制度和岗位防火责任制，在预防火灾工作中做出贡献的；

（三）积极参加灭火战斗，抢救国家财产和保护人民生命安全表现突出的；

（四）积极钻研消防业务，提出合理化建议和技术革新成绩突出的；

（五）发现和消除重大隐患者，表现突出的；

（六）及时发现和扑救火灾，避免了重大损失的。

第四十条　凡有下列情形之一的，情节较轻的，由经营或使用单位给予经济处罚、行政纪律处分；情节严重的，由公安机关依照治安管理处罚条例的有关规定给予处罚；构成犯罪的，依法追究刑事责任：

（一）擅自将消防设备、器材挪作他用或损坏的；

（二）违反消防法规和制度的；

（三）对存在火险隐患拒不整改的；

（四）造成火灾事故的直接责任人；

（五）贯彻消防法规不力，管理不严或因玩忽职守而引起火灾事故的单位领导人。

### 第八章　附　则

第四十一条　高层建筑的经营或使用单位，可根据本规则结合实际情况制定具体实施办法，报当地公安消防监督机关备案。

第四十二条　本规则自一九八六年七月一日起施行。

## 单元三　物业管理环卫工作统计

物业的环境不仅影响着物业的档次，也影响着人们对物业的选择，影响着人们的生存质量及生活、工作的情绪。

### 一、物业管理环保工作统计实施

环保全称环境保护，是指人类为解决现实的或潜在的环境问题，协调人类与环境的关系，保障经济、社会的持续发展而采取的各种行动的总称。

物业环保管理措施如下。

#### 1. 治理环境污染

环境污染主要有以下几种情况：

(1)空气污染。空气污染物种类繁多，排放量大、污染范围广，危害严重的有几十种，可分为化学性物质、放射性物质和生物性物质。空气污染防治的目的是消除或减轻物业区域内的各种有害气体、机动车和助动车排放的尾气及尘土等，其途径如下：

1)教育住户和生产单位改变能源结构。

2)硬化地面，空气中的扬尘除基建带来的外，还有一部分是因为物业区域地面尘土多遇风引起的。硬化地面，减少尘土裸露地面，以减少扬尘的可能。

3)加强绿化。树木、绿草有净化、解毒能力，也有挡风吸尘的能力。它们能净化空气，能遮挡灰尘。因此，绿化是防治空气污染的积极途径。

4)限制车辆驶入。限制机动车辆驶入物业区域，不但能减小噪声，还能减少物业区域内尾气的排放量，减少机动车尾气对物业区域空气的污染。

5)在住宅区内，助动车尽量采用脚踏或推行，以防治助动车尾气对物业区域空气的污染。

### 小提示

造成空气污染的因素主要有以下几项：

(1)直接燃煤，排放过多二氧化硫气体。

(2)机动车排放的尾气经强紫外线照射形成光化学烟雾污染。

(3)基建扬尘形成的尘烟污染。

据研究资料表明，在采暖期大气中的尘以烟尘为主，约占三分之二；在非采暖期大气中的尘以扬尘为主，约占二分之一以上。

(2)水体污染。水是重要环境因素之一，是人体的重要组成成分，成年人体内含水量约占体重的 65%，每日每人生理需水量为 2～3 L。人体的一切生理活动，如体温调节、营养输送、废物排泄等都需要水来完成。工业废水等含有大量有毒有害污染物，进入水体后形成水体污染。水体污染的防治措施如下：

1)对于饮用水，要确保达到饮用标准，要按照规定进行消毒。

2)发现工业废水的排放影响到饮用水时，要及时切断工业废水来源，并加以处理。

3)同时要教育居民不要把固体废弃物扔进水里，防止污染水体。

4)对已经污染的水体，要警告人们不要再饮用，对饮用者要进行观察救治。

5)对饮用了污染水体引起的细菌性肠道传染病，要尽快控制发病面积，封锁水源。

6)对经鉴定认为含有致癌作用化学物质的水体，不要再饮用。

7)对发臭、异味、异色、呈现泡沫状的水体，也尽量不要再饮用。

8)在物业区域的沟渠、池塘里饲养水草，种植荷花等，既能增强水体自我净化能力，又能美化环境。

(3)噪声污染。生活和工作环境中所产生的不需要的，使人厌烦的声音都称为噪声污染。噪声来源为交通噪声、生产噪声、社会生活噪声等。噪声强度可用声级表示，单位为分贝(dB)。其大小随声源的特点、数量、分布和防护情况及时间和地点而异。在居住环境中，夜晚安静的声级为 30 dB，白天车辆频繁往来为 80 dB，有些地方如工厂、建筑工地、机场附近等噪声的声级可达 90～130 dB。噪声声级为 30～40 dB 是比较安静的正常环境，超过 50 dB 会影响睡眠和休息，70 dB 以上干扰谈话，造成心烦意乱，精神不集中，影响工作效率，甚至发生事故，长期生活在 90 dB 以上的噪声环境中，会严重影响听力和导致其他疾病的发生。适当控制噪声源，合

理规划城市的工厂、街道和居住小区的布局，增设有效的噪声防护设施，制定降低噪声的交通管理制度，可以防止城市环境噪声的危害。为保护听力，噪声要控制在 75～90 dB；为保证工作和学习，噪声要控制在 55～70 dB；为保证休息和睡眠，噪声要控制在 35～50 dB。噪声污染可以通过规划设计单位的设计得到减轻或控制，对于物业管理公司来说，防治噪声污染的办法如下：

1）加强精神文明教育，制定必要管理办法。对生活噪声来讲，加强精神文明教育，让人们懂得尊重别人。这是尽量减少生活噪声的一个积极办法。同时，还应制定必要的管理办法，作为防治生活噪声的辅助措施。

2）绿化。植物不但可以净化空气，调节温湿度、保持水土、防风固沙，而且可以消声防噪。

3）限制车辆进入物业区域。除在数量上限制车辆进入外，还可限制车速，物业区域主道路应采取曲线型，使车辆进入物业区域后不得不降低速度，以减少噪声，同时要禁止车辆在物业区域内鸣笛。

另外，还有固体废弃物污染、电磁波污染等污染类型，对环境的影响也比较严重。

### 2. 加强市政公用设施管理

为物业区生活、办公服务的市政公共设施是该物业的一个重要组成部分，一旦它遭到破坏或损坏，便会影响人们正常的生活和社会经济活动，因此，加强市政公用设施的管理也应是物业管理公司的一项重要工作。在管理过程中，物业管理公司要根据法律和合同规定，采取法律、经济、科学技术等各种措施，保证市政公共设施的完好，保障物业区内生活、学习和工作的顺利进行。

### 3. 建设各类环境小区

物业管理公司要搞好环境小区的建设。具体措施包括以下几项：

（1）要搞好园灯或路灯、座椅、桌、电话亭、垃圾筒、标志牌、休息亭廊、儿童游戏设施、地面铺装等的建设，完善物业区的生活职能。

（2）要搞好花坛、水池、花架、人工瀑布、人工喷泉、雕塑、假山、叠石等装饰性建设，美化环境。

（3）要搞好分隔空间的建设，要有入口标志、围墙、路障、台阶、栏杆、挡土墙等。

物业管理公司应用少量的投资和简易可行的材料，力求小区的新颖实用，达到美化环境的效果。环境小区的种类、造型、质地、规格可根据实际需要而设计，不可强求应有尽有、样样俱全。对住宅区来说，小区的设计应从使用功能出发，在整体环境的统一要求下，与建筑群体和绿化种植密切配合；对写字楼和公共商业楼宇来说，小区的设计应从装饰性出发，美化环境，烘托氛围。

### 4. 认真清理物业区的违章搭建

违章搭建是未经规划审批建造房屋或其他建筑物或构筑物。违章搭建对整个物业区的和谐环境具有明显的破坏作用，它既有碍观瞻，又可能影响其他人的通行、休闲，还可能带来交通不安全的问题。因此，物业管理公司一定要根据国家和地方的相关法律、规定和政策，认真做好物业区内违章搭建的清理工作。

### 5. 加强教育与引导，营造良好的人文环境

环境教育是环境保护不可缺少的手段。物业管理公司应当教育和引导业主和居民营造良好的人文环境，使大家和睦共处、互帮互助，给人温馨文明、融洽和谐、轻松有序的感觉。这方面的工作主要由物业管理公司公共关系部负责。另外，物业管理公司还要利用期刊、书报、广

播、电影、电视、报告会、展览会、专题讲座等多种形式，向公众传播环境科学知识，宣传环境保护的意义及国家有关环境保护和防护污染的方针、政策、法令等。

### 知识链接

#### 物业环境管理的目标

　　物业环境管理的实质，就是要遵循社会经济发展规律和自然规律，采取有效的手段来影响和限制物业业主、使用人和受益人的行为，以使其活动与环境质量达到较佳的平衡，保证物业正常良好的工作、生活秩序与创造优美舒适的工作、生活环境，确保物业经济价值的实现，最终达到物业经济效益、社会效益和环境效益的统一。按照这个总目标，物业环境管理的具体目标，主要有以下几个方面：

　　(1)合理开发和利用物业区域的自然资源，维护物业区域的生态平衡，防止物业区域的自然环境和社会环境受到破坏和污染，使其更好地适用于人类劳动、生活和自然界生物的生存与发展。

　　要达到这一目标，就必须把物业环境的管理与治理有机地结合起来，也就是合理利用资源，防止环境污染；在产生环境污染后，做好综合治理的补救性工作。这是防止环境污染和生态破坏的两个重要方面。在实际工作中，我们更应该注意以防为主，把环境管理放在首位，通过管理促进治理，为物业业主、使用人、受益人创造一个有利于进行生产和生活的优良环境；一个既能保证技术的合理发展，又能防止污染的健康、舒适、优美的物业环境，以达到物业的经济效益、社会效益和环境效益的统一。

　　(2)有效贯彻国家关于物业环境保护的政策、法规、条例、规划等，具体制订物业环境管理的方案和措施，选择切实可行的能够保护和改善物业环境的途径，正确处理好社会和经济可持续发展与环境保护的关系。由于不同的物业区域，其环境保护的要求或标准有所不同，有的物业在某些方面要求高一些，有的要求则会低一些。这就需要物业管理企业根据物业的不同和物业区域的不同，客观地拟定所管物业的环保标准与规范。同时，物业管理企业还应组织有关部门定时进行物业环境监测，掌握所管物业区域的环境状况和发展趋势。有条件的还应该会同有关部门开展对所管物业区域的环境问题进行科学研究。

　　(3)建立物业环境的日常管理机构，做好物业环境的日常管理工作，如物业区域内的卫生保洁、绿化、治安、消防、车辆交通等方面的维护和监督工作，使物业区域内的环境经常都得到净化、美化、绿化，保证正常的工作和生活秩序。

## 二、物业管理环境卫生工作统计

　　物业环境卫生工作是指物业管理公司对物业区域内进行定时、定点、定人的日常清扫，对垃圾进行收集和清运，并依照物业管理规定对业主和使用人进行宣传教育、管理与监督，通过扫、擦、拭、除、洗等常规性服务，保障物业区域内的清洁卫生，以提高环境效益和物业区的吸引力。物业的环境卫生体现着物业所管辖区域内的管理水平，对物业设备和物业的使用寿命具有重要的影响。物业管理公司为了给业主或使用人创造卫生、健康、舒适、优美的工作、学习和生活环境，必须加强物业区域内的清洁保障工作。物业环境卫生需要通过规范化的保洁服务来管理，做到"扫"与"防"相结合，纠正不良卫生习惯。做好环境卫生统计工作，对搞好物业环境管理统计具有重要的意义。

### (一)卫生统计范围

物业的环境卫生工作统计是指物业管理企业或专业清洁公司运用科学的统计方法，对物业辖区内的道路、空地、绿地等所有公共区域的卫生管理工作和楼宇上下空间的公共部位包括电梯、扶梯、裙房、大厅、天台等物业辖区范围内日常生活垃圾的收集、清运工作的统计，这是狭义的理解。在现代物业管理的新概念下，环境卫生管理工作统计还包括对空气、水资源、噪声等状况的检查、控制、监督的统计，进而为住(用)户创造一个良好的工作、生活生存的空间。

物业环境卫生管理工作统计的范围如下：

(1)室外卫生管理工作统计：包括物业区域内的道路、空地、绿化带等所有公共环境的清扫、保洁工作统计。

(2)楼内保洁与消毒统计：包括物业区域楼宇内上下空间的屋面、楼梯走道、电梯及大堂、裙房天台等公共部位的清扫保洁统计。

(3)垃圾的分类收集和清运统计：包括物业区域内日常生活垃圾要按照环保的要求收集、归类、袋装和清运。并做到专人负责、日产日清、定时收集、分类处理等统计工作，保持环境清洁。

(4)在现实生活中，保洁卫生管理工作统计的好坏，与生态环境保护和治理密切相关。

环境卫生管理工作统计，还包括诸如废电池、餐厅、酒楼排放的废物、废气等危害人们身体健康及生活环境的有毒、有害物质的防治统计。

### (二)环境卫生管理统计制度建设

#### 1. 环境卫生管理统计机构

(1)物业环境卫生管理招标外包机构的设置。物业服务公司可将所管的物业环境卫生的日常清扫保洁工作包给专业清洁公司，并由专业清洁公司具体实施环境卫生管理工作。这时，物业公司只需配备1~2名物业环境卫生检查与监督人员负责以下的主要工作：

1)制定招标文件、保管合同书等文本；

2)根据招标程序选择专业保洁公司，并与其签订物业环境管理卫生委托管理合同书；

3)对受托的专业保洁公司的环境卫生管理内容的完成情况及日常清洁工作进行监管；

4)定期与托管者、专业环境卫生管理公司磋商、讨论，以解决环境卫生存在的问题；

5)经常视察、暗访所辖区域的环境卫生状况，与区域内的各界人士保持联系，听取对环境管理的各种意见。

(2)物业环境卫生自管的机构设置。物业服务公司也可自行设立物业环境卫生管理部门来执行和完成物业辖区的环境卫生管理工作，其机构设置可根据不同的物业类型、区域分布、面积大小、保洁对象不同而灵活设置。一般情形下，最简单的设置是设置一个公共区域保洁班组；如果所管物业中有高层建筑，则可设置一个高空外墙保洁班组；如果所管物业类型多、面积大，还要设多个保洁服务班组。对于一个物业服务面积大、物业类型多、保洁设备设施齐全的物业服务公司，其机构设置一般较多。而多数的物业服务公司，高空外墙保洁清洗工作是外聘专业公司来负责完成的。

#### 2. 物业环境卫生管理制度

科学的管理制度是卫生工作得以顺利进行的保证，物业管理公司要认真做好环境卫生工作统计管理制度的制定，如明确清洁设备领用制度、清洁设备操作规定标准、计划安排、定期检查等。

(1)一般要求。

1)明确要求。处理生活垃圾由专人负责、日产日清，定点倾倒、分类倾倒，定时收集、定时清运，按照既定的工作流程，履行保洁的岗位责任等。

2)规定标准。物业环境保洁的通用标准是"五无"，即无裸露垃圾，无垃圾死角，无明显积尘积垢，无蚊蝇滋生地、无"脏、乱、差"顽疾。

3)计划安排。物业服务公司应制定出清扫保洁工作每日、每周、每月、每季直至每年的计划安排。

4)定期检查。物业服务公司可将每日、每周、每月、每季、每年清扫保洁工作的具体内容用记录报表的形式固定下来，以便布置工作和进行定期检查。

(2)设备领用统计规定。

1)领用、归还清洁设备要登记，设备出现问题便于查找原因，追查责任。

2)见(拿)到要领用的设备，领用人必须认真检查设备性能是否完好，各种配件是否齐全。如发现设备失灵或配件丢失，退还该设备或及时声明。因检查不细，造成设备出库而影响工作的，由领用人负责。

3)使用设备时应检查操作电缆是否安全、防止漏电，以防操作时出现人为伤亡事故；如果发生故障，不得继续操作，避免造成更大的损失，违者罚款。必须按照操作规程进行工作，如果是因为设备使用不当而造成机具、附件损坏，责任人要按规定赔偿，并根据情节的严重程度给予必要的处分。

4)操作完毕以后，应把清洁设备清扫干净。归还设备时，必须保证设备完好无污损。如果有损坏要及时报修，同时在领用簿上注明损坏情况。

5)对不符合上述规定的，保管人有权拒收，由此造成的影响由领用人负责。

(3)清洁设备操作规定。

1)操作人员在使用设备前，要先熟悉设备的机理、构成、性能、特点、耗电量等情况。

2)操作前要先检查设备是否处于完好、安全状态，并清理好作业场地，以便于顺利工作。

3)各种机器、设备均需按照使用说明正确操作，合理保养。

4)设备使用完毕后，按要求做好清洗、保管工作。

(4)清洁工安全操作规程。

1)牢固树立"安全第一"的思想，工作中要精力集中，确保安全操作。

2)操作人员如果不会使用清洁机器，不得私自开动机器，以免发生意外事故。

3)操作人员在使用机器、设备时，不得用湿手接触电源插座，以免触电。

4)操作人员应严格遵守防火制度，不得动用明火，以免发生火灾。

5)操作人员在超过 2 m 高处操作时，必须双脚踏在凳子上或梯子上，不得用单脚支撑，以免摔伤。

6)操作人员不得私自拨动任何机器、设备及开关，以免发生事故。

7)在操作与安全发生矛盾时，应先服从安全需要，以安全为第一考虑因素。

8)室外人员在推垃圾箱时，也要小心操作，以免压伤手脚或妨碍交通。

(5)清扫保洁工作统计实施要求。清扫保洁工作，应制订出每日、每周、每月的工作计划，以便实施和检查，见表 10-22。

表 10-22　清扫保洁工作统计实施

| 项目 | 内容 |
|---|---|
| 每日清洁工作 | (1)辖区内道路(含人行道)清扫两次,整日保洁。<br>(2)辖区内绿化带,如草地、花木树丛、建筑小品等清扫一次。<br>(3)电梯轿厢地板拖洗两次,圈身板清抹一次。<br>(4)各层楼梯及走廊清扫一次,扶手清抹一次。<br>(5)收集各住户生活垃圾及垃圾桶内垃圾,并负责送至垃圾收集站。<br>(6)每日做好清洁用具、用品、用剂的使用及回收工作 |
| 每周清洁工作 | (1)每周拖洗各层的公共走廊一次。高层楼宇可一天拖数层,一周保证清洗一遍。<br>(2)业主信箱清拭一次。<br>(3)天台、天井清扫一次 |
| 每月清洁工作 | (1)顶棚尘灰和蜘蛛网清除一次。<br>(2)各层走廊公用玻璃窗擦拭一次。每天擦数层,一月内各层玻璃窗擦拭一遍。<br>(3)公共走廊及住宅内路灯罩清擦一次 |

### 3. 物业环境卫生管理岗位职责

保洁班组各级人员的职责划分如下:

(1)保洁班长岗位职责。

1)积极带领本班人员完成上级交给的各项任务,模范带头,以身作则,直接对管理员负责;

2)全面负责本班包干区的清洁卫生工作,做好每日的检查记录并及时向管理员、管理处汇报;

3)负责做好本班员工的思想教育、工作技术的培训工作,定期组织组员学习文化和专业知识;

4)全面负责本班员工的日常考勤、考核工作;

5)按上级的指令,做好本班的周、月工作计划安排,并突出工作重点;

6)认真工作,总结经验,不断创新,创建更加科学的工作方法;

7)认真完成领导交办的其他任务。

(2)保洁员岗位职责。

1)坚守岗位,按时上下班,上班佩戴工作牌,做到服装整齐、干净;

2)熟悉各自分工及所负责范围内的清洁卫生情况,对所负责范围内卫生全面负责;

3)每天将垃圾清运到中转站;

4)负责清扫公共走廊、楼梯、电梯、停车场、绿地、公共设施周边环境等。清洁楼梯扶手两次,清洁公共场所门窗。并保持区内公共面积无纸屑、烟头、痰迹、污垢,保持清洁卫生;

5)每日巡视各责任范围的清洁卫生状况,发现问题及时解决并做好工作记录;

6)积极参加业务培训,提高业务水平,自觉学习有关清洁卫生知识,提高个人素质;

7)处理与清洁卫生相关的其他事宜。

## 三、物业管理环卫工作统计报表

(1)小区清洁设备、设施清单(表 10-23)。

表 10-23 小区清洁设备、设施清单

| 单位名称： | | | |
|---|---|---|---|
| 占地面积： | 建筑面积： | | 住户数： |
| 项目 | 单位 | 数量 | 备注 |
| | | | |
| | | | |
| | | | |
| | | | |
| | | | |
| | | | |

(2)小区消杀服务质量检验表(表 10-24)。

表 10-24 小区消杀服务质量检验表

单位： 　　　　　　　　　　　　　　　　　　　　　　　年 月 日

| 检查地点／检查项目 | 灭蚊 | 灭蝇 | 灭鼠 | 灭蟑螂 | 不合格处理结果 |
|---|---|---|---|---|---|
| 垃圾池 | | | | | |
| 垃圾中转站 | | | | | |
| 污、雨水井 | | | | | |
| 化粪池 | | | | | |
| 沙井 | | | | | |
| 绿地 | | | | | |
| 楼道 | | | | | |
| 自行车库 | | | | | |
| 天台、雨篷 | | | | | |
| 食堂、宿舍 | | | | | |
| 游泳场 | | | | | |
| 停车场 | | | | | |
| 设备房 | | | | | |
| 商业网点 | | | | | |

说明：1. 清洁班长每月对照相应标准进行检查并填写此表。
　　　2. 合格打"√"，不合格记录其原因。

（3）小区室内清洁日检表（表10-25）。

**表 10-25　小区室内清洁日检表**

单位：　　　　　　　　　　　　　　　　　　　　　　　　　　　　　　年　　　月　　　日

| 日期 | 检查项目<br>检查记录<br>受检人 | 1. 消防管　6. 信报箱　11. 天台　16. 扶手<br>2. 宣传板　7. 走廊　　12. 雨篷　17. 自行车房<br>3. 电表箱　8. 墙面　　13. 楼道梯级<br>4. 电子门　9. 窗户　　14. 楼道<br>5. 消火栓　10. 开关　15. 楼道灯具 | 不合格<br>次数 | 处理结果 |
|---|---|---|---|---|
|  |  |  |  |  |
|  |  |  |  |  |

说明：班长对照相应标准对记录进行检查，合格打"√"，发现不合格时写出对应项目序号及不合格原因，轻微不合格由班长处理，发生严重不合格时，由班长及时报告管理处主任处理。

检查人：

（4）大厦消杀服务过程记录表（表10-26）。

**表 10-26　大厦消杀服务过程记录表**

单位：　　　　　　　　　　　　　　　　　　　　　　　　　　　　　　年　　　月　　　日

| 项目<br>记录<br>地点 | 灭蚊蝇 | | 灭鼠 | | | 消杀人 | 监督人 | 备注 |
|---|---|---|---|---|---|---|---|---|
|  | 喷药 | 投药 | 放药 | 装笼 | 堵洞 |  |  |  |
| 垃圾池 |  |  |  |  |  |  |  |  |
| 垃圾中转站 |  |  |  |  |  |  |  |  |
| 污、雨水井内 |  |  |  |  |  |  |  |  |
| 化粪池内 |  |  |  |  |  |  |  |  |
| 管道竖井 |  |  |  |  |  |  |  |  |
| 沙井内 |  |  |  |  |  |  |  |  |
| 绿地 |  |  |  |  |  |  |  |  |
| 楼道 |  |  |  |  |  |  |  |  |
| 自行车库 |  |  |  |  |  |  |  |  |
| 天台、雨篷 |  |  |  |  |  |  |  |  |
| 食堂、宿舍 |  |  |  |  |  |  |  |  |
| 地下室 |  |  |  |  |  |  |  |  |
| 设备房 |  |  |  |  |  |  |  |  |
| 商业网点 |  |  |  |  |  |  |  |  |
| 转化层 |  |  |  |  |  |  |  |  |

说明：1. 对当天已做的项目及地点用"√"表示，未做的项目用"×"表示；
　　　2. 清洁班长负责监督，填写此表，管理处保存一年。

（5）环境消杀记录表（表10-27）。

**表 10-27 环境消杀记录表**

班次： 年 月 日

| 时间 | | | 消杀单位 | ( )消杀中心 | | | | 备注 |
|---|---|---|---|---|---|---|---|---|
| 月份 | | | 消杀地点 | 合格 | 不合格 | 消杀人签名 | 监督人签名 | |
| | 日 | 点—点 | 花园草地 | | | | | |
| | | | 转换层 | | | | | |
| | | | 天台 | | | | | |
| | | | 污水井内 | | | | | |
| | | | 化粪池井内 | | | | | |
| | | | 其他 | | | | | |
| | 日 | 点—点 | 地下室部分 | | | | | |
| | | | 花园草地 | | | | | |
| | | | 转换层 | | | | | |
| | | | 天台 | | | | | |
| | | | 污水井内 | | | | | |
| | | | 化粪池井内 | | | | | |
| | | | 其他 | | | | | |

（6）大厦消杀服务质量检验表（表 10-28）。

**表 10-28 大厦消杀服务质量检验表**

单位： 年 月 日

| 检查项目 / 检查地点 | 灭蚊 | 灭蝇 | 灭鼠 | 灭蟑螂 | 不合格处理结果 |
|---|---|---|---|---|---|
| 垃圾池 | | | | | |
| 垃圾中转站 | | | | | |
| 污、雨水井内 | | | | | |
| 化粪池内 | | | | | |
| 沙井内 | | | | | |
| 绿地 | | | | | |
| 楼道、管道竖井 | | | | | |
| 天台、雨篷 | | | | | |
| 地下室、设备房 | | | | | |
| 转换层 | | | | | |
| 停车库 | | | | | |
| 商业网点 | | | | | |
| 说明 | 1. 每月对照相应标准进行消杀检查。<br>2. 合格打"√"，不合格记录其原因。 | | | | |

（7）大厦清洁每日工作检查表（表 10-29）。

表 10-29　大厦清洁每日工作检查表

单位：　　　　　　　　　　　　　　　　　　　　　　　　　年　　　月　　　日

| 检查记录　　检查项目　　受检人 | 1. 地(路)面　　6. 消火栓　　11. 垃圾箱(池、站)<br>2. 墙面、门　　7. 标牌<br>3. 卫生间　　　8. 雕塑<br>4. 大堂　　　　9. 沙井<br>5. 电梯　　　　10. 楼梯 | 检查时间 | 检查结果 | 处理结果 |
|---|---|---|---|---|
|  |  |  |  |  |
|  |  |  |  |  |
|  |  |  |  |  |
| 说明：记录栏内填写不合格序号及其位置。 |  |  |  |  |

检查人：

（8）大厦清洁每周工作检查表（表 10-30）。

表 10-30　大厦清洁每周工作检查表

单位：　　　　　　　　　　　　　　　　　　　　　　　　　年　　　月　　　日

| 检查记录　　检查项目　　受检人 | 1. 洗洁精擦果皮箱　　　　6. 拖走道<br>2. 洗洁精刷垃圾屋及地面<br>3. 大理石地面抛光<br>4. 地毯吸尘　　　　　　　7. 进出口雨篷清理<br>5. 擦洗楼内公共门、玻璃门、消火栓、楼梯扶手、栏杆、灯开关 | 检查时间 | 检查结果 | 处理结果 |
|---|---|---|---|---|
|  |  |  |  |  |
|  |  |  |  |  |
|  |  |  |  |  |
| 说明：记录栏内填写不合格序号及其位置。 |  |  |  |  |

检查人：

（9）大厦清洁每月工作检查表（表 10-31）。

表 10-31　大厦清洁每月工作检查表

单位：　　　　　　　　　　　　　　　　　　　　　　　　　年　　　月　　　日

| 检查记录　　检查项目　　受检人 | 1. 地面冲刷；2. 乳胶漆墙面扫尘；3. 瓷片、喷涂墙面擦洗；4. 大理石地面打蜡(2月)；5. 顶棚扫尘；6. 窗玻璃清刮；7. 灯具、风口清抹；8. 车库墙面、管线冲刷(2月)；9. 地下室标牌、消火栓、公用门擦拭；10. 洗地毯(3月)；11. 雨、污水管井 | 检查时间 | 检查结果 | 处理结果 |
|---|---|---|---|---|
|  |  |  |  |  |
|  |  |  |  |  |
|  |  |  |  |  |
| 说明：记录栏内填写不合格序号及其位置。 |  |  |  |  |

检查人：

## 模块总结

　　物业环境管理包括治安环境管理、消防管理和环保、卫生管理。治安工作是各物业管理公司为防盗、防破坏、防流氓活动、防灾害事故而对所管物业进行的一系列管理活动。物业消防管理是指在日常管理中通过有效措施预防物业发生火灾，在火灾发生时采取应急措施以最大限度地减少火灾的损失。物业的环境卫生体现着物业所管辖区域内的管理水平，对物业设备和物业的使用寿命具有重要的影响。物业环境卫生要从环保和日常清洁两个方面入手。物业公司应做好物业环境管理的统计工作，将具体工作落实到每个岗位，以保证为业主提供一个安全、整洁、舒适的物业环境。

## 巩固与提高

**一、填空题**

1. 保安员工实行的"四班三运转"，是指_____。

2. 常用灭火器主要有_____和_____两种。

3. 自动喷水灭火系统主要由_____、_____和_____等组成。

4. 噪声来源为_____、_____、_____等。

5. 清洁工在超过_____高处操作时，必须双脚踏在凳子上或梯子上，不得用单脚支撑，以免摔伤。

**二、问答题**

1. 治安工作范围包括哪些内容？

2. 试述值班保安的工作要求。

3. 简述住宅（大厦）装修消防工作的统计内容。

4. 自动报警系统有哪些基本形式？

5. 如何防止水体污染？

6. 简述物业环境卫生管理工作的统计范围。

# 参 考 文 献

[1]张凌云．物业统计[M]．上海：华东大学出版社，2015.

[2]李红艳．物业统计[M]．北京：中国人民大学出版社，2011.

[3]常剑，黄建新．统计原理与物业管理统计[M]．重庆：重庆大学出版社，2010.

[4]王建丽．统计学[M]．北京：清华大学出版社，2010.

[5]林德钦．物业统计[M]．武汉：武汉理工大学出版社，2010.

[6]李洁明．统计学原理[M]．上海：复旦大学出版社，2010.

[7]李加林，周心怡．物业管理实务[M]．北京：中国统计出版社，2006.

[8]李建渠．物业统计[M]．北京：中国建筑工业出版社，2006.